nxi
Liangzhou
unhuang
●Luoyang
Chang'an

'aishali
aliputra
Assam

da

DIE REISEN
DES XUANZANG

Heinz Greter   Die Heimkehr des Xuanzang

Heinz Greter

Die Heimkehr des Xuanzang

Roman

Elster Verlag · Zürich

Der Autor dankt der Stadt Zug und der Alice und Walter Bossard Stiftung für die Beiträge zur Drucklegung des Buches.

© 2013 by Elster Verlagsbuchhandlung AG, Zürich
Alle Rechte vorbehalten
Dieses Werk ist urheberrechtlich geschützt. Dadurch begründete Rechte, insbesondere der Übersetzung, des Nachdrucks, des Vortrags, der Entnahme von Abbildungen und Tabellen, der Funksendung, der Mikroverfilmung oder der Vervielfältigung auf anderen Wegen und der Speicherung in Datenverarbeitungsanlagen, bleiben, auch bei nur auszugsweiser Verwertung, vorbehalten. Vervielfältigungen des Werkes oder von Teilen des Werkes sind auch im Einzelfall nur in den Grenzen der gesetzlichen Bestimmungen des Urheberrechtsgesetzes in der jeweils geltenden Fassung zulässig. Sie sind grundsätzlich vergütungspflichtig.
Elster Verlagsbuchhandlung AG
Hofackerstraße 13, CH 8032 Zürich
Telefon 0041 (0)44 385 55 10, Fax 0041 (0)44 305 55 19
info@elsterverlag.ch
www.elsterverlag.ch
ISBN 978-3-906065-06-9
Druck: fgb freiburger grafische betriebe, D-Freiburg i. Br.
Abbildungen: tangspirit.net, Heinz Greter
Umschlag: A. Werth nach dem Konzept der
dreh gmbh | Marc Droz | Regula Ehrliholzer, Zürich
Gesetzt aus der Adobe Garamond 9.5 / 13

Bibliografische Information der Deutschen Bibliothek: Die Deutsche Bibliothek verzeichnet diese Publikation in der deutschen Nationalbibliografie; detaillierte bibliografische Daten sind im Internet über http://dnb.dnb.de abrufbar.

Inhalt

1 Brief an den Kaiser von China	7
2 Flucht aus China	22
3 Verlust von Manuskripten – Todesgefahr	42
4 Audienz beim König von Khotan	92
5 Lehrrede und weitere Audienz beim König	116
6 Antwort des Kaisers von China	149
7 Audienz beim Kaiser von China	169
8 Übersetzungstätigkeit – Tod des Kaisers	227
9 Die letzten Jahre	290
Nachwort	327
Anhang	333
Personen neben Xuanzang	334
Zeittafel	336
Begriffserklärungen	339
Bibliografie	341

1
Brief an den Kaiser von China

Mit ruhiger Hand setzte er den Stempel am Ende seines Briefes auf die Schriftrolle. Zuvor hatte er den Stempelstein in die rote Paste gedrückt, die sich in einer braungrünen runden Porzellanschale befand, hatte den Stein nach allen vier Seiten hin und her gewiegt, damit die Gravur gleichmäßig mit der Paste bedeckt wurde, und in gleicher Weise hatte er auf dem Papier den Stempelstein bewegt, langsam und kräftig, denn nur so würden die Zeichen auf dem Stein in scharfen Umrissen rot und klar auf dem weißen Papier leuchten: Leere ist Form.

Als er sich seinen Kopf hatte scheren lassen und die Robe nahm, fast ein Kind noch, um fortan sein Leben Buddha, dem Erwachten, und den Gesetzen des Dharma, der Lehre, zu weihen, hatte er diese geheimnisvoll anmutenden vier Zeichen zu seinem Leitwort gewählt, das ihn sein ganzes Leben in China, dann durch die Wüsten der Taklamakan und über die Berge des Hindukusch nach Indien an den Ganges, zu den Stätten des Erwachten in Magadha und wieder zurück bis hierher nach Khotan begleitet hatte. Mit eigenen Händen hatte er dem braunen Stein damals die Zeichen eingraviert und sie auf allen vier Seiten mit einer festen Linie umschlossen; so war sein Stempelsiegel wie ein quadratisch gerahmtes Buchstabenbild. Als der Abt den Stempel begutachtete, hatte er wortlos mit seinem Pinsel sein Urteil unter das Siegel gesetzt: meisterhaft. Dann sagte er: «Nun ergründe, was du geschrieben hast! Und bedenke auch das andere: Form ist Leere.» Daraufhin hatte er sich damals tief vor seinem Lehrer verneigt und wusste, dass ihm mit diesem doppeldeutigen Leitwort eine Lebensaufgabe gegeben war.

Xuanzang legte den Stempel, nachdem er ihn gereinigt hatte, in das mit Seide ausgelegte Futteral zurück. Dann überlas er nochmals den Brief an seine Majestät, den Kaiser Tang Taizong in Chang'an, der Hauptstadt Chinas, des Reiches der Mitte. Er wollte, bevor er nach seiner über fünfzehn Jahre dauernden Reise in den Westen die Grenzen Chinas überschreiten würde, und besorgt darüber, welcher Empfang ihn wohl erwarte, den Kaiser versichern, dass er als treuer Untertan zurückkehre. Denn er hatte gegen den ausdrücklichen Befehl des damals noch jungen Kaisers Taizong das Land verlassen, und es war dessen eiligst ausgeschickten Häschern nicht gelungen, den unbotmäßigen Mönch zu fassen.

Im Brief schrieb er von seiner Sehnsucht, damals, die Orte des Erwachten, des Buddha Gautama, mit eigenen Augen zu sehen, dort Unterweisung zu erhalten und die Schriften der Lehre zu finden. Er berichtete von den mehr als 45 000 *li*,[1] die er hinter sich habe, wie er Wüsten durchquert, Gebirge überstiegen, unzählige Gefahren bestanden habe, Räubern entkommen sei und jetzt, unbeschadet am Körper, mit einem durch die Erfüllung der Gelübde zufriedenen Geist nach Hause zurückkehre. Er habe den Geierberg gesehen, unter dem Bodhi-Baum gebetet und meditiert, heilige Worte gehört und spirituell Wundersames erlebt, das alle Wunder der Natur übertreffe; er habe sich nicht nur mit den Herrschern der Oasen der nördlichen und der südlichen Seidenstraße beraten, sondern auch mit dem Großkhan der westlichen Turkvölker, auch mit König Harsha, dem Einiger Nordindiens, und vielen andern bedeutenden Machthabern.

Sein ganzes Leben würde er sich an die enge Freundschaft mit dem Vorsteher des berühmtesten buddhistischen Klosters in Indien erinnern, denn dort, in Nalanda, habe er die tiefste Einsicht in die Heiligen Texte gewonnen. Und außer all dem habe er in den Ländern des Westens von den großen Qualitäten des erhabenen Kaisers Zeugnis abgelegt und ihm so Ruhm, Ehre und Lobpreisung der Völker gesichert.

Zum Schluss fügte er an, dass er nach dem Verlust seines Elefanten bislang noch nicht genügend Pferde habe auftreiben können, um Hunderte von Schriftrollen und Reliquien sicher nach China zu bringen. Allerdings hoffe er, trotz dieser Widrigkeiten, sobald als möglich zum Besuch Seiner Majestät aufbrechen zu können.

Xuanzang rollte den Brief ein, umwickelte ihn mit einem seidenen roten Band und setzte auf dessen Ende ein Wachssiegel mit seinem Mönchsnamen: Xuanzang, Meister des Gesetzes. Dann begab er sich zum Empfangszimmer des Klosters, in dem er seit seiner Ankunft vor über fünf Wochen Aufnahme gefunden hatte. Er erwartete dort einen Händler aus dem an

---
1 etwa 15 000 Kilometer

der nördlichen Seidenstraße gelegenen Königreich Turfan, der mit seiner Karawane nächstens von Khotan aus nach Chang'an, der Hauptstadt des Tang-Reiches reisen und dort den Brief an der richtigen Stelle übergeben würde. Eine glücklichere Fügung hätte er sich nicht wünschen können, waren doch die Wege der südlichen Seidenstraße schwierig und erforderten kundige Reisende. Außerdem war der Händler aus Turfan der älteste Sohn eines Ministers, den er vor fünfzehn Jahren kennengelernt hatte. In Turfan hatte er die erste Probe auf seiner langen Reise in den Westen zu bestehen gehabt, sich erstmals einem Mächtigen entgegenstellen und seinen eigenen Willen gar um den Preis seines Lebens durchsetzen müssen.

*

Der damalige König Wen-t'ai, der bedeutendste Herrscher aus der Dynastie der Ch'ü und mit Chinas Gnaden an der Macht, war eine ebenso fromme wie herrische und eitle Person. Er hatte Xuanzang geradezu genötigt, den Weg über Turfan zu nehmen, und war ihm bei Sonnenuntergang mit Fackeln bis an die Grenzen entgegengekommen, als er von dessen Ankunft unterrichtet worden war.

In nur sechs Tagen hatte Xuanzang auf einem Marsch durch die Wüste über tausend *li* hinter sich gebracht und erschöpft, doch wohlbehalten die am Nordrand des Tarimbeckens gelegene fruchtbare Oase erreicht. Eigentlich hätte er sich lieber gleich ausruhen wollen, doch der König hatte darauf bestanden, ihn noch am selben Abend in den eleganten, von köstlichen Weintrauben umrankten Pavillon seiner Sommerresidenz zu geleiten und ihm hier höchstpersönlich einen Sitzplatz anzubieten.

«Meister», sagte er dann, «meine Frau und meine Kinder haben auf den Schlaf verzichtet und in Erwartung Eurer Ankunft in den Heiligen Schriften gelesen.»

Dann erschien die Königin in seidenem Gewand, reich behangen mit Gold und Edelsteinen, und erwies ihm mit einigen Dutzend ihrer Zofen die Referenz. Erlesene Speisen wurden aufgetragen, bis schließlich der ungestüme König ungeduldig alles wieder abtragen und den Gast wissen ließ, dass er nun die ganze Nacht mit ihm zu reden wünsche. Xuanzang ertrug das gebieterische Ansinnen mit Würde. Doch bei Morgengrauen war er wie erschlagen und mahnte beim Monarchen größere Rücksicht an. Jetzt endlich durfte er sich ein wenig Ruhe gönnen.

Nach zehn Tagen äußerte er den Wunsch weiterzureisen: «Hoheit, nachdem ich Eure gütige Gastfreundschaft im Übermaß genossen habe und ich wieder bei Kräften bin, bitte ich Eure Hoheit, mich weiterziehen zu lassen.»

Der König war wohl ein frommer Buddhist, der die Schriften las und die täglichen Rituale vor den Bildnissen des Erwachten mit Sorgfalt pflegte, doch das hielt ihn nicht von einer geradezu tyrannischen Gastfreundschaft ab und dem selbstsüchtigen Plan, den Mönch aus China für sich zu behalten. Er überhäufte ihn mit Ehrungen und Geschenken, unterstellte ihm gar die berühmtesten und hochgebildeten Mönche seines Reiches mit der Absicht, Xuanzang als Oberhaupt der buddhistischen Gemeinde einzusetzen.

«Und ich wünsche, dass der Meister als mein persönlicher Berater hier bleibt», gab der König als Antwort.

Nach einem kurzen Schweigen erwiderte ihm Xuanzang: «Ich habe keine Mühe, Eure eifrigen Freundlichkeiten zu begreifen. Doch habe ich mein Land nicht verlassen, es sogar gegen den Willen meines Kaisers verlassen, um anderswo Ehrungen und wohl gut gemeinte Freundlichkeiten zu empfangen. Kümmernis hat mich getrieben! Und Zweifel darüber, ob die Heiligen Texte in meinem Land auch wirklich verstanden und richtig ausgelegt würden. Diese Not bewog mich, auszuziehen und im Westen an den Heiligen Stätten des Erwachten Belehrung zu empfangen und die echten Texte und Denkmäler des Gesetzes zu finden. Ihr versteht, dass ich nicht auf halber Strecke, ja, noch vor der Hälfte meines Weges einhalte und mein Gelübde breche. Denn ich habe gelobt, alle Anstrengungen auf mich zu nehmen und alle Hindernisse zu überwinden, damit die Heiligen Worte, welche die Weiten Indiens erfüllen, auch in China sich ausbreiten mögen. Wie also könnt Ihr mich noch vor der Hälfte meines Weges aufhalten? Ich flehe Euch, erhabener König und Freund des Gesetzes, inständig an, mich ziehen zu lassen. Seht von Eurem Vorhaben ab, ehrt mich nicht länger mit überreicher Freundschaft.»

Der König hatte ihm aufmerksam zugehört, doch ein leises Zittern um seinen schmalen Mund zeigte, dass er innerlich empört war, dann aber sagte er ganz liebenswürdig: «Meister, euer Schüler liebt Euch so grenzenlos und zärtlich, dass er Euch unbedingt hier haben will. Denn nur so kann ich Euch meine Verehrung und Huldigung erweisen. Glaubt mir, Ihr könntet leichter das Gebirge des Pamir versetzen als meinen Entschluss ins Wanken bringen.»

Xuanzang war entsetzt. Längst hatte er in den samtenen Handschuhen die Krallen der Macht gesehen, die gleisnerische Freundlichkeit durchschaut, die in Wahrheit nicht den anderen, sondern nur sich selbst liebte. Er saß schweigend, dann atmete er tief und langsam ein und sagte dem König: «Genau so geht es mir. Nichts und niemand kann meinen Entschluss ins Wanken bringen, jetzt weiter zu reisen in den Westen zu den Stätten des Erhabenen.»

Da schlug der König, rot vor Zorn und mit herrischer Geste

die weiten Ärmel seines Gewandes zurück, und, vor Wut kaum Atem findend, schrie er: «Euer Schüler kann mit Euch auch anders verfahren, und es wird sich zeigen, ob Ihr hier nach Belieben tun oder lassen könnt, was Ihr wollt. Mit Gewalt will ich Euch hier behalten – oder dann in Euer Land zurückbringen. Bedenkt es wohl und folgt meinem Rat. Besser wäre es, mir nachzugeben.»

Doch Xuanzang antwortete knapp und ebenso unmissverständlich klar: «Um des Erhabenen Gesetzes Willen bin ich hier und auf der Durchreise. Nichts anderes als meine Knochen wird der König für sich behalten können, denn er hat keine Macht über meinen Geist und meinen Willen.»

In den folgenden Tagen versuchte König Ch'ü Wen-t'ai den Willen des Meisters mit weiteren Ehrungen und ungewöhnlich demütigen Gesten zu brechen. Er ließ sich herab, den Pilger persönlich bei Tisch zu bedienen, ihm die Speisen zu reichen und gar die Handschale. Selbst die Füße wusch er ihm beim Eingang zur Großen Buddhahalle.

Als Xuanzang sah, dass er den Willen und das Herz des Königs nicht erweichen konnte, entschloss er sich zum Letzten. Am Morgen des fünften Tages nach der Auseinandersetzung mit dem König setzte er sich in der Großen Buddhahalle vor dem Standbild des Erhabenen auf sein Meditationskissen, ordnete die Falten seiner Kleidung und saß aufrecht und bewegungslos, Nase und Kinn senkrecht, die Hände ineinander gelegt und die Füße gekreuzt. So saß er da, regungslos, ein Berg, der nicht zu versetzen war, die Halle erfüllt von großem Schweigen.

So saß er da, drei Tage und drei Nächte.

Und mit Staunen gewahrten der König und der ganze Hof, dass Xuanzang am ersten Tag und auch am zweiten und dritten weder Wasser noch Nahrung zu sich nahm, die in mehreren Schalen ihm vorgesetzt, dann unberührt abgetragen und mit neuen Speisen wieder aufgetragen wurden. Doch der Berg rührte sich nicht. Am letzten Tag, nachdem er keinen einzigen Tropfen Wasser zu sich genommen hatte, bemerkte König Ch'ü Wen-t'ai, dass des Pilgers Atem zunehmend schwächer wurde. Das vordem von blühender Gesundheit kündende Gesicht des Meisters wurde fahl, und schwerer Schweiß rann über den kahlen Schädel. Es war, als sinke der einst starke Berg in sich zusammen.

Da ergriff tiefe Scham den König, und der Schrecken über seine Unerbittlichkeit und gewalttätige Gastfreundschaft berührte sein Herz. Er warf sich vor dem Meditierenden nieder, küsste den Saum der Mönchsrobe und bat um Entschuldigung. Xuanzang öffnete zum ersten Mal nach drei Tagen und Nächten die Augen und betrachtete den vor ihm knienden König. Er sah Furcht und Scham und Entsetzen. Dann lächelte er. Und ein Glück ging über des Königs Antlitz. Vor der Statue des Buddha tat er den Schwur, seinen Gast ziehen zu lassen.

Jetzt bat Xuanzang um Wasser und etwas Nahrung. Am selben Abend bat der König den Meister, noch einen Monat in Turfan zu bleiben und dem Hof und der buddhistischen Gemeinde in den größeren Städten die Lehre zu erklären. Außerdem wolle er in diesen Wochen alles Notwendige für die künftige Weiterreise veranlassen.

Xuanzang willigte sofort ein, denn das Herz des Königs war sanft geworden und friedlich wie das Herz einer Taube. Und er versprach ihm zudem, auf der Rückreise nach China wiederum nach Turfan zu kommen und sich drei Jahre lang hier aufzuhalten.

Dann ließ der König in der Lichtung eines Tamariskenhaines ein Zelt errichten, in dem alle dreihundert Personen seines Hofstaates einen Platz fanden. Der hohe Lehrstuhl des Meisters war von einem Meer von Chrysanthemen umstellt, und in einer großen Wasserschale waren Knospen und Blüten der Blume Buddhas, der zartseidene rosafarbene Lotos.

Für die Mutter des Königs, den König selbst und dessen Frau hatte man auf einem Podest zur linken Hand mit Kissen belegte Stühle aufgestellt, und in gleicher Weise zur rechten Hand für die Vorsteher der Klöster und die Würdenträger des Landes. Die übrigen Menschen des Hofes saßen in der Mitte des Zeltes vor der Kanzel am Boden. Jetzt hörten sie von Ferne das hell klingende Glöcklein, das die Ankunft des Königs und des Meisters ankündigte.

Ch'ü Wen-t'ai schritt dem Meister voran, in der Hand ein Räucherfässchen mit wohlriechenden Essenzen. Er führte Xuanzang bis vor den Lehrstuhl, wo er zur Verblüffung aller Anwesenden in großer Demut niederkniete, sich auf die beiden Ellenbogen stützte, damit gleichsam eine Stufe zum hohen Stuhl darstellte und den Pilgermönch nötigte, so die Kanzel zu besteigen.

Nachdem Xuanzang sich im Lotossitz auf das Polster gesetzt hatte, begann er mit seiner Vorlesung über die Lehren des Erwachten und machte mit großer Eindringlichkeit klar, dass es nicht damit getan sei, die Rituale gemäß den überlieferten Vorschriften zu vollziehen oder regelmäßig in den Heiligen Schriften zu lesen. All das würde die Verdienste in keiner Weise mehren, denn es sei damit überhaupt kein Verdienst verbunden. Ebensowenig seien großzügige Geschenke an die Tempel oder das Aufstellen von Statuen oder Reliquien ein Verdienst.

Das Entscheidende liege nicht in diesen Äußerlichkeiten, sondern im Herzen des Menschen. Das reine Herz handle ohne Absicht, ohne Ziel und ohne Berechnung, der Gute tue Gutes nur um des Guten willen und schiele nicht nach Ansehen und Verdienst. In dieser Weise lehrte er, und Xuanzang sah sehr wohl die kleine Träne in den Augen des Königs.

*

In den folgenden Wochen besuchte er die beiden alten und stark befestigten Städte Gaochang und Jiaohe, um auch dort in den Großen Buddhahallen zu lehren. Er wurde begleitet vom ersten Minister des Königs, der nicht müde wurde, den Pilger auf die üppige Fruchtbarkeit der Oase und den Wohlstand der Bewohner hinzuweisen.

Tatsächlich wuchsen neben der Tamariske und den Maulbeeren in wohlgepflegten Gärten Pfirsiche, Aprikosen, Granatäpfel und Feigen. In den großen Feldern mit Wassermelonen standen auch die Rebstöcke, an denen die überaus köstlichen, kernlosen Trauben hingen, deren getrocknete Beeren auf der Straße nördlich der Taklamakan in Chinas Hauptstadt oder dann an benachbarte kleinere Adelshöfe am Rande des Tarimbeckens verkauft wurden.

Xuanzang konnte auf den ersten Blick erkennen, dass die von über dreißig *chi* hohen und sechsunddreißig *chi* dicken Mauern eingefasste Stadt Gaochang nach den ähnlichen Prinzipien gebaut war wie Chang'an, die Hauptresidenz des Kaisers Taizong, und aus einer Außenstadt, einer Innenstadt und im Zentrum dem Palast und zahlreichen Tempelanlagen bestand.

Als er zusammen mit dem Minister die Stadt betrat, erwarteten ihn nicht nur die Würdenträger und Vorsteher der Tempel, sondern auch viele Bewohner. Vier Männer trugen auf Stangen einen seidenen Baldachin und wiesen Xuanzang an, unter diesem Sonnenschutz durch die Stadt und zum Haupttempel zu schreiten, vor ihm junge Männer mit Räuchergefäßen und hinter dem Baldachin in geordneten Reihen die Honoratioren der Stadt und der Klöster.

Als der feierliche Zug den Haupttempel erreicht hatte und Xuanzang die Große Buddhahalle betrat, traute er seinen Augen nicht. In einer Nische, die von einem halben Bogengewölbe gebildet war, stand eine Statue von Buddha, dem Erwachten, wie er sie bis anhin noch nie gesehen hatte. Der Erhabene stand auf beiden Füßen fest auf dem Grund, der linke Arm hing lässig am Körper und die zarten Fingerspitzen schienen das Gewand zu berühren, der rechte Arm jedoch war angewinkelt, und die zum Betrachter hin geöffnete Handfläche schien zu bedeuten: Fürchte dich nicht! Noch nie hatte er dieses ihn fremd anmutende Gewand gesehen, das in großen, wie Wellen sich ausbreitenden Falten den Köper bedeckte und große weite Ärmel aufwies.

Doch was Xuanzang am meisten in Staunen versetzte, war das leicht nach vorn geneigte Haupt des Buddha, dessen halb geöffnete Augen eine nach innen gerichtete Tiefe und Vergeistigung zum Ausdruck brachten. Zwischen den Augenbrauen war mit einem Punkt das dritte Auge angedeutet. Ein leises Lächeln umspielte den Mund. Die lang gezogenen Ohrläppchen erinnerten daran, dass der Buddha aus königlichem Geschlecht stammte und einst schweres Ohrgeschmeide getragen hatte. Den Haarknoten umfasste ein feines Band; so lag er wie eine Krone auf dem Haupt. Dass diesem die größte Bedeutung zukam, unterstrich eine große, runde, hinter dem Haupt angebrachte Scheibe, welche die Erhabenheit des Erleuchteten unmissverständlich zum Ausdruck brachte.

Xuanzang warf sich unvermittelt vor dem Bildnis seines spirituellen Meisters nieder, das ihm wie ein menschliches Wesen im Mönchskleid erschien und das sichtbar das Nirvana erreicht hatte.

«Ihr seht, der Erleuchtete trägt hier die Robe von Gandhara», sagte jetzt der Minister, der Xuanzangs tiefe Bewunderung beim Anblick der Statue mit Erstaunen wahrgenommen hatte.

*

Tage später erreichte Xuanzang die Bitte der Mönche aus Jiaohe, er möge auch in dieser Stadt die Gesetze des Buddha erklären. Ihre Tempelanlagen seien zudem berühmt für die zahlreichen Statuen, die gewiss sein Gefallen finden würden. Xuanzang ließ sich nicht lange bitten. Wiederum vom ersten Minister des Königs begleitet, machte er sich unverzüglich auf, die Stadt zu besuchen, die eine halbe Tagesreise von der Sommerresidenz des Königs entfernt auf einem natürlichen Felsplateau lag, das auf drei Seiten in der Tiefe von fruchtbaren Flusstälern begrenzt war.

Xuanzang fand die alte Weisheit bestätigt, dass Klugheit immer dort sich findet, wo zwei Flüsse zusammentreffen, ein Umstand, welcher der Stadt hier gar den Namen gegeben hatte. Die Felskliffe waren auf drei Seiten derart steil und hoch, dass keine Befestigungsanlagen gebaut werden mussten. Als sei ein gewaltiges Schiff gestrandet, so ragte die Stadt aus dem Grün der Flusslandschaft empor. Diese Sicherheit bescherte den Menschen ein ungewöhnliches Gefühl von Freiheit und ließ ihnen Raum, die prächtigsten Paläste und Tempelanlagen zu bauen.

Xuanzang betrat die Stadt durch das Südtor, wo sie wie schon in Gaochang von zahlreichen Gläubigen und religiösen Würdenträgern erwartet wurden. Der Minister führte ihn auf der zentralen Straße direkt zum Großen Stupa, der das Wahrzeichen der Stadt darstellte und Ausmaße aufwies, wie sie der Pilger aus China noch nie gesehen hatte. Natürlich kannte er die symbolische Bedeutung; er wusste recht wohl, dass der Stupa in frühester Zeit ein Grabhügel gewesen war, der über der Reliquienurne des Buddha sowie bedeutender Mönche in späterer Zeit errichtet worden war. Er war die symbolische Erinnerung an den Tod des Buddha Gautama und das Ziel vieler

Pilgerreisen. In frommem Gedenken an den Erhabenen wurde er ehrfurchtsvoll und schweigend umschritten. Auch Xuanzang zog seine Schuhe aus, und barfüßig, wie es das Ritual befahl, schritt er mit seinem Begleiter rund um den Stupa, der hier mit blendendem Weiß getüncht war. Auf der Harmika, die sich wie ein viereckiger Kasten oben auf der Halbkugel befand, leuchtete ein siebenstufiger vergoldeter Schirm in der heißen Sommersonne. Zu jeder Tageszeit nahmen immer an die Hundert Gläubige diese fromme Wanderung um den Stupa vor, in der Hoffnung, so Erleuchtung zu erlangen. Es war der erste Stupa dieser Art, den Xuanzang hier sah. In China waren die Erinnerungsbauten an den Tod des Großen Meisters eher schlanke hohe Stein- oder Holztürme, die jeweils in mehrere Stockwerke unterteilt wurden.

Dann zeigte ihm der Minister die Außenwand der Großen Buddhahalle, die für Xuanzang eine weitere Überraschung bereithielt. Denn die ganze große und zur Hauptstraße hin gerichtete Wand war mit zahlreichen Nischen versehen, in denen Bildnisse des meditierenden Buddha aufgestellt waren, wobei der Erhabene dieselbe faltenreiche Robe trug, wie Xuanzang sie schon in Gaochang bewundert hatte, und wieder sah er hier diesen tiefen, nach innen gerichteten Ausdruck des friedlichen Gesichts. Ganz neu aber waren für ihn die Darstellungen des Bodhisattva Avalokiteshvara, fürstlich geschmückt mit mehreren Halsketten, Lotosblüten im Haar, Armreifen an Handgelenk und Oberarm. Einmal saß er da in Meditationshaltung, ein andermal jedoch auf einem Thron, das eine Bein auf die Sitzfläche gestellt, während das andere auf einem kleinen Schemel ruhte. So lässig und elegant, so fürstlich und mit derart verschwenderischer Pracht hatte er die Gottheit des Erbarmens noch nie dargestellt gesehen. Die reine, heitere Güte!

Nach dem Besuch von Jiaohe begab sich Xuanzang wieder zur außerhalb der Hauptstadt Gaochang gelegenen Sommerresidenz des Königs von Turfan. Dessen Vorbereitungen für die baldige Abreise des Meisters waren inzwischen schon weit gediehen. Da der König von den zahlreichen Händlern aus Indien über die schwierigen Verhältnisse und die Gefahren beim Überqueren des Pamir-Gebirges wusste, ließ er alle Kleidungsstücke anfertigen, die der Mönch zu seinem Wohl notwendig brauchte: Gesichtsmasken zum Schutz vor Kälte und Sonne, Handschuhe, Stiefel, gefütterte Mützen und knöchellange Mäntel. Mit rührendem Eifer und jetzt ohne eigensüchtige Hintergedanken überschüttete der König seinen Gast mit so zahlreichen Geschenken, hoffend, dass sie bis zum Ziel seiner Reise in Indien ausreichen würden: Gold- und Silbermünzen, Satin und Seide. Allein für den Großkhan in Tokmak, den Regenten der westlichen Turkvölker, waren fünfhundert Ballen Seide bestimmt.

Viel bedeutender aber waren die vierundzwanzig Briefe, die der König seinem Gast mitgab, bestimmt für die vierundzwanzig Regenten größerer und kleinerer Königreiche. In jedem der Briefe bat er den jeweiligen Herrscher, den Pilger freundlich aufzunehmen, ihn sicher durch sein Gebiet zu geleiten und auch Relaispferde bereitzustellen. Einer seiner ranghöchsten Offiziere hatte den Befehl, Xuanzang mit einer Eskorte bis zum Großkhan zu begleiten. Zu diesem pflegte der König von Turfan besonders freundschaftliche Beziehungen, die fast einem Lehensverhältnis gleich kamen, denn er bat den Großkhan in seinem Brief, dem chinesischen Pilger das gleiche Wohlwollen entgegenzubringen wie dem Sklaven, der diese Zeilen verfasst habe. Da er der Vasall des Großkhans war, seine Tochter überdies mit jenem Sohn des Khans verheiratet war, der über Teile Afghanistans herrschte, hatte er auch das Recht, für seinen Gast Schutz und Hilfe anzufordern. So war für die Sicherheit Xuanzangs nicht nur in Baktrien, sondern auch bis an die Pforten des Pamir gesorgt. Der einst schutzlos aus China geflüchtete Mönch hatte von nun an diplomatischen Schutz.

Xuanzang war von der Großherzigkeit des Königs Ch'ü Wen-t'ai tief berührt, und er wusste wohl, dass das Gelingen seiner Reise vom Schutz der Mächtigen abhing. Er sei beschämt angesichts der königlichen Gunstbeweise und ratlos, wie er seiner Dankbarkeit Ausdruck verleihen könne. Jetzt jedoch sei alle Furcht von ihm genommen, und er sei gewiss, dass er sein Ziel, den Bodhi-Baum in Bodhgaya, erreichen werde. Und wenn er dereinst dort sei, verdanke er das nicht seiner eigenen Leistung, sondern der großherzigen Gunst des Königs. Dieser geleitete ihn mit dem ganzen Hofstaat vor die Tore der Stadt, und unter Tränen nahm er Abschied vom Meister des Gesetzes.

Xuanzang erneuerte nochmals sein Versprechen, auf der Rückreise wiederum nach Turfan zu kommen und dann aber drei ganze Jahre hier zu bleiben. Dann reiste er, von einer großen Karawane begleitet und von Soldaten eskortiert, zu der neunhundert *li* von Turfan entfernten Oase Karaschahr.

Fünfzehn Jahre später erfuhr Xuanzang auf seiner Heimreise, dass König Ch'ü Wen-t'ai inzwischen einen tragischen Tod gefunden hatte. Und so hatte er keine Ursache mehr, auf der Nordroute der Seidenstraße zurückzukehren, und wählte die Südroute über Khotan, wo er jetzt dem Sohn des Ministers, der ihn einst in Turfan begleitet hatte, den Brief für den Kaiser in China überreichen wollte.

2
Flucht aus China

Ma-Huan-Chi, der Sohn des Ministers, saß im Empfangszimmer des Klosters und wartete auf den Mönch, an den er sich nur mehr undeutlich zu erinnern vermochte. Mit seinen damals kaum zehn Jahren hatte er noch nicht am politischen Leben seines Vaters teilgenommen. Der alten Sitte gemäß wurde er als Kind ohnehin in den Gemächern der Frauen großgezogen. Erst mit dem Beginn des Jugendalters wechselte er in die Räume seines Vaters, der von nun an um seine Erziehung besorgt war. Und jetzt erst hörte er auch von dem berühmten Mönch aus China, den zu begleiten sein Vater die hohe Ehre hatte. Noch immer wurde hinter vorgehaltener Hand berichtet, jener Mönch sei der einzige Mensch gewesen, der je dem König die Stirn geboten und am Ende schließlich dessen Herz erweicht habe.

Der junge Mann aus Turfan war Ende zwanzig, in vornehmes und teures Tuch gekleidet, und das sonnengebräunte Gesicht wies bereits viele Falten auf, zu viele für das jugendliche Alter. Doch die anstrengenden Reisen auf Pferden und Kamelen durch Wüsten, über Gebirge, ausgesetzt dem wechselhaften Wetter, Sonne, Wind und Regen, ließen Spuren zurück. Nur die Augen verrieten eine jugendliche Neugier und forsche Klugheit. Er musterte den kargen Raum, der außer mehreren holzgeschnitzten Stühlen und einer Sitzbank nur ein auf Seide gemaltes Bildnis des Buddha aufwies. Die beiden Fenster gaben den Blick in den Innenhof des Klosters frei. Mit unruhiger Freude hatte er wenige Tage zuvor von einem jungen Novizen des Klosters die Einladung Xuanzangs zu einer Unterredung entgegengenommen. Mit einer Einladung zu einem Gespräch hatte er niemals gerechnet, zumal er ein Händler und nicht etwa ein Gelehrter war, wohl Anhänger der Lehre des Buddha, doch kein Mönch.

Vom Hof her hörte er Schritte. Und dann trat er ins Zimmer, Xuanzang, der große Gelehrte, der Pilger und Mönch, der Meister des Gesetzes. Ma-Huan-Chi war überrascht. Wohl hatte er noch die Beschreibungen seines Vaters im Kopf und wusste, dass Xuanzang ein außerordentlicher Mensch war, doch hatte er sich nie Gedanken über dessen äußere Erscheinung gemacht. Und die war wirklich beeindruckend: Vor ihm stand ein ungewöhnlich großer, stattlicher Mann mit hellem Teint, die Augenbrauen zwei klare Bogen, die sich über der Nasenwurzel nicht berührten. Er trug eine braunrötliche Robe aus Baumwolle mit weiten Ärmeln, deren Öffnung bis zum Knie hin reichte, die Robe der Gandhara-Mönche, wie sie der Buddha der Statue in Gaochang trug. Wie alle Mönche war auch Xuanzang kahl geschoren.

Doch Ma-Huan-Chi war überrascht von der Schönheit des Mönchs, so konnte man es sagen, denn sein Antlitz hatte ungewöhnlich ebenmäßige und feine, fast zarte Züge. Es war ein Vergnügen, sich auf diesem edlen Gesicht wie auszuruhen und im strahlenden Blick der Augen zu verweilen, als leuchteten sie aus fernsten Tiefen seines Inneren hinaus in die Welt. So schlug er die Mitmenschen in seinen Bann und verströmte eine Anziehungskraft, der sich keiner zu entziehen vermochte.

«Er ist ein Mensch wie ein Berg», ging es Ma-Huan-Chi durch den Kopf, «gefestigt und vollkommen in sich selbst ruhend. Nichts scheint diesen Mann zu erschüttern. Und er lächelt mit dem Herzen!»

Xuanzang schritt mit weit geöffneten Armen auf Ma-Huan-Chi zu, und als dieser sich anschickte, sich vor Ehrerbietung hinzuknien, richtete er ihn sofort mit fester Hand auf und wies auf die bereitstehenden Stühle.

«Ich habe Ihren verehrten Vater, den Minister, gekannt. Er war mir von König Ch'ü Wen-t'ai als Begleiter und Dolmetscher in Turfan zugewiesen. Ein feiner Mann!»

«Er ist leider kurz nach den Schwierigkeiten des Königs mit dem chinesischen Kaiser verstorben. Ich glaube, es war der Gram über die bewegten politischen Ereignisse und die Trauer über das Ende einer großen Zeit in Freiheit und Würde.»

«Ich habe von diesen Ereignissen gehört. Als ich vom Hinscheiden des Königs vernommen hatte, wählte ich die südliche Route, die allerdings sehr beschwerlich zu werden scheint. Ihr kennt diesen Handelsweg?»

«Gewiss, ich habe Handelsbeziehungen mit Häusern in Samarkand und in Chang'an, und so ist die Südroute kürzer als die nördliche über Turfan. Allerdings ist sie beschwerlicher. Doch mit zuverlässigen Führern und guten Kamelen und Pferden ist es kein lebensgefährliches Abenteuer. Aber ich will nichts ausschließen. Der gefährlichste Feind ist der Mensch und nicht die Natur.»

«Bevor ich auf mein Anliegen zu sprechen komme», sagte Xuanzang, «würde ich gerne aus erster Hand von jenen Ereignissen hören, die nicht nur den König, sondern auch Ihren verehrten Vater das Leben gekostet haben. Wie kam es so weit?»

«Nachdem Ihr, verehrter Meister, den König und meinen Vater verlassen hattet, wandte sich König Ch'ü Wen-t'ai vom chinesischen Kaiser ab und vermehrt dem Turk-Khan zu. Noch Jahre zuvor hatte er den chinesischen Kaiser mit kostbaren

Geschenken bedacht und ihn seiner Treue versichert, doch dann gab er dem Werben des Khans nach, wohl in der irrigen Annahme, dass der ihm näherstehende Bewerber um seine Gunst wohl auch größere Sicherheit und Reichtum bringen würde als der noch junge und im fernen Chang'an residierende Kaiser Taizong. Und so unterbrach er die nördliche Handelsroute von Chang'an nach Turfan und attackierte die Handelskarawanen, bis schließlich der chinesische Außenhandel auf dieser Route zum Erliegen kam. Kurz entschlossen schickte Kaiser Taizong seine Armee auf den Weg nach Turfan, um den unbotmäßigen Vasallen zur Raison zu bringen. Als der König vom Eintreffen der chinesischen Truppen hörte, fiel er vor Schreck von seinem Thron und verschied in derselben Nacht. Noch im selben Jahr wurde Turfan dem chinesischen Reich einverleibt. Und dass jetzt ein Gouverneur an Stelle des Königs regiert, diese Demütigung hat meinen Vater das Leben gekostet.»

«Ich erinnere mich an die Auseinandersetzungen des Kaisers mit dem Turk-Khan Xieli. Sie dauerten fast vier Jahre. Der Khan war im Jahr, als Taizong den Thron bestieg, mit seinen Truppen bis vor die Hauptstadt Chang'an vorgestoßen und forderte vom jungen Kaiser Tribut. Dieser wies den Vorschlag seiner Berater, sich angesichts der wenigen eigenen Truppen in der Stadt zu verschanzen, weit von sich und trat dem Khan, eine riesige Armee vortäuschend, bei der Bian-Brücke am Wei-Fluss entgegen. Die List tat ihre Wirkung, und Xieli zog sich zurück. Doch der Konflikt schwelte weiter bis zum Jahr meiner Ausreise aus China. Immer wieder rückten kaiserliche Truppen vor bis in die Gegend von Turfan. Auch ich war damals sehr gefährdet und wusste die Gastfreundschaft des Königs von Turfan zu schätzen. Als ich dann im folgenden Jahr Indien, das große Land im Westen, erreichte, hörte ich von der Gefangennahme des Xieli durch die chinesischen Truppen.»

«Xieli wurde abgesetzt, und in den folgenden Jahren, da Ihr in Indien weiltet, wandte sich unser König einmal vom Kaiser ab und dem neuen Khan zu, ein andermal wieder umgekehrt. Es war eine Schaukelpolitik, die mein Vater dem König vorschlug, um das eigene Territorium und die Unabhängigkeit zu bewahren und in der Hoffnung, das Aufeinandertreffen der beiden mächtigen Herrscher zu vermeiden. Doch niemand hat mit der weitsichtigen Klugheit und überragenden Intelligenz des chinesischen Kaisers gerechnet. Ständige Manöver, geleitet von loyalen Kommandanten eher niedriger Herkunft und damit ohne eigene Hausmacht, schwächten unsere Truppen, bis schließlich zehn Jahre später, nach dem plötzlichen Herztod des Königs, Turfan ein Teil Chinas wurde und die Handelsrouten wieder unter der Kontrolle des Reiches der Mitte waren.»

«Ihr müsst wissen, Ma-Huan-Chi, dass ich damals ohne die Erlaubnis des Kaisers mein Land verlassen hatte. Es war für die Buddhisten und vor allem für deren Klöster eine schwierige Zeit. Taizong stand unter dem Einfluss des daoistischen Gelehrten Fu I, der in mehreren Throneingaben den Kaiser aufgefordert hatte, die meisten Klöster zu schließen. Der Kaiser folgte seinem Rat und zwang überdies viele Mönche und Nonnen zur Heirat. Selbst in großen Städten wurden nur noch höchstens zwei Klöster geduldet. Auch die Verbreitung der Lehre war den Mönchen untersagt. Und da der Tang-Kaiser mit dem Antritt seiner Regierung und nach langen innenpolitischen Wirren erst die innere Sicherheit und Ruhe wiederherstellen wollte, schottete er sein Land nach außen ab und untersagte jede Ausreise.

Wegen einer Missernte erließ der Kaiser, wie das üblich war, ein Dekret, das Mönche und Laien aufforderte, in Gegenden zu ziehen, wo weniger Not herrschte. Ich nutzte diese Gelegenheit und reiste zusammen mit meinem älteren Bruder, auch er ein Mönch, und einer kleinen Gruppe von Freunden bis an die

Westgrenze des Reiches, wo mir die Ausreise von den zuständigen Beamten tatsächlich verwehrt wurde. Von hier aus machte ich eine Eingabe an den Thron, schilderte die Gründe für meine geplante Ausreise und bat um die kaiserliche Erlaubnis, das Land zu verlassen. Als ein Erlass Taizongs mir die Ausreise verbot, kehrte mein Bruder mit den übrigen Begleitern zurück. Ich ging einige Tage später bei Nacht über die Grenze, wurde von eiligst ausgesandten Häschern verfolgt, erreichte aber unbehelligt die Stadt Liangchou, die ein Ausgangspunkt für die Karawanen auf dem Weg in die Mongolei und nach Turfan ist. Der Kaiser hatte hier zwar noch keinen direkten Einfluss, doch es waren genügend Spitzel und Grenzsoldaten stationiert, die mich hätten ergreifen können. Noch musste ich vorsichtig sein. Doch nichts, auch nicht der Kaiser von China, konnte mich daran hindern, die Lehre des Erwachten zu verbreiten. Obwohl ich mich in der Stadt versteckt halten musste, gelang es mir, vor Interessierten und Gläubigen zu predigen. Einer der Karawanenführer war derart bewegt, dass er mir eine große Summe überbrachte, die ich dem Kloster in Liangchou spendete. Für die Provinzregierung war ich aber dennoch ein Problem, und der Gouverneur forderte mich unmissverständlich zur sofortigen Rückkehr nach Chang'an auf. Selbstverständlich widersetzte ich mich einem solchen Ansinnen und reiste weiter gegen Westen. Zwei junge Klosterbrüder begleiteten mich bis zu der an der Grenze liegenden Oase Anxi, wo ich mich traurig und schweigend einen ganzen Monat aufhielt. Mein Pferd war verendet, und Spitzel aus Liangchou hatten den Bezirksoberen über mein Vorhaben informiert. Doch dieser Beamte war ein frommer Anhänger des Buddha. Vor meinen Augen zerriss er den kaiserlichen Erlass und drängte mich zum unverzüglichen Aufbruch. Ein junger Mann war bereit, mich bis jenseits des Jadetores, der äußersten und letzten Festung in der Wüste, zu begleiten. Anderntags kam er, begleitet von einem Alten, der auf einer klapprigen Schindmähre saß. Da mir ein Wahrsager einst prophezeit hatte, ich würde China auf einem klapprigen Gaul verlassen, schlug ich dem Alten vor, die Pferde zu tauschen. Er sah das frische und junge Pferd, das ich erstanden hatte, und war zum Handel bereit. Sie brachten mich jenseits des Jadetores, und von da an war ich auf mich allein gestellt.»

«Und die fünf Signaltürme, die zu jener Zeit von den Chinesen jenseits des Jadetores zur Beobachtung der Grenzen und der Handelswege besetzt waren, konntet Ihr diese ohne Mühe umgehen?», fragte Ma-Huan-Chi.

«Nicht ganz ohne Mühe und Gefahren, doch wie überall auf meiner Reise erfuhr ich auch hier unerwartete Hilfe. Von den Wächtern des ersten Turmes wurde ich mit zahlreichen Pfeilen und Geschossen fast niedergestreckt. Erst wollte man mich zur Rückkehr zwingen, doch ich überzeugte den Kommandanten von meiner Absicht, die Lehre des Erwachten in Indien zu studieren. Und da auch er ein frommer Buddhist war, ließ er mich schließlich ziehen, versorgte mich mit Wasser und Nahrung und warnte mich vor dem letzten, dem fünften Turm. Denn der dortige Kommandant hasste die Buddhisten, und er empfahl mir, den Wachtturm in einem weiten Bogen zu umreiten.»

«Ich kenne diesen Weg. Doch jetzt beginnt die Taklamakan, die reine Hölle. Wie habt Ihr Euch da orientiert?»

«An den Skeletten der verendeten Tiere und Menschen. Sie wiesen mir den Weg. Zu allem Überdruss verschüttete ich aus lauter Erschöpfung den schweren Wasserschlauch, er war mir aus den müden Händen geglitten. Schließlich überließ ich mich dem Instinkt meines Pferdes, denn ich wusste, dass Tiere eine gute Wasserwitterung haben. Und tatsächlich fand mein müdes Pferd nach einer entsetzlichen Woche junges Grasland. Ich ließ das Tier weiden, füllte den Sack mit Wasser und erreichte schließlich die Oase Hami. Hier empfing ich die Delegation des Königs von Turfan, zehn Offiziere auf prächtigen Pferden, die mich sehr energisch baten, den Weg über Turfan zu nehmen.»

*

In der Zwischenzeit hatte ein junger Mönch den beiden Tee und Gebäck ins Gästezimmer gebracht. Xuanzang füllte die kleinen Porzellantässchen, erfreute sich am Duft des grünen Tees und kam nun auf sein eigentliches Anliegen zu sprechen.

«Wie Ihr, verehrter Ma-Huan-Chi, nun leicht erkennen könnt, bin ich ohne die kaiserliche Erlaubnis ausgereist. Und jetzt, nach fünfzehn langen und ereignisreichen Jahren, stehe ich vor den Grenzen des chinesischen Reiches und muss den Kaiser um die Erlaubnis zur Einreise bitten, verbunden mit der Hoffnung, dass er meinem jugendlichen Eifer und der Sehnsucht nach dem Land des Erwachten im Westen mit Nachsicht begegnen und mich mit Wohlwollen empfangen werde. Denn er ist ein großer Kaiser geworden.»

«Wie könnte er Euch zurückweisen! Denn Ihr seid ein großer Gelehrter und Weiser geworden, der die Stätten des Buddha gesehen und dort meditiert hat und Kunde bringt von den Ländern des Westens. Euer Ruhm und sein Ruhm sind wie die beiden Seiten einer Münze, die das große Reich der Mitte in seiner Vollkommenheit und Größe darstellt. Die äußere Größe und die innere Größe. Die politische Macht und die geistige Macht.»

«Genug der großen Worte. Nachdem ich gehört hatte, dass der Sohn des einstigen Ministers von Turfan hier in Khotan weilt und weiterreisen wird nach Chang'an, war es mein Wunsch, Euch zu sehen und zu bitten, meinen Brief dem Kaiser Taizong zu überbringen.»

Xuanzang griff mit der Rechten in den weiten linken Ärmel seines Gewandes und zog die Schriftrolle heraus, die mit einem roten Band und einem großen Wachssiegel verschlossen war, und legte sie auf den Tisch neben den Teekrug und das Gebäck.

«Das ist eine unverdiente große Ehre für mich, und ich versichere Euch, dass ich diesen Brief wie mein eigenes Leben schützen werde, bis er in den Händen des Kaisers liegt. Doch ich befürchte, dass die Kanzlei des Hofes und vielleicht gar der Kaiser selbst einen Beweis für die Rechtmäßigkeit meines Auftrages fordern werden, der auch die Echtheit des Briefes bestätigen würde. Mächtige sind misstrauisch.»

«Ich weiß, es ist so, und ich habe daran gedacht. Als Legitimation diene der Lauf meines Lebens in China bis zu meiner Ausreise. Ich werde Euch zudem sagen, wo die Echtheit meines Siegels unter den handschriftlichen Zeilen an den Kaiser und auch die äußere Versiegelung des Briefes überprüft werden können. Nur wenige in Chang'an kennen diese Einzelheiten. Euch sind sie der Schlüssel zum Thron.»

*

Xuanzang goss nochmals Tee nach und griff zum Gebäck. Dann ordnete er die Falten seines Kleides, und sein Blick schien sich wie in weite Fernen zu verlieren.

«So hört denn die Geschichte meiner Jugend in China: Mein Vater war ein Mandarin. Ich bin der letzte seiner vier Söhne und entstamme der angesehenen Familie der Chen, die viele Literaten und Mandarine hervorgebracht hatte. Einer meiner Vorfahren besetzte den Posten eines bedeutenden nationalen Gelehrten. Auch mein Vater wurde wegen seiner hohen Begabung und seiner gepflegten Manieren ausgezeichnet, zog es aber vor, als konfuzianischer Privatgelehrter zu leben. Um einer

Beamtenlaufbahn unter der Sui-Dynastie zu entgehen, schützte er eine schwächliche Gesundheit vor. Mich nannte man Wei. Ich wurde in der Gemeinde von Houshi im Bezirk Luo in der Provinz Henan geboren. Die kriegerischen Wirren der damaligen Zeit brachten es mit sich, dass die Verwaltung sehr nachlässig geführt und ich im Geburtsregister nicht verzeichnet wurde. So war es ein heiteres Spiel meiner Eltern, das Jahr meiner Geburt entweder vor oder nach dem Jahr des Metall-Affen im 54. Zyklus[1] anzusetzen, ich selbst sage jeweils, etwa um das Jahr des Wasser-Hundes[2]. Aber genau besehen, weiß ich noch heute nicht, wie alt ich bin!»

Bei diesen Worten lächelte Xuanzang fein, nippte an seinem Tee und fuhr fort:

«Meine Mutter hatte vor meiner Geburt geträumt, dass der Sohn, den sie unter dem Herzen trage, nach Indien gehen und dort den Dharma suchen werde. Und so ist es gekommen. Was meinen Vater betrifft, hielt er sich treu an die Gebote des Konfuzius. Von ihm bekam ich den ersten Unterricht und wurde in der reinsten konfuzianischen Tradition erzogen. Und da ich in vielen Dingen anders war als meine Kameraden – ich interessierte mich nicht für Spiele und oberflächliches Geplauder und Geplapper –, machte ich schnell Fortschritte im Studium. Ich war nicht einfach bloß fleißig, weil ich meinem Vater gefallen wollte, sondern ich war wirklich am Lernen und Erkennen der Welt interessiert.

Einmal erzählte mir der Vater die Geschichte von Kong Rong, wie sich dieser erhob, um den Älteren seinen Respekt zu erweisen. Kaum hatte der Vater geendet, erhob ich mich von meinem Stuhl, und er fragte erstaunt, wieso ich mich erhebe. Ich antwortete, wie kann ich es wagen, sitzen zu bleiben, wenn

---

[1] 600 n. Chr.
[2] 602 n. Chr.

Kong Rong sich aus Ehrerbietung vor dem Alter vom Stuhl erhob? Noch ist mir das Leuchten in den Augen meines Vaters gegenwärtig. Ich war eine derart buchverliebte Leseratte, dass ich weit vor dem üblichen Alter mit allen konfuzianischen Klassikern vertraut war.

Zu dieser Zeit war einer der älteren Brüder, der zweite Sohn meiner Eltern, bereits ein buddhistischer Mönch und genoss wegen seiner Gelehrsamkeit großes Ansehen. Er lebte im Tempel des Weißen Pferdes in Luoyang und war neben meinem Vater das nächste Vorbild, das mein junges Leben prägte. Von ihm erhielt ich die ersten Unterweisungen über die Lehren des Erhabenen, und schon bald wünschte ich mir nichts sehnlicher, Novize im selben Kloster zu werden.

Das war allerdings mit erheblichen Schwierigkeiten verbunden, denn die Regierung führte ein strenges Prüfungssystem für jene ein, die ihr Elternhaus verlassen und in eine Tempelgemeinschaft eintreten wollten. Nur wer die Prüfung bestand, wurde vom Kloster akzeptiert und erhielt als Mönch den Namen ‹Du›, das heißt, etwas frei umschrieben, ‹gerettet worden›. Im zehnten Jahr der Herrschaft des Kaisers Yang von der Sui-Dynastie, es war das Jahr des Holz-Hundes im 55. Zyklus,[1] verkündete die Regierung, dass sie nach vierzehn neuen ‹Du›-Mönchen suche, und ermunterte alle Interessenten, die auch ‹Gerettete› werden wollten, zu den Prüfungen anzutreten. Natürlich ging ich sofort hin, Hunderte standen bereits da und warteten, ich aber durfte zu meiner großen Enttäuschung nicht einmal den Prüfungsplatz betreten. Man wies mich ab mit der Begründung, ich sei noch zu jung und demnach unwissend. Dabei war ich bereits schon um die dreizehn Jahre alt!

Ich wollte nicht weggehen und ging am Platz der Prüfung auf und ab. Dies bemerkte der Hauptprüfer, es war der Minister

---

1 614 n. Chr.

Zheng Shanguo, kein Mönch zwar, doch ein frommer Laien-Buddhist. Er rief mich herein, betrachtete mich eindringlich und fragte schließlich: ‹Warum willst du Mönch werden?›

Ich antwortete: ‹Mein Wunsch ist es, in ferner Zeit ein Tathagata zu werden. Und in naher Zeit möchte ich den Geboten des Buddha die Ehre erweisen.› Offenbar hatte Zheng Shanguo mit dieser Antwort nicht gerechnet, denn er schwieg lange, als hätte es ihm die Sprache verschlagen. Dann endlich sagte er: ‹Geh zu den Prüfungen.› Seine mir gewährte Ausnahme begründete er später so: ‹Es ist schwierig, einen derart feinen Bambus zu finden. Doch wenn diesem Jungen erlaubt wird, ein Mönch zu werden, wird er eine berühmte Person in der Schule des Buddha sein. Die Lehren nachzubeten ist leicht, doch wahre Selbstbeherrschung und innere Stärke sind selten.› So zumindest habe ich es gehört. Der damals noch sehr junge Minister Zheng Shanguo müsste jetzt, sofern er noch lebt, ein steinalter Mann sein. Mit Gewissheit würde er sich an diesen Satz und die Gründe dafür erinnern. Solltet Ihr in Chang'an Schwierigkeiten haben, erkundigt Euch nach dem Minister. Außer mir und ihm hat wohl nach so vielen Jahren kaum jemand diese Ereignisse in der Erinnerung.»

«Ich schreibe mir das Wort des Ministers auf, damit ich es wortgetreu wiedergeben kann, sollte es dereinst notwendig sein», sagte Ma-Huan-Chi und griff zu seiner Schrifttafel. «Doch sagt mir, was ließ in Euch den Gedanken reifen, die große Reise in den Westen zu unternehmen?»

«Kaum war ich als Novize im Kloster angenommen, legte ich sofort die Gelübde der Mönche ab und begann intensiv mit dem Studium der Heiligen Schriften. Schon immer hatte ich beim Lernen keine Schwierigkeiten. Nach einmaligem Hören behielt ich einen Text im Gedächtnis und verstand ihn. Beim zweiten Lesen brauchte ich keine weiteren Erläuterungen und kannte den Text Wort für Wort auswendig. Alle meine

Lehrer waren über diese Fähigkeit erstaunt, doch ich kannte nichts anderes. In der Klosterbibliothek fand ich nicht nur Texte zur indischen Philosophie und zum frühen Buddhismus, sondern auch Schriften zum späteren Mahayana-Buddhismus, wobei mein besonderes Interesse dem Nirvana-Sutra und dem Mahayanasampari-Sutra galt. Das friedliche Klosterleben und das überaus spannende Studium der Texte wurden aber zunehmend getrübt durch die Wirren des Bürgerkrieges und der Kämpfe der Tang mit ihren Rivalen. Nach vier Jahren schließlich beschlossen zahlreiche Mönche, aus der Stadt Luoyang zu fliehen, da die kaiserliche Stadt zu einem Räubernest verkommen war. Die Soldaten wüteten wie wilde Tiere, und in den Straßen lagen Tausende Tote, selbst hohe Beamte wurden hingemordet. Zusammen mit meinem älteren Bruder suchte ich im Jahr des Erde-Tigers – es war das Jahr des Zusammenbruchs der Sui-Dynastie[1] – Zuflucht in der Provinz Sichuan, wo wir im Kloster Kung-hui-szu in der Hauptstadt Chengdu in die Mönchsgemeinschaft aufgenommen wurden. Beide waren wir begeistert von der ausgezeichneten Bibliothek. Ihr müsst wissen, dass mein älterer Bruder ähnlich wie mein Vater die eleganten Manieren eines wahren Konfuzianers besaß, auch hatte er des Vaters stämmige Statur. Uns beiden gemeinsam waren die Beredsamkeit und die Begabung zu abstrakter Begrifflichkeit, und es fiel uns beiden leicht, andere Menschen für die Lehren des Buddha zu begeistern.

Während mein älterer Bruder durchaus eine Vorliebe für weltliche Angelegenheiten beibehielt, waren meine Interessen ganz klar auf das Erkennen des Universums ausgerichtet. Mich interessierten die verschiedensten Meinungen über die Phänomene der Welt und der Metaphysik. Niemals mochte ich mich auf eine einzige Doktrin festlegen, und nichts war mir mehr

---

[1] 618 n. Chr.

zuwider als eine systematische Ausschließlichkeit oder Bevorzugung einer der vielen sich oft widersprechenden Schulen der damaligen Zeit. Es fiel mir also leicht, bei gelehrten Debatten die verschiedensten Standpunkte kompetent zu vertreten.»

«Verzeiht, Meister, wenn ich Euch unterbreche. Da ich kein Gelehrter bin und somit noch nie an einer Debatte teilgenommen habe, kann ich mir nur schwer vorstellen, wie die Meister der Gelehrsamkeit die Probleme diskutieren.»

«Lasst es mich kurz so sagen: Da die alleinige Wahrheit nicht einfach so offensichtlich und somit vieles in der Schwebe ist und unklar und unsicher, kommen die Gelehrten zusammen und versuchen, mit Argumenten und Gegenargumenten ein vorgelegtes Problem zu erörtern. Meistens ist es so, dass ein angesehener und anerkannter älterer Meister zu einem formulierten Problem eine These aufstellt und diese vorträgt. Er untermauert seine Ansicht mit möglichst vielen Zitaten und Argumenten aus den verschiedensten Schriften. Hat er geendet, ist die Diskussion eröffnet, und alle Anwesenden können mit Gegenargumenten und Gegenzitaten aus bedeutenden Schriften ihre Einwände gegen die These vorbringen. Es ist nun offensichtlich, dass jener überzeugt, der am Schluss mit den meisten Zitaten und Gegenzitaten, mit den brillantesten Thesen und Antithesen, mit Einwänden und Gegenargumenten alle anderen sozusagen Schachmatt gesetzt hat.

Texte zu studieren, heißt nicht nur, ihren Inhalt zu verstehen, sondern diesen Inhalt auch möglichst wortgetreu im Gedächtnis zu bewahren. Ein großer Meister trägt seine Bibliothek im Kopf! Der Himmel hat es in der Tat sehr gut mit mir gemeint und mich mit einem großen Gedächtnis beschenkt – und mit der Gabe, auch klar und folgerichtig zu denken. So kannte ich also in meinen jungen Jahren bereits die wichtigsten Texte der verschiedensten Schulen und Sekten, kannte die

Argumente und Gegenargumente und galt früh schon als recht gelehrt. Doch heißt das nicht, dass mir die Wahrheit nun näher lag als anderen, ganz im Gegenteil. Mit zunehmendem Wissen wuchs auch meine Ungewissheit.

Als ich zwanzig Jahre alt war, empfing ich in der Stadt Chengdu die vollständigen monastischen Regeln. Jetzt erhielt ich den Namen, unter dem ich als Mönch von vielen gekannt werde: Xuanzang, was nichts anderes heißt als ‹Meister des Gesetzes›. Kurz nach meiner Ordination trennte ich mich von meinem Bruder und reiste nach Chang'an, die neue Hauptstadt der damals noch jungen Tang-Dynastie. Der ebenso junge und tatkräftige Kaiser Taizong war im Begriff, sie zu einem strahlenden Zentrum seiner Macht auszubauen. Auf einer Fläche von mehr als sechstausend *zhang* lebten Hunderttausende Menschen. Nirgendwo in der westlichen Welt habe ich eine größere und schönere Stadt gesehen, nirgendwo mit Alleen bepflanzte Straßen, die über drei *yin* breit waren, dazu gab es hundertzehn ummauerte Quartiere und zwei riesige Märkte, einen im Westen und einen im Osten. Und das Herz des Ganzen waren die Paläste des Kaisers und die an sie grenzende Stadt der Verwaltung.»

«Ich habe in den letzten Jahren Chang'an mehrere Male besucht», sagte Ma-Huan-Chi, «doch jetzt hat sich die Zahl der Einwohner fast verdoppelt, über eine Million Menschen sollen dort wohnen. Ich bin sicher, dass heute Chang'an die größte Stadt der Welt ist. Überdies leben über fünftausend Fremde aus den verschiedensten Ländern innerhalb der Stadtmauern, deren Mauerkrone so breit ist, dass bequem zwei Pferdegespanne mit Wagen sich kreuzen können. Doch wird das wohl noch in Eurem Gedächtnis sein.»

«So ist es. Und bereits zu meiner Zeit waren genug gebildete Fremde da, welche die Hauptstadt zu einem Zentrum der Gelehrsamkeit machten. Schon sehr bald suchte ich die Fremden auf, um deren Sprache und Kultur kennenzulernen. Mich interessierte die Welt jenseits der Grenzen, die auf der Seidenstraße erreicht werden konnte. Ich lernte leidlich Tokhari, was mir in Turfan vor fünfzehn Jahren zugutekam. Wenige Jahre später begann ich systematisch mit dem Studium des Sanskrit, denn ich wollte die Heiligen Texte im Original lesen können. Überdies war es die Sprache der buddhistischen Gelehrten in der ganzen westlichen Welt, von Java bis weit nach Asien. Bereits vor fünfhundert Jahren brachten Mönche aus Indien und Kashmir, aus Persien und Afghanistan buddhistische Schriften nach China, die mehr oder weniger klug übersetzt worden waren, jedoch viele Ungereimtheiten und gar Widersprüche aufwiesen. Schon vor mir waren mehr als fünfzig fromme Mönche in den Westen gereist, obgleich nur wenige das Land des Erhabenen erreicht haben. Der Interessanteste unter ihnen war der große Faxian, der vor zweihundertsechzig Jahren Indien bereist hatte und mit eindrücklichen Schilderungen der politischen und kulturellen Zustände Indiens mein Interesse und die Sehnsucht weckte, das Land der Heiligen Stätten zu besuchen.

So hatte ich denn zu diesem Zeitpunkt fast fünfzehn Jahre lang die Heiligen Schriften studiert, hatte deren Auslegung in den verschiedensten Klöstern in Luoyang, Chengdu und Chang'an angehört und wurde dabei, so kam es mir vor, nicht etwa gelehrter, sondern immer verwirrter. Es war, als würde der Abt eines jeden Klosters von einem anderen Buddhismus sprechen, so groß waren die Widersprüche in der Auslegung und in der Übersetzung der Texte.

‹Was denn nun hat Buddha, der Erwachte, wirklich gesagt?› Diese Frage wurde zum Zentrum meines Betrachtens. Welches war die authentische Unterweisung? Konnten alle Menschen die Buddhaschaft erreichen, wie das die Vertreter des Großen Fahrzeuges behaupteten, oder war dies nur einem ausgewählten kleinen Teil vorbehalten, wie das die Vertreter des Kleinen Fahrzeuges verkündeten? Ich selbst neigte eher zu dem mittleren Weg, der mystischen Schule des Yogacara, die von Asanga begründet worden war und von der nur wenige und lückenhafte Texte ins Chinesische übersetzt waren. Diese Denkschule propagierte etwas geradezu Ungeheuerliches: Es existiere die Außenwelt nicht eigentlich und wirklich so, wie wir sie wahrnehmen, sondern sie sei vielmehr nur eine Projektion des eigenen Bewusstseins. Man muss sich das vorstellen: Was wir für wirklich halten, ist nichts anderes als eine große Illusion, ohne Geist und ohne Substanz. Asanga nun begründete dieses Konzept nicht bloß mit einer eindrücklichen Kette von Argumenten, sondern er wies auch den Weg, wie die Wahrheit seines Konzeptes erfahren werden konnte durch den nach innen gerichteten Weg der Meditation.

Ich muss noch anmerken, dass allen Lehrmeistern in China in der Verkündung der Lehre ein außerordentliches Verdienst zukommt. Doch wenn ich ihre Worte anhand der Schriften nachprüfen wollte, fand ich schwerwiegende Widersprüche oder unverständliche Übersetzungen. Eine Reise in den Westen wurde immer unausweichlicher. Ich musste zu den Quellen.

Als ich ungefähr siebenundzwanzig Jahre alt war, um immerhin ziemlich genau zu sein», schmunzelte Xuanzang, «da zog ich mich in die Abgeschiedenheit zurück, um meinen Entschluss zu festigen und den Schutz des Buddha zu erbitten. Hier hatte ich den entscheidenden Traum: Ich sah den Berg Sumeru, glänzend aus Gold, Silber, Beryll und Kristall im Mittelpunkt des Universums und von einem großen Wasser umgeben. Steinerne Lotosblüten trugen mich, als ich über das Meer schritt. Doch der Weg zur Spitze des Berges war so glatt und steil, dass ich jedes Mal auf dem Weg nach oben wieder nach unten rutschte. Ein Hochkommen schien unmöglich. Plötzlich trug mich ein heftiger Wirbelwind bis zum Gipfel, und zu meinen Füßen lag die Welt, so weit mein Auge reichte. Ich sah einen Horizont, so unendlich weit wie die Länder, die ich zu sehen hoffte. Dann erwachte ich in einem Zustand seligster Freude. Und jetzt tat ich das Gelübde, in den Westen zu reisen, wohl wissend, dass mich auf meiner Pilgerreise schwere Prüfungen, aber auch Großes erwarten würden.

Ich sandte eine Petition an den Kaiser Taizong mit der Bitte, mir die Ausreise zu erlauben. Statt einer Antwort erließ der Kaiser ein Dekret, das Laien und auch Mönchen untersagte, das Land zu verlassen.»

«Doch dann kam das nächste Dekret, das Laien und Mönche aufforderte, infolge der durch Missernten herrschenden Hungersnot in entlegene und grenznahe Gebiete umzusiedeln.»

«Ihr habt sehr aufmerksam zugehört, Ma-Huan-Chi. Vernehmt nun weiter, wie der Kaiser die Echtheit meines Siegels unter dem Brief nachprüfen kann. Als ich, fast noch ein Kind, einer der vierzehn Auserwählten war, die als ‹Du›-Mönch in das Kloster in Luoyang aufgenommen worden waren, hatten wir intensiven Unterricht in Kalligrafie. Zudem lernten wir die Kunst, ein Siegel zu schneiden. Es gehörte zu den Gepflogenheiten, dass jeder Novize nach seiner Aufnahme einen Leitspruch zu wählen hatte, den er auf seinem persönlichen Siegel eingravierte. Der Abt des Klosters war ein sehr gestrenger Mann, und er akzeptierte nur vollkommen geschnittene Siegel. Und so kam es, dass nicht wenige der Neuen immer wieder von vorne beginnen und schneiden mussten, bis der Abt mit dem Ergebnis zufrieden war. Vor seinen Augen musste der Novize in einer feierlichen Zeremonie auf einem vorgelegten Blatt seinen Stempel mit dem Leitspruch aufsetzen. Fand das Siegel die Anerkennung des Abtes, ging das Blatt in das Archiv des Klosters. Zu meiner Zeit war diese Liste schon sehr lang, denn das

Kloster Weißes Pferd in Luoyang gilt als das erste buddhistische Kloster in China überhaupt.

Da ich die Kunst des Siegelschneidens von meinem Vater schon in jungen Jahren gelernt hatte, war es für mich keine Schwierigkeit, gleich beim ersten Versuch einen vollkommen geschnittenen Stempel herzustellen. Als ich denn vor dem Abt unter meinen Namen den Leitspruch ‹Leere ist Form› setzte, blickte der Abt auf vier makellos geschnittene Zeichen. Wortlos setzte er, und das habe ich, merkt Euch wohl, noch nie jemandem erzählt, mit dem Pinsel sein Urteil unter mein Stempelsiegel: ‹Meisterhaft.› Dann sagte er, die Worte bleiben mir im Gedächtnis, als hätte er sie gestern gesprochen: ‹Nun ergründe, was du geschrieben hast! Und bedenke auch das andere: Form ist Leere.›

Ich hatte mich darauf tief vor dem Abt verbeugt und wusste, dass mir damit meine Lebensaufgabe gegeben war. Wisse nun, dass nur sehr wenige Menschen über diese Registratur im Kloster Weißes Pferd informiert sind, da das Archiv nicht wie üblich in der Bibliothek, sondern in einem eigenen Raum untergebracht ist. Man wollte so die Geschichte des Klosters und ihrer Bewohner vor Plünderungen bewahren. Da ich nicht annehme, dass dies während der Unruhen beim Übergang von der Sui- zur Tang-Dynastie geschehen ist, kann der kaiserliche Hof in Luoyang im Archiv des Klosters die Mönchsliste anfordern und die Echtheit meines Siegels überprüfen.»

«Und das Wachssiegel, das die rote Schnur verschließt, ist dieses Siegel in Chang'an bekannt?», fragte Ma-Huan-Chi und deutete auf das äußere sichtbare Siegel des Briefes, der auf dem Teetisch lag.

«Ich denke schon», antwortete Xuanzang, «denn in den Archiven des kaiserlichen Hofes wird gewiss meine damalige Bittschrift um Ausreise verwahrt sein. Und diesen Brief habe ich damals mit meinem üblichen Siegel verschlossen, das auch hier zu sehen ist. Entscheidend ist aber das innere Siegel, welches mich als Mönch des Klosters Weißes Pferd in Luoyang ausweist.»

Xuanzang schwieg und blickte auf den im Abendschatten liegenden Klosterhof. «Es ist jetzt spät geworden, und mich rufen die mönchischen Pflichten. Wann gedenkt Ihr abzureisen?»

«Nach dem nächsten Vollmond. Es wird ein weiter und gefährlicher Weg sein. Doch ich habe gute und erfahrene Führer, frische Pferde, und außerdem ist es nicht meine erste Reise von Khotan nach Chang'an. Am Morgen der Abreise aber möchte ich um Euren Segen bitten.»

Ma-Huan-Chi erhob sich, faltete seine Hände und verneigte sich vor dem Meister des Gesetzes und nahm Xuanzangs Brief an den Kaiser Taizong mit beiden Händen entgegen.

Dann ging er.

Xuanzang blieb noch eine Weile sinnend sitzen, bevor er sich in sein Gemach begab, hier seine Tagesrobe mit dem Meditationsrock tauschte und sich beim letzten Schlag des Holzes, das zur Meditation rief, gerade noch rechtzeitig in der Meditationshalle auf seinen Ehrensitz setzte. Der hell klingende Gong wurde angeschlagen, dann versank die Gemeinschaft der über hundert Mönche in tiefes Schweigen.

3
Verlust von Manuskripten – Todesgefahr

Ma-Huan-Chi war eben im Begriff, die große Tür zur Karawanserei aufzuschließen, wo er für seine Helfer, die Tiere und die Handelsgüter mehrere Räume für die Zeit seines Aufenthaltes in Khotan angemietet hatte, als er sah, wie ihm am Ende der Straße ein Mönch zuwinkte und ihn aufforderte, zu ihm zu kommen. Ma-Huan-Chi zögerte. Sollte er nicht den kostbaren und wichtigen Brief erst in seinem Zimmer versorgen, statt sich mit einem Unbekannten zu treffen? Doch jetzt kam der Mönch mit großen Schritten auf ihn zu, der dunkelbraune Rock flatterte um seine Beine, und es war offensichtlich, dass er ihm etwas mitzuteilen hatte.

Und schon stand vor Ma-Huan-Chi der Diener, Sekretär und engste Vertraute von Xuanzang, der Mönch Héng-Li. Alle in der Stadt kannten ihn, denn er koordinierte die Kontakte und Verpflichtungen des Meisters, und so war er es auch gewesen, der ihm den Zeitpunkt der Unterredung mit Xuanzang durch einen Novizen hatte zukommen lassen. Héng-Li war im Gegensatz zum Meister von eher mittlerer Statur, sehr schlank, und wäre gewiss niemandem besonders aufgefallen, wenn nicht seine schönen Gesichtszüge mit den ungewöhnlichen Augen die Blicke auf sich gezogen hätten. Nirgendwo in dieser Gegend, weder im Osten noch im Norden, hatte Ma-Huan-Chi ein annähernd ähnliches Antlitz getroffen. Den Süden kannte er nicht und den Westen nur sehr unzulänglich. Vielleicht würde Héng-Li in einem vertrauten Gespräch verraten, aus welcher Weltgegend er kam. Da er der engste Vertraute des großen Xuanzang war, begegnete jedermann auch ihm mit dem fast ähnlichen Respekt und der gebotenen Distanz und Ehrerbietung, wie sie seinem Meister gegenüber selbstverständlich waren.

Doch da war eben auch noch dieses beeindruckende und ungewöhnlich ebenmäßig und harmonisch geschnittene Gesicht, das wohl von Stunden tiefer Versenkung kündete und eine heitere Gelassenheit ausstrahlte, die nicht bloß vom Meister auf den Diener abfiel, sondern aus dessen eigenem Inneren kam. Alles an Héng-Li war echt, klar und einfach.

Und so kam er denn auch schnell zur Sache. Ohne Umschweife, was für Menschen des Ostens eher ungewohnt war, fragte er direkt, wie die Unterredung mit dem Meister verlaufen sei und ob er den Brief nach Chang'an überbringen könne. Offensichtlich war er in der Sache genau unterrichtet.

Ma-Huan-Chi berichtete knapp das Notwendigste, was das Geschäftliche anging, geriet dann aber in eine fast überschwängliche Begeisterung über die Persönlichkeit des Meisters Xuanzang.

Héng-Li hörte lächelnd zu.

«So sprechen sie alle, wenn sie dem Meister des Gesetzes zum ersten Mal begegnen. Hätte ich je alle schönen und guten Worte aufgeschrieben, die über ihn gesagt worden sind, ich könnte ein Buch damit füllen. Und selbst dann wäre sein eigentliches Wesen noch nicht ganz erfasst und beschrieben. Ich weiß, wovon ich spreche, bin ich doch seit nun bald fünfzehn Jahren sein engster Vertrauter und Diener.»

«Fünfzehn Jahre», sagte Ma-Huan-Chi, « dann habt Ihr ihn fast während der ganzen Reise in den Westen begleitet?»

«So ist es.»

«Doch in Turfan wart Ihr noch nicht dabei, das verrät mir Euer Aussehen. Und aus China kommt Ihr auch nicht.»

«Scharf berechnet und klug beobachtet», sagte Héng-Li. «Doch möchte ich jetzt lieber übers Geschäftliche reden als über mich selbst.»

«Können wir nicht beides verbinden? Oder erst das eine und dann das andere tun? Ich habe hier nur wenige Menschen, mit denen ich ein offenes Wort sprechen kann, kenne nur Kaufleute, und da muss die Zunge ständig am Zügel sein.»

«Das verstehe ich. Und Ihr seid mit einer sehr wichtigen Angelegenheit betraut. Habt Ihr Zeit? Wir könnten im Garten meines Klosters sitzen und uns unterhalten. Der Abend ist noch lang, kaum angebrochen. Doch zuvor noch das Wichtigste, der Grund, warum ich Euch überhaupt treffen wollte, noch an diesem Abend und gleich nach der Unterredung mit dem Meister: Wann reist Ihr ab?»

«Mit dem nächsten Vollmond.»

«Das sind jetzt noch etwa drei Wochen. Warum so spät?»

«Die Tage müssen länger sein. Vor dem Frühlingsvollmond sind die Nächte zu kalt, die Winde zu heftig. Ich will keine Risiken eingehen, denn ich habe einen kostbaren Brief bei mir! Die Botschaft von Meister Xuanzang an den Kaiser von China.»

«Missversteht mich nicht, ich will Euch nicht zu vorzeitiger Abreise drängen. Doch mit dem Zeitpunkt Eurer Abreise kann ich ungefähr errechnen, wann eine Antwort des Kaisers hier eintreffen könnte. Und vor diesem Zeitpunkt müssen die Kopien aller Manuskripte, die wir beim Überqueren des Indus in den Wassern verloren haben, hier angekommen sein.»

«Ihr wartet hier also auf Ware aus Indien?»

«So ist es. Wir warten hier nicht bloß auf die Antwort des Kaisers, sondern auch auf die so unglücklich verlorenen Schätze aus Indien. Doch dazu später. Lasst uns jetzt gehen.»

*

Ma-Huan-Chi war dieser unvorhergesehene Abend mit Héng-Li hochwillkommen. Wie sonst hätte er die Stunden verbracht! Mit den immer gleichen Gesprächen mit andern Handelsreisenden über die Räuberbanden, die Wanderdünen und die steigenden Preise. Es war schwer, sich solchen Abenden zu entziehen, denn im Grunde wollte jeder der Kaufleute den andern unter Kontrolle haben, seine Absichten durchschauen, um dann zu gegebener Stunde seinen eigenen Vorteil in irgendeiner Angelegenheit herauszuschlagen. Doch jetzt hatte er ein Alibi und dazu noch ein hochrespektables, denn durch seine nähere Bekanntschaft mit dem Vertrauten des großen Meisters wuchs auch sein Ansehen. Und außerdem konnte gerade dieser vertraute Umgang mit Héng-Li seine Bekanntschaft mit Xuanzang verschleiern, denn er hatte sich gehütet, jemandem von seiner Unterredung mit dem Meister zu berichten, wohl ahnend, dass er für eine spezielle Sache gerufen wurde.

So beeilte er sich denn, als sie einem Kaufmann aus Samarkand begegneten, sich für den Abend zu entschuldigen, da er als Gast bei Héng-Li geladen sei, was er mit einer eleganten Geste der Ehrerbietung unterstrich. Dabei entging ihm nicht das ehrfürchtige Erstaunen im Gesicht des Kaufmanns, und er war sich sicher, dass es in dieser Nacht in allen Karawansereien der Stadt nur ein Gesprächsthema geben würde.

Wenig später erreichten sie den Klostergarten. In der Sonne dieses späten Nachmittags sprossen zaghaft die ersten Knospen wilder Rosen, und gelber Ginster blühte links und rechts des Eingangs zum Teehaus, ein Pavillon mit weit ausladendem Vordach und großen Fensteröffnungen. Wenige Tische und Stühle standen, von einem Paravent vor Wind und Sonne geschützt, auf dem kleinen Vorplatz. Da die Mönche zu dieser Zeit in der Meditationshalle in Versenkung saßen, waren Garten und Teehaus menschenleer.

«Ich bringe gleich Tee und etwas Gebäck für Euch, allerdings müsst Ihr allein essen, mir ist nach der Mittagsstunde das Essen untersagt, doch den Tee können wir gemeinsam genießen. Mögt Ihr grünen Tee?»

«Den kenne ich aus China. Doch in unserer Gegend und auch in den Turklanden wird der schwarze Tee getrunken, schwarz wie die Nacht und stark wie ein Pferd», sagte Ma-Huan-Chi.

Héng-Li setze Wasser auf, und kurz vor dem Siedepunkt, als vom Grund die Bläschen wie Fischaugen hochquirlten, nahm er den Topf vom Feuer, gab zwei kleine Löffel vom grünen Teekraut bei und goss nach kurzen Minuten den fertigen Tee in den Krug. Er schaute Ma-Huan-Chi fragend an, als dieser den fremdartigen Tee langsam schlürfte. Dann ging ein zufriedenes Lächeln über sein Gesicht, denn noch bevor Ma-Huan-Chi nur ein Wort der Anerkennung gesagt hatte, konnte er sehen, dass sein Gast den grünen Tee genoss.

«Ist er nicht köstlich?», fragte Héng-Li.

«Ja, der schwarze Tee ist wie ein starkes Pferd, doch dieser grüne Tee ist wie eine Harfe im Wind.»

«Und das Sanfte ist stärker als das Starke.»

«Das hat schon mein Vater immer gesagt. Und es war die Grundlage seiner Außenpolitik unter König Ch'ü Wen-t'ai. Er hatte es von Lao Dse, dem alten Meister des Dao. Doch sagt, wie kennt Ihr die Lehren des Dao, denn ihr scheint mir kein Chinese zu sein. Euer Aussehen spricht dagegen.»

«Jedoch mein Meister ist ein Chinese! Und der große Xuanzang weiß, dass in der Tiefe das Dao und die Buddha-Natur eins sind. Er hat es mich gelehrt. Glaubt mir, ich habe vieles gelernt, gesehen und gehört, seit ich das Glück hatte, Xuanzangs Diener und Sekretär zu sein. Und das sind jetzt, wie Ihr zu Recht betont, bald fünfzehn Jahre her. Tatsächlich komme ich nicht aus Turfan und auch aus keinem der Länder nördlich des Hindukush, wo die Turkvölker leben.»

«Diese Völker kenne ich von meinen Handelsreisen nach Buchara und Samarkand, ihre Sprache gleicht dem Persischen, und der Torkhan von Samarkand folgt dem persischen Feuerkult. Doch das Aussehen jener Menschen gleicht nicht dem Euren.»

«Meine Heimat ist Bamiyan, das fruchtbare Tal jenseits des Hindukush, hoch im Gebirge, umgeben von Bergen mit ewigem Eis und Schnee. Seit Jahrhunderten führen durch dieses Tal die Straßen von China nach Indien und von Indien nach dem fernsten Westen ans Mittelmeer. Zahllose Händlerkarawanen und Pilgergruppen kamen und gingen. Einige dieser Menschen blieben, angezogen von der Schönheit und Fruchtbarkeit des Tales. So leben denn auch seit Hunderten von Jahren Menschen verschiedenster Rassen und Religionen mehr oder weniger friedlich zusammen. Die frühesten Fremden, an die man sich nur noch ganz schwach zu erinnern vermag, kamen aus Ionien. Ihr Führer war der neue König Persiens und hieß Alexander. Damals nannte man unser Land Ariana. Dieser Alexander war mit einer Streitmacht unterwegs, um als neuer Herrscher sein Land in Besitz zu nehmen, das zu jener Zeit bis an den Indus grenzte. Mein Großvater, von dem ich diese Geschichte habe, beteuerte, dass dieser Alexander über Indien hinaus bis an das Ende der Welt habe vorstoßen wollen. Doch das ist auch schon alles, was man bei uns über ihn weiß. Er soll zwar noch den Indus überquert, dann aber die Weiterreise aufgegeben haben, weil die Soldaten meuterten, aus Heimweh, wie berichtet wird. Jedenfalls hat er keine Spuren hinterlassen – mit zwei Ausnahmen: Einige seiner Soldaten blieben in der Gegend und auch in Bamiyan, sie vermählten sich mit einheimischen Frauen und gründeten eine kleine westliche Kolonie, in der die griechischen Götter und die Kultur jener Zeit hochgehalten wurden. Die Nachkommen dieser Griechen sind in Bamiyan leicht zu erkennen an ihrer oft ungewöhnlich schönen und ausgewogenen Gestalt, dem in Wellen wachsenden schwarzen Haar und großen dunkelblauen Augen mit langen Wimpern sowie den klar wie eine Sichel gezogenen Augenbrauen.»

«Ihr schildert Euch!», rief jetzt Ma-Huan-Chi.

Héng-Li lächelte. «Ich kann es nicht leugnen. Auch ich hatte in meiner Jugend gewellte, blauschwarze Haare. Und tatsächlich bin ich ein Nachfahre dieser Griechen. Obwohl meine Familie vor vielen Generationen den griechischen Göttern abgeschworen hatte und der Lehre des Buddha folgte, blieben uns die Namen. Vor meinem Eintritt ins Kloster hieß ich Phileas, was meint ‹der Freundschaft schenkt›.

«Ihr wurdet eurem Namen gerecht, schenkt ihr doch die Freundschaft dem Meister des Gesetzes.»

«Nein, so ist es nicht. Wir beide schenken unsere Freundschaft dem Erleuchteten. Es ist dies eine Freundschaft, wie sie alle Mitglieder der Sangha, der Mönchsgemeinschaft, verbindet. Sie ist da und kommt aus ohne Worte.»

«Ihr spracht von zwei Dingen, die aus jener Zeit geblieben sind. Was ist neben den griechischen Nachkommen denn noch geblieben?»

«Ja, etwas eigentlich ganz Merkwürdiges. Als die Kultur jener griechischen Zeit durch die Händler und Kaufleute in unsere Gegend kam, wurde auch deren Kleidertracht Mode, wohl weil sie vor allem dem Klima Gandharas in Nordwestindien recht gut entsprach. Und die meisten Menschen lieben es, nach der neuesten Mode gekleidet zu sein, doch was heute schön und schick ist, gilt morgen als hässlich und veraltet. Heute sind die buddhistischen Mönche Indiens und auf der Insel Lanka die einzigen Menschen, welche noch immer diese Jahrhunderte alte Kleidermode tragen, mit Obergewand, Untergewand und der über die linke Schulter geschlagenen Mantelrobe, wobei die beiden Arme und die rechte Schulter nackt sind. Ich erinnere mich, als Meister Xuanzang, von Baktrien her kommend, in Bamiyan eintraf, deutete nichts darauf hin, dass er ein buddhistischer Gelehrter und Mönch war, denn er trug, abgesehen vom bei uns gebräuchlichen Reisemantel, das in China übliche Hosengewand, wobei der untere Teil bis zu den Knien mit Schnüren umwickelt war, und dazu einen bis über die Knie reichenden Mantel. Seit seiner Ankunft in Indien aber trägt er die Robe der Mönche von Gandhara mit ihren weiten Ärmeln, in deren Innenseite gar Taschen eingenäht sind. Der Mantel wird mit einem Stoffgürtel zugebunden, und auffällig ist, dass Xuanzang ausgesprochen breite Gürtel bevorzugt.»

«So traf denn Meister Xuanzang in Bamiyan auf eine neue Welt, gar eine neue buddhistische Welt, die er so nicht kannte, und er bekam wohl einen Vorgeschmack auf das, was ihn im indischen Lande oder, wie sie in China sagen, im Westen erwartete.»

«So kann man es sagen. Xuanzang bewegte sich bis nach Kunduz in Räumen, deren Kultur bis nach Turfan ziemlich ähnlich war.»

«König Tardu Schad von Kunduz war der Schwiegersohn jenes letzten Königs von Turfan, den vor Schreck der Schlag getroffen hatte. Ich erinnere mich wohl, mit welchem Pomp und Gepränge die Braut damals ihre Heimat verließ. Auch sie wurde, wie später Xuanzang, von meinem Vater einen Teil des Weges begleitet.»

«Der Meister hatte immer gute Begleiter, wohlwollende Gastgeber und großzügige Unterstützung und den Schutz der Mächtigen. Doch das alles erwarb er sich durch die Verdienste seines

Wesens, seiner Weisheit und Gelehrsamkeit. Übrigens wurde König Tardu Schad kurze Zeit nach dem Eintreffen Xuanzangs vergiftet. Es soll eine Haremsintrige gewesen sein. So jedenfalls wurde es von Prajnakara berichtet, jenem großen Gelehrten der Heiligen Texte, den Xuanzang kurz darauf in Baktra traf und der ihn bis nach Bamiyan begleitete. Dieser geniale und hochgebildete Mönch war Abt des größten buddhistischen Klosters nördlich des Hindukush; es war unermesslich reich mit seinen kostbaren Statuen und Stupas. Erst viel später hat mir Xuanzang erzählt, dass er in Prajnakara den ersten Gelehrten gefunden habe, dessen Wissen und Weisheit der seinigen damals zumindest in einem Punkt überlegen war, nämlich in der Kenntnis der Schriften des Kleinen Fahrzeuges. Er habe ihm wichtige Textabschnitte aus dem Abhidharma, dem Katyayana und dem Vibhasasa-Sastra erklärt. Und als er sich nach über vierwöchigem Aufenthalt im Kloster auf den Weg nach Bamiyan machte, wurde er, wie ich schon gesagt habe, von Prajnakara begleitet, der wohl um den schweren Weg und das überaus harte Winterwetter wusste, denn sie hatten mit riesigen Schneeverwehungen zu kämpfen. ‹Diese Berge›, so sagte er mir später, ‹ragen hoch empor, und die Hohlwege fallen tief ab; auf Berggipfeln und in Abgründen lauert die Gefahr. Wind und Schnee lösen sich unablässig ab, und selbst mittsommers ist es kalt. Der angehäufte Schnee türmt sich in den Tälern, und es ist schwierig, den Bergpfaden zu folgen.› Es war Sommerzeit im Jahr des Wasserdrachens im 55. Zyklus[1], als Xuanzang zusammen mit Prajnakara und den übrigen Begleitern und den Transporttieren in Bamiyan eintraf.»

«Der Ruf Bamiyans reicht bis in die Turklande nördlich des Hindukush, man spricht von so gigantischen Statuen des Buddha in jener Gegend, dass man an deren Realität eher zweifelt. Sagt, ist das wirklich so oder ist alles bloß Geschwätz?»

---

[1] 632 n. Chr.

«Es ist so. Die am Fuß einer langgezogenen, schroff aufragenden Felswand sich ausbreitende Stadt Bamiyan ist seit Jahrhunderten das kulturelle, künstlerische und religiöse Zentrum des Tales, ein Wallfahrtsort, der von Tausenden Buddhisten besucht wird. Diese bringen nicht nur Opfergaben, sondern machen üppige Schenkungen an die Klöster, was zum wirtschaftlichen Aufschwung des Tales beitrug. Die Mönche leben teils in den natürlichen Höhlen der Felswand und in den aus dem Felsen herausgehauenen Meditations- und Wohnräumen, fast zehntausend an der Zahl. Allein das Hauptkloster zählt über dreitausend Mönche. Und hier befinden sich die riesengroßen Statuen, von denen Ihr spracht. Über sie gibt es in Bamiyan viele Märchen und Legenden, die von Generation zu Generation weitererzählt werden.

Doch die vielleicht schönste Geschichte lautet so: Vor langer Zeit lebten in der Stadt Bamiyan zwei Bestien. Ein großer Tiger fraß die Bevölkerung, und ein Drache verlangte ständig Jungfrauen als Opfergabe. Der König jener Zeit hieß Salsal. Er war ein gerechter und mutiger König. Auf einem Empfang verliebte er sich in eine junge Frau, und er wollte sie heiraten. Diese stellte aber eine Bedingung: Der König müsse die beiden Bestien vernichten. Da der König die Frau über alle Maßen liebte, nahm er die Bedingung an. Er tötete den Tiger, und eine große Erleichterung ging durch die Stadt und das ganze Tal. Als er nun auch den Drachen töten wollte, rieten die Ältesten dem König ab, denn ein Orakel besagte, dass derjenige, der den Drachen töte, hart bestraft werde. Der König aber hörte nicht auf den Rat und tötete den Drachen. Nun feierte die Bevölkerung die Hochzeit des königlichen Brautpaars. Als die Hochzeitszeremonie beendet war, kamen die Einwohner, um ihren König und ihre Königin Shahmama zu besuchen. Aber sie fanden die beiden versteinert vor. Trauer und Schmerz ergriffen das Volk. Und so meißelten sie als Denkmal die beiden Statuen in den Felsen von Bamiyan.

«Eine rührende Geschichte», sagte Ma-Huan-Chi. «Wird sie erzählt, weil wirklich niemand weiß, wer die Statuen aus dem Felsen gehauen hat?»

«Es ist eine Geschichte für Kinder. In Wirklichkeit sind die Statuen bloß mehrere Hundert Jahre alt und stammen aus der Zeit des Kushana-Reiches, dessen Macht bis ins Bamiyantal reichte und deren Herrscher sich durch eine ungewöhnliche Toleranz auszeichneten, lebten hier doch Anhänger des Zoroaster, dann auch die Verehrer der griechisch-baktrischen Götter und die Brahmanen, welche den zahllosen hinduistischen Göttern huldigten. Doch ohne Stolz sei es gesagt: Die überwiegende Mehrheit der Menschen verehrten den Buddha Gautama. Bamiyan war ein buddhistisches Tal, die Hauptzahl der Menschen waren und sind noch heute Buddhisten wie die damaligen Kushana-Herrscher in Gandhara, dem Land, von dem sie sagten, es sei das Herzland des Buddhismus. Doch das alles war vor zwei-, dreihundert Jahren. Und von jener großen Zeit künden noch heute die beiden Statuen. Das größere Standbild des Buddha ist sechzehn *zhang*[1] hoch und ist im Nordosten der Hauptstadt aus dem gewachsenen Felsen gehauen, die kleinere, etwa zwölf *zhang*[2] hohe und im Osten stehende Statue zeigt Shakyamuni, den historischen Buddha. Die größere der Statuen ist so reichlich mit Gold verkleidet, dass Xuanzang damals glaubte, es sei eine Bronzestatue, überdies ist sie mit aufgemalten Verzierungen und kostbaren Edelsteinen versehen. Doch beide stehen in einer großräumig ausgehauenen Felsnische, die vollständig ausgemalt ist. Um diese Nischen sind vom Fuß bis zum Haupt des Erwachten auf verschiedenen Ebenen zahlreiche Kapellen, Gebets- und Meditationsräume aus dem Felsen geschlagen, auch sie mit Szenen aus dem Leben des

---

1 53 Meter
2 38 Meter

Buddha reich bemalt. Ich erinnere mich, dass Xuanzang immer wieder, wenn er eines der über ein Dutzend Klöster im Tal besuchte, staunend vor diesen erhabenen Bildnissen stand und er sich nicht sattsehen konnte an den prächtig im Licht der Sonne strahlenden Figuren. Und vor dem großen, im Südosten der Stadt gelegenen Kloster ist überdies eine über neunzig *zhang*[1] lange Statue des liegenden Buddha, auch sie mit goldglänzenden Gewändern und verziert mit kostbaren Steinen.»

«So haben sich diese gewaltigen Bildnisse über mehrere Hundert Jahre bis heute erhalten, von niemandem beschädigt und geplündert?», fragte Ma-Huan-Chi.

«Ja, so ist es. Weil das Tal sehr hoch gelegen und nur beschwerlich zu erreichen ist, wurde es von den Plünderungen einfallender Horden von Andersgläubigen verschont. Ganz anders war das Schicksal Gandharas, des fruchtbaren Gebietes in der indischen Tiefebene, das von den Weißen Hunnen zerstört wurde. Groß war unser Entsetzen, als wir dieses einstige Herzland des Buddhismus ausgeblutet und tot vorfanden. Die Klöster sind verwaist oder schlecht unterhalten. Dort überfiel uns große Trauer.»

Héng-Li schwieg. Dann sagte er, als würden ihn innere Bilder beunruhigen: «Wer weiß, ob nicht in fernen Zeiten auch in Bamiyan dereinst Ungläubige das Szepter führen und aus lauter Torheit und in blindem Hass die in den Felsen stehenden strahlenden Buddhas zerstören werden. Wer weiß. Toleranz gegenüber Andersgläubigen und Respekt vor deren Kultbildern ist ein Gradmesser für die gelebte Wahrheit der eigenen Religion. Fehlt sie, dann hat wohl keine tiefe Wahrheit diese Menschen berührt, und ihre Religion offenbart sich als leeres Geschwätz.»

«Ihr meint, die Wahrheit einer Lehre erweise sich in den Taten und im Verhalten ihrer Anhänger?»

---

1 300 Meter

«Ja, so kann man es sagen. Denn Religion, alle Religion offenbart sich im Menschen. Ohne den Menschen gibt es keine Religion. Er ist das einzige lebende Wesen, das sich eine Religion schafft. Und jegliche Wahrheit ist nur durch den Menschen, ohne ihn ist sie sinnlos, existiert sie nicht.»

«Doch sagt, wenn ich mir diese Frage erlauben darf: Wie kam es, dass Ihr zum Begleiter und Vertrauten des Meisters Xuanzang wurdet?»

«Das kam so: Durch meine Mutter bin ich weit entfernt mit dem Königshaus in Bamiyan verwandt. Deshalb auch konnte ich in das größte und wegen der Gelehrsamkeit seiner Mönche bedeutendste Kloster als Novize eintreten. Es befindet sich gleich neben der größeren der beiden Statuen. Da mir nicht nur das Studium, sondern auch das Einhalten der klösterlichen Regeln ausgesprochen leichtfiel, machte ich ganz gute Fortschritte.»

«Ihr untertreibt», scherzte jetzt Ma-Huan-Chi und füllte erneut die beiden Teetassen mit grünem Tee.

«Vielleicht, ich kann das nicht beurteilen. Ich war einfach so, wie ich war, und erhielt in kurzer Zeit anspruchsvollere Aufgaben in der Bibliothek. Was wohl damit zusammenhängen mochte, dass ich recht gut Sanskrit beherrsche, in Wort und Schrift. Und bald schon saß ich in der Werkstatt der Übersetzer. Natürlich war ich ganz von Anfang an von diesem außerordentlichen Mann eingenommen. Xuanzang berührte mein Herz derart, dass ich sogar nachts von ihm träumte und am Anfang oft in großer Beunruhigung aufwachte in der Meinung, ich sei meinen Pflichten nicht ganz nachgekommen. Doch dem war nicht so. Ihr wisst nun selbst um die Anziehungskraft Xuanzangs, Ihr habt den reinen und durchdringenden Klang seiner Stimme gehört, mit der er im fernen Indien nicht nur die Könige und Gelehrten, sondern alle in seinen Bann schlug, die ihm lauschten. Und später war sein Sanskrit von so geschmeidiger Eleganz, dass niemand müde wurde, ihm zuzuhören. Doch das war, wie gesagt, später.

In Bamiyan interessierte er sich für alles, für das Getreide, das angebaut wurde, die Blumen, die Früchte und all das Getier, das die Bauern hielten, das Klima und die Kleidung der Menschen im Winter, ihre Vorkehrungen gegen die Kälte und ihre Sitten und Gebräuche. Und das war es, was mich an ihm faszinierte: diese ungebrochene Neugier für die Einrichtungen der Welt, dieses warme Empfinden für das Leben und das Schicksal anderer Menschen. Das war kein abgehobener Stubengelehrter! In Xuanzang fand ich meinen eigenen Meister, und von Anbeginn an kam mir vor, als verbinde uns ein unsichtbares Band. Ihr könnt Euch ausdenken, mit welcher Wehmut ich seiner baldigen Abreise entgegensah.

Natürlich fiel mir auf, dass er mir jeden Tag Probleme vorlegte, welche die Lehre des Dharma betrafen, sei es die Klärung eines bestimmten Wortes, das er in neuen Texten fand, oder dann wollte er wissen, wie ein Fachbegriff in verschiedenen Ausgaben übersetzt worden war. All das bereitete mir keine Mühe, hatte ich mich doch mit solchen Angelegenheiten schon einige Jahre befasst. Allerdings hatte ich auch ganz praktische Probleme zu lösen, etwa Transporte und Lasttiere zu organisieren, hatte mit Kaufleuten und Bauern zu verhandeln. Und dabei fiel mir auf, wie genau er mich jeweils beobachtete.

Nur ein einziges Mal hob er seine Augenbrauen und legte seine Stirn in feine Falten, als ich in einer Sache um Aufschub bat, die er gerne gleich erledigt haben wollte. Ich sah wohl das Erstaunen in seinem Gesicht und sagte deshalb, dass ich alles für ihn täte, doch gäbe es eine Sache, die ginge mir über alles: das tägliche Sitzen in Versenkung. Ich hätte mich an meine Gelübde als Mönch zu halten, und eigentlich könne nur äußere

Gewalt oder der Tod mich davon abhalten. Jetzt ging ein feines Lächeln über sein Gesicht, und seine ohnehin schon strahlenden Augen leuchteten in so tiefem Glanz, dass mich ein Schauer überlief. ‹Dann geh jetzt›, sagte er, ‹und finde dich morgen zur Mittagsstunde im Palast zur Audienz beim König ein.›

Zur gegebenen Stunde wartete ich vor dem Audienzzimmer des Königs, fragte mich hin und her, was das zu bedeuten hätte, als ein Diener aus der Tür trat und mich bat einzutreten. Der König saß auf seinem hohen Sitz auf goldbestickten Kissen und neben ihm Xuanzang, ebenfalls sitzend, auf einem geringeren Stuhl zwar, was aber dennoch absolut ungewöhnlich war. Denn niemandem war es gestattet, in Anwesenheit des Königs zu sitzen. Offenbar wollte der König dem fernen Gast aus China so seine Hochachtung bezeugen.

Ich trat vor die beiden hin und warf mich, dem Hofprotokoll folgend, auf die Knie. Dann sagte der König, sein Gast Xuanzang, der Meister und Gelehrte aus China, habe um die Gunst geben, mich als seinen Begleiter auf die Weiterreise nach Indien mitnehmen zu dürfen. Er, der König, erachte es als eine hohe Ehre, dass ein Mönch aus Bamiyan zu dieser Aufgabe ausersehen sei. Er könnte mir diese Gunst geradezu befehlen, doch als Anhänger des Buddha respektiere er meinen eigenen freien Willen und überlasse die Entscheidung mir. Ich war vorerst zu keinem Wort fähig. Dann kam mir der Meister zu Hilfe und sagte: ‹Ein fragendes Lächeln liegt auf deinem Mund, ob dich kein Traum betrüge. Mir scheint, dein kühnster Wunsch, vielleicht dein einziger, wäre damit erfüllt.›

In der Tat, er hatte mein Herz gelesen! Mir war, als hörte ich die Quellen des Geschicks melodisch rauschen, und wie betäubt wandte ich den Blick nach oben hin, zum Himmel. Dann hob ich meine Hände hin zu Xuanzang, verneigte mich und sagte: ‹Mein Meister.› Seither bin ich sein Begleiter. Und seither trage ich den chinesischen Namen Héng-Li, den ich vom Meister des Gesetzes erhalten habe. In Bamiyan hieß ich als Mönch Rahula.»

«Nun weiß ich, an wen ich mich zu wenden habe, wenn ich mehr über Xuanzangs Reise in den Westen hören möchte», sagte Ma-Huan-Chi, «und Ihr könnt Euch vorstellen, dass ich vor meiner Abreise nach Chang'an noch möglichst viel von Euch erfahren möchte. Denn je mehr ich weiß, umso glaubwürdiger bin ich am kaiserlichen Hof.»

«Und ihr könnt den Boden bereiten für einen würdigen Empfang des großen Meisters. Denn ich bin mir sicher, dass der Kaiser recht wohl unterrichtet ist über das hohe Ansehen, das Xuanzang sich nicht nur durch diese Reise selbst, sondern durch seine außergewöhnliche Gelehrsamkeit und das gewaltige Maß an Erfahrungen und tiefen Einsichten in die Welt des Inneren erworben hat. Sein Ruf muss bis nach China gedrungen sein.»

«Ich will alles tun, dessen kann ich Euch versichern. Doch sagt, Ihr und Eure Träger und Begleiter seid nun schon seit Monaten hier in Khotan; Ihr habt euch, wie mir scheint, auf längere Zeit hier eingerichtet. Mir ist, als würdet Ihr noch auf irgendetwas anderes warten als bloß auf die Antwort des Kaisers.»

«Euer Eindruck trügt auch nicht. Tatsächlich warten wir auf die Abschrift von fünfzig kostbaren Manuskripten, die wir in den Fluten des Indus verloren haben, zusammen mit den Samen von zahlreichen seltenen Blumen und Pflanzen, die es im Reich der Mitte nicht gibt.»

«Das muss aber schon lange her sein, denn der Weg vom Indus nach Khotan ist kein Katzensprung.»

«Bald ist jener Vollmond, der den Frühling ankündigt, und dann sind wir tatsächlich schon über fünf Wochen hier, und noch immer sind die Abschriften nicht eingetroffen. Unmittelbar nach dem Verlust warteten wir in Udabhanda, der Winterhauptstadt des Königs von Kapisa, über einen Monat auf die Kopien, dann zogen wir weiter und warteten in Kunduz einen weiteren Monat, also bereits jenseits des Hindukusch und des Pamir, die wir im Juli letzten Jahres überquerten. Die Katastrophe ereignete sich vor bald einem Jahr in der Nähe von Hund, wo wir den Indus überquerten. Glaubt mir, der Meister hat auf seiner bald über sechzehn Jahre dauernden Reise sehr viel Schwieriges erlebt, oft entging er nur knapp dem Tod, doch der Verlust dieser Manuskripte war für ihn das Schmerzlichste, was ihm zugestoßen ist.»

«Und ihr wart da bereits auf der Heimreise vom Westen zurück nach China?»

«Ja. König Harsha hatte uns die Erlaubnis zur Rückreise gegeben. Sein Hof war der bei Weitem glänzendste und mächtigste in Indien. Entsprechend war auch der Tross, den er uns zur Verfügung stellte: Wir waren sieben Mönche, und uns standen zwanzig Diener zur Verfügung. Deren Aufgabe war es nicht nur, die Lager herzurichten und für unser leibliches Wohl zu sorgen, also Einkäufe zu tätigen, zu kochen und die für das Hochgebirge notwendige Kleidung zu besorgen, sondern genau so wichtig war die Versorgung der Lasttiere. Und damit waren wir fast fürstlich ausgestattet. König Harsha schenkte uns nebst zehn Eseln und vier Pferden auch einen Elefanten, der ausschließlich als Reittier für den Meister bestimmt war. Allein für den Elefanten waren enorme Futtermengen zu besorgen, fraß er doch innert zwei Tagen vierzig Bündel Stroh und zwanzig Brote.»

«Und was geschah nun am Indus?», fragte Ma-Huan-Chi fast etwas ungeduldig, denn er konnte es kaum erwarten, vom Hergang des Unglücks zu hören.

*

In diesem Augenblick ertönte der Gong aus dem Tempel und verkündete das Ende der Meditation. Und schon kurze Zeit später kamen die ersten Mönche aus der Halle, einige gingen schweigend über den Hof in ihre Privaträume, andere nahmen plaudernd auf den herumstehenden leeren Stühlen Platz und genossen den milden Frühlingsabend. Schließlich kam Meister Xuanzang. Wie seine übrige Kleidung war auch der Meditationsrock außergewöhnlich. Keiner der Mönche trug einen derart weiten und mit vielen Falten versehenen Rock, dessen Ärmel, wie der Meister es liebte, weite, bis fast zu den Knien reichende Öffnungen besaßen. So gekleidet, erschien seine Gestalt noch größer und erhabener als sie es ohnehin schon war.

Als er Héng-Li und Ma-Huan-Chi im Garten bemerkte, kam er sofort auf sie zu: «So habt ihr euch also gefunden! Und hoffentlich gut unterhalten. Ma-Huan-Chi ist unser Geschenk des Himmels», bemerkte er zu Héng-Li gewandt, «einen besseren Boten hätten wir nicht finden können.»

«Und er ist ganz neugierig und ein überaus kluger Beobachter. Ich habe ihm eben erzählt, dass wir auf die Abschrift von fünfzig Manuskripten warten, die wir beim Überqueren des Indus verloren haben.»

«Du berührst eines der schönsten und glücklichsten sowie eines der trübsten und unglücklichsten Ereignisse meiner langen Reise in den Westen», sagte Xuanzang, «mein Glück, Héng-Li zu meinem Begleiter zu bekommen, und mein Unglück, wertvolle Heilige Texte in den Fluten des Indus verloren zu haben. Khotan ist der letzte mögliche Ort, wo sie uns erreichen können, bevor wir die Weiterreise durch die Wüste antreten.»

«Jetzt werde ich wirklich ganz begierig, bin geradezu von der unruhigen Aufgeregtheit eines kleinen Kindes und möchte von jenem bestürzenden Ereignis hören», sagte Ma-Huan-Chi, «Héng-Li hat schon zu Beginn gesagt, dass er mir später diese Ereignisse erzählen werde.»

«So ist es. Doch nun gehört das Wort dem Meister, nicht mir», antwortete Héng-Li, und mit einer leisen Geste ermunterte er Xuanzang, von dem bald ein Jahr zurückliegenden Ereignis zu berichten. Xuanzang schaute wie abwesend in die Ferne, als müsste er die Tragödie von weit her in sein Gedächtnis zurückrufen. Dann griff er zum Teekrug, füllte die Tassen und begann zu erzählen.

«Fast fordert Ihr mich auf, den unsäglichen Schmerz zu erneuern, der damals mit dem Verlust der Schriften verbunden war, doch mein Herz bleibt ruhig und weiß, dass diese Geschehnisse im Grunde ein Nichts sind und dass sich letztlich alles so ereignet, wie es sich ereignen muss. Wir müssen uns ins Dasein fügen und die Dinge hinnehmen, wie sie sind.

Kurz: Nachdem wir von König Harsha und dem König von Assam verabschiedet worden waren, begannen wir die Rückreise auf exakt jenem Weg, den wir zehn Jahre früher in umgekehrter Richtung gegangen waren, damals hin zu den Stätten des Erwachten. In Jalandhara stießen etwa einhundert buddhistische Mönche zu uns, alle beladen mit Schriftrollen und Statuen, die sie in ihre Klöster zu bringen gedachten. Sie schlossen sich uns an in der Hoffnung, so besser vor Wegelagerern und Räubern im oberen Punjab geschützt zu sein. Diese waren überhaupt eine der größten Plagen meiner Reise.»

«Die euch mehr als einmal fast das Leben gekostet hätte», warf Héng-Li dazwischen.

«Diese Geschichte kannst du Ma-Huan-Chi bei anderer Gelegenheit erzählen. Auf unserer Rückreise jedenfalls, als wir die Engpässe im Gebirge passierten, sah ich mich eines Tages genötigt, einen unserer Mönche vorauszuschicken und die

Räuber über uns zu informieren und ihnen mitzuteilen, dass wir harmlose Mönche seien, weit her von den Heiligen Stätten Buddhas kämen, wo wir uns über die Gesetze der Lehre hatten unterweisen lassen. In unserem Gepäck seien bloß Schriften, Reliquien und Statuen. Und ich wies die Vorhut an, die Wegelagerer um unseren Schutz und Hilfe zu bitten und sich großherzig zu zeigen. Auf diese Weise blieben wir unbehelligt, wenn immer räuberische Gefahren drohten. Ein letztes Mal dann passierten wir Taxila, diesen seit vielen Hundert Jahren berühmten Ort der Gelehrsamkeit, der aber heute, obwohl er dem König von Kashmir unterstellt ist, nur noch ein Schatten dessen ist, was er einmal war. Noch eine hohe Säule zeugt von vergangener Pracht, die Säule mit dem Edikt von König Ashoka, wie wir sie auch in Lumbini, dem Geburtsort des Erwachten und anderswo gesehen haben. Doch niemand kann heute diese Texte lesen, die Sprache ist vergessen und verloren. Nur einige alte Mönche, die in den wenigen noch bewohnten Klöstern der Gegend leben, glauben gehört zu haben, wovon die Inschriften künden.

Natürlich war auch der Kunala-Stupa nicht mehr das, was er wohl zur Zeit Ashokas einmal war. Wir sahen einen in sich zerfallenen, gewaltigen Steinhaufen, überwachsen mit Gras, doch noch waren viele in den Stein gehauene Reliefs zu erkennen, die von der traurigen Geschichte des Prinzen Kunala berichten. Er war einer der Söhne von König Ashoka. Da verliebte sich seine Stiefmutter in ihn. Doch als er den Verführungskünsten der Königin widerstand, überredete diese den König, Kunala nach Taxila zu entsenden. Hinterlistig fälschte die Bösartige einen Brief des Königs, versiegelte ihn wie damals üblich mit den Zähnen des Königs, als er nächtens bei ihr lag und schlief. Es war ein Befehl an die Beamten in Taxila, den Prinzen zu blenden. Als diese entsetzt davor zurückschreckten, diesen unverständlichen Befehl des für seine Güte bekannten Königs auszuführen, forderte sie jedoch der Prinz auf, dem Befehl seines Vaters Folge zu leisten. Nach der brutalen Blendung machte er sich mit seiner Frau auf den weiten Weg zurück nach Pataliputra, der Residenz seines Vaters. Als Bettler und wandernder Sänger schlug er sich durch, ohne erkannt zu werden. Dann eines Tages erreichte er den Palast. Hier stand er und schlug seine Laute zu klagenden Gesängen und Liedern. Und König Ashoka erkannte die Stimme seines Sohnes und die wundersame Kunst seines Lautenspiels. Voll Zorn ließ er seine Frau, die grausame Königin, erdrosseln. Seinen Sohn aber schickte er nach Bodhgaya, wo ihm ein heiligmäßiger Mönch Buddhas das Augenlicht wieder gab.

Doch das sind ferne Geschichten, und die Goldenen Tage in Gandhara, im späten Herzland des Buddha zur Zeit des Königs Kanishka, wie sie mein großer Vorgänger Faxian vor über hundert Jahren noch erlebt hatte, sind vorbei. Die Weißen Hunnen wüteten zwanzig Jahre und brachen dem Lotos die Blüte. Selbst der riesige Stupa, den der Kushana-Herrscher in Peshawar, der Hauptstadt Gandharas, hatte erbauen lassen, lag nun in Trümmern. Es gab also nichts, das uns in Taxila halten konnte, und so zogen wir weiter.

Dann kamen wir an den Indus. Wir hatten die Absicht, in der Nähe von Udabhanda, dem Winterhauptquartier des Königs von Kapisa, den Indus zu überqueren. Er ist dort sehr breit, eher flach und von nur geringer Tiefe. Jedenfalls zeigten uns die Bewohner der Gegend, wo die üblicherweise günstigste Stelle war, damit die Tiere zu Fuß und die Waren mit Schiffen zum anderen Ufer des Flusses gelangen konnten. Allerdings warnten sie uns, heimtückische Stromschnellen und Wirbel könnten plötzlich auftreten, und es sei wichtig, die Schiffe sorgfältig zu beladen, mit ausgewogener Verteilung der Last. Ich ruhte im Schatten meines weißen Elefanten und verfolgte aufmerksam, wie den Hinweisen der örtlichen Ratgeber Folge geleistet wurde. Auf ein großes Schiff wurden alle Manuskripte und die vielen in Schachteln und Tongefäßen verwahrten und teilweise seltenen Samen geladen. Sie waren mir fast genauso wichtig wie das Wissen, das in den Hunderten von Texten verborgen lag. Andere Boote bargen die zahlreichen Statuen und Reliquien, die uns zum größten Teil geschenkt worden waren. Einen meiner zuverlässigsten Männer beauftragte ich, im Boot mit den Manuskripten und Samen während der Überfahrt nichts anderes zu tun, als ein besonderes Augenmerk auf die kostbare Fracht zu halten. Es war ein heißer und wolkenloser Tag, nichts schien auf ein von heftigen Winden begleitetes Unwetter hinzudeuten. Die Boote wurden mit langen Stangen sicher zur Mitte des Flusses gesteuert, während die Tiere in Einerkolonne, eines hinter dem andern gehend, mit sicherem Tritt im Flusse wateten. Ich selbst saß auf dem Elefanten zuvorderst und hatte vor mir den Blick auf die Schiffe und hinter mir auf die Maultiere, Pferde und die auf ihnen sitzenden Mönche und Helfer.

Alles ging ruhig und ohne Hast, Schritt vor Schritt auf die Mitte des Flusses zu, als plötzlich ein Schrei des Entsetzens die Stille durchbrach. Unerwartet und ohne dass es vorauszusehen war, wurde das Schiff mit den Manuskripten von einem mächtigen Strudel erfasst und derart heftig hin und her geschaukelt, dass es in den Fluten des Indus zu versinken drohte. Der Bewacher der Schriften wurde von kopflosem Entsetzen gepackt, stürzte mit einem Schrei in den Fluss und konnte nur mit äußerster Mühe von den andern Gefährten gerettet werden. Doch mit ihm fielen auch fünfzig Manuskripte und sämtliche Samen in die strömenden Wasserfluten, und nur mit größter Anstrengung konnte das Boot mit dem Rest seiner kostbaren Ladung vor dem Kentern gerettet werden. Dies war einer der dunkelsten Augenblicke meiner langen Reise in den Westen.

Nichts schmerzte mich mehr als der Verlust dieser verlorenen Kostbarkeiten.»

«Doch wir hatten keine Menschenleben verloren!», sagte Héng-Li.

«Ja, mein guter Freund, das ist am Ende das Entscheidende», antwortete Xuanzang, «was sind materielle und in diesem Falle auch geistige Güter gegen das Leben, das für diesmal uns gegebene Leben.»

«Und zudem bekamt Ihr offenbar von irgendwem die Zusicherung, dass zumindest die Manuskripte ersetzt werden können», mutmaßte Ma-Huan-Chi.

«So ist es», sagte Xuanzang, «denn nach der Überquerung des Indus befanden wir uns im Herrschaftsgebiet des Königs von Kapisa, der sich zu dieser Zeit mit seinem Hof und der gesamten Verwaltung in Udabhanda aufhielt und unser Kommen schon ungeduldig erwartete.

Selbstverständlich beklagten wir als Erstes den Verlust unserer Kostbarkeiten, waren aber auch dankbar dafür, dass niemand sein Leben verloren hatte. Doch der König fragte dann, ob wir nicht auch indische Blumensamen bei uns gehabt hätten, was natürlich der Fall war. ‹Das ist der einzige Grund für den Wassersturm, der das Boot getroffen hat›, sagte er, ‹und so ist es seit jeher und bis heute geblieben. Wer immer den Indus mit Blumensamen überquert, muss mit ähnlicher Unbill rechnen. Das ist ein altes Gesetz.› Das waren seine Worte. Dann sagte er weiter, dass er die Blumensamen nicht ersetzen könne, jedoch um neue Abschriften der verlorenen Manuskripte könne er besorgt sein. Auf Grund meiner Liste aller Manuskripte war es leicht, genau festzustellen, welche Texte im Indus verloren gingen. Der König schickte sofort einen Boten mit der Verlustliste nach Uddiyana, um dort Abschriften der verlorenen Manuskripte, die ja ihrerseits auch Abschriften waren, anfertigen zu lassen.

Kurze Zeit später traf auch der König von Kashmir in der Gegend ein. Er hatte sich aufgemacht, uns zu treffen, sobald er erfahren hatte, dass wir auf unserer Rückreise nicht das Kashmirtal berühren würden. Srinagar am schönen See mit seinen Tausenden von Lotosblumen und Wasserlilien war ein Zentrum der Gelehrsamkeit, und als der König uns vor bald zehn Jahren auf unserer Hinreise in seinem Palast nicht nur eine Wohnstätte anbot, sondern auch gleich zwanzig Schreiber zum Kopieren der Manuskripte, blieben wir ganze zwei Jahre.

Über einhundert Klöster mit mehr als fünftausend Religiosen schufen ein geistiges Umfeld, das mich begeisterte. Später machte mich der König mit einem alten Gelehrten und Weisen bekannt, und jetzt fand ich jene geistige Herausforderung, die ich überall suchte und deretwegen ich meine Reise auch unternommen hatte. In den Morgenstunden folgten wir seinen Vorlesungen und Auslegungen der verschiedenen, zum Teil sich widersprechenden Texte und Lehrmeinungen, und in den Abendstunden vervollkommnete ich mein Sanskrit, studierte Grammatik und vor allem die in Indien gepflegte formale Logik, eine Denkschule, die in China ziemlich unbekannt ist. Und sollte ich dereinst glücklich und wohlbehalten in mein Heimatland zurückkehren, werde ich die chinesischen Denker mit dieser indischen Logik mit den zahlreichen Möglichkeiten syllogistischen Denkens bekannt machen. Doch Ihr müsst wissen, Ma-Huan-Chi, dass Kashmir seit Jahrhunderten ein Ort großer buddhistischer Gelehrsamkeit ist. Hierher berief vor einigen Hundert Jahren König Kanishka das vierte buddhistische Konzil ein, denn er litt unter ähnlichen Unsicherheiten wie ich damals in China: Die Texte widersprachen sich, es gab Meinung und Gegenmeinung nicht nur über die richtige Auslegung, sondern auch in Bezug auf die richtige und ursprüngliche Formulierung. Die versammelten Gelehrten hatten von

Kanishka den Auftrag, einen endgültigen Text zu erstellen, den der König in Kupferplatten eingravieren und in einen Stupa einmauern ließ. Diese Platten sind zwar verloren gegangen, doch die Texte sind als Tripitaka noch immer die Regeln und Grundlagen für die Schule des Kleinen Fahrzeuges. Die einzelnen Teile wurden ursprünglich in drei Körben aufbewahrt, daher der Name, im Ersten Korb lagen die Sutras, die Lehrreden Buddhas, im Zweiten die Regeln der mönchischen Disziplin, das Vinaya, und der Dritte Korb barg das Abhidharma, die philosophische Systematisierung der Lehrreden.»

«Ich verstehe nicht, warum diese Texte auf Tafeln eingraviert werden mussten, dafür ist doch eigentlich der Kopf da», unterbrach Ma-Huan-Chi den Meister, «und noch weniger verstehe ich, dass die eingravierten Tafeln eingemauert wurden. Hätte man sie nicht besser öffentlich angeschlagen, sodass jeder sie lesen konnte?»

Héng-Li lachte und sagte: «Eigentlich habt Ihr in beiden Punkten recht. Gewiss wollte man die Tafeln vor Raub und Beschädigung schützen, außerdem konnten nur sehr wenige lesen. Deshalb lernten die des Lesens Unkundigen die Texte auswendig nach dem Gehör. Doch da nicht alle Mönche ein gleich gutes Gedächtnis haben und jeder glaubt, die richtige Version in seinem Kopf zu haben, entstanden diese leidigen Auseinandersetzungen um die Richtigkeit der Lehre. Es sollen damals in Kashmir über fünfhundert Mönche zusammengekommen sein, um über den richtigen und damit endgültigen Wortlaut zu beraten.»

«So galt für richtig und wahr, was in der Mehrheit der Köpfe gespeichert war», fragte Ma-Huan-Chi.

«So kann man es sagen. Und so war es auch vor jetzt bald tausend Jahren beim ersten Konzil in der Höhle in Rajgir nach dem Entschlafen des Erwachten. Der Vorgang dieser Festlegung war ganz einfach: Ein Mönch sagte: ‹So habe ich es gehört›, sprach dann die gehörten Worte, und bei Einspruch durch einen anderen Mönch wurde über den richtigen Wortlaut diskutiert. Doch am Schluss war entscheidend, was in der Mehrheit der Köpfe wörtlich und gleich gespeichert war. Dennoch ist leicht zu verstehen, dass etwa fünfhundert Jahre nach diesem ersten Konzil durch die lediglich mündliche Überlieferung und durch das Auswendiglernen der Lehrreden die Verunsicherung wieder zunahm.»

«Und dass die Texte damals auf Kupfertafeln eingraviert wurden, zeugt von der Klugheit des Königs», meinte Xuanzang, «denn selbst beim gewöhnlichen Abschreiben können sich Fehler einschleichen, sei es durch mangelnde Aufmerksamkeit, oder, noch heimtückischer, weil man glaubt, den Text einigermaßen selbst im Kopf zu haben und deshalb nicht Wort für Wort mit der Vorlage vergleicht. Die nächste und wirklich schwere Hürde ist dann die eigentliche Übersetzung eines Textes in eine andere Sprache. Damit werde ich mich dann in Chang'an befassen müssen, denn ich habe die Absicht, nach meiner Ankunft in China alle mitgeführten Manuskripte zu übersetzen.»

«Meister, das ist eine fast unmenschliche Aufgabe!», rief jetzt Héng-Li dazwischen.

«Ich weiß, doch sie muss getan sein. Und ich hoffe auf die Unterstützung des Kaisers.»

«Wisst Ihr übrigens», fragte jetzt Héng-Li, zum Meister gewandt, «was der Weise aus Kashmir damals in Srinagar über Euch sagte? Wohl nicht, denn ich weiß, wie wenig Ihr Euch aus solchen Dingen macht. Er sagte, dieser Mönch aus China verfüge über wunderbare und große Kräfte der Weisheit. Es sei keiner in seiner Klostergemeinschaft, der ihn übertreffe. So war es auch, denn solange ich Euch kenne, befolgt Ihr die klösterliche Disziplin mit strikter Lauterkeit. Er bewunderte Eure hohe

Intelligenz und Bildung in allen Bereichen des Wissens und ganz besonders Eure Achtung vor den Weisen und den Respekt vor den Gebildeten. Er sah geradezu etwas Göttliches in Euch.»

«Das sind schöne Worte, doch zu all dem kann ich nichts sagen. Wichtig für mich war, dass ich damals in Kashmir zum ersten Mal in den Lehren der großen Schulen unterwiesen wurde. Und heute kann ich sagen, dass ich dort die Vollendung meiner philosophischen Schulung erhielt – und dazu die Abschriften von wichtigen religiösen und philosophischen Texten.»

«Es waren zwei Jahre des Friedens, und wir hatten Zeit, uns innerlich zu sammeln für die eigentliche Pilgerreise, die jetzt vor uns lag, denn von Kashmir führte uns der Weg zum Ganges und zu den Stätten Buddhas, des Erwachten. Und diese Wege waren gefährlich», ergänzte Héng-Li.

Inzwischen war die Nacht hereingebrochen. Meister Xuanzang erhob sich, richtete sein Kleid mit den übergroßen Ärmelöffnungen und verabschiedete sich mit einer leichten Verbeugung von Héng-Li und Ma-Huan-Chi: «Bitte entschuldigt mein frühes Weggehen. Doch morgen erwartet mich der König von Khotan zu einem Gespräch.»

Die beiden anderen waren ebenso aufgestanden, legten beide Handflächen zu einem Gruß zusammen und neigten ehrerbietig ihre Köpfe. Dann ging Xuanzang und verschwand im Dunkel der anbrechenden Nacht.

*

«Der Abend ist recht fortgeschritten, die Vögel schweigen; bereits erscheinen die ersten Sterne», sagte Ma-Huan-Chi.

«Und es wird auch kühler», ergänzte Héng-Li, «doch noch ist nicht Schlafenszeit, zumindest ich pflege erst zu später Stunde mein Bett aufzusuchen, obwohl die mönchischen Pflichten mich recht früh am Morgen wieder rufen. Wir könnten uns im Gästezimmer weiter unterhalten, wo es wärmer und auch gemütlicher ist, und gewiss hat auch die Küche noch einen kleinen Imbiss für Euch bereit. Doch all das nur, wenn es Euch so recht ist.»

«Einverstanden, das ist ganz nach meinen Wünschen. Ihr habt mein offenes Ohr für die weiteren Ereignisse.»

Im Gästezimmer glühte in einem großen Eisenkessel ein Kohlefeuer, das eine wohlige Wärme ausstrahlte. Héng-Li ließ aus der Klosterküche einige in Salz eingelegte Gurken und mit Gemüse gefüllte Teigrollen kommen, dazu einen von den Mönchen selbst gemischten Kräutertee, der sich wohltuend auf den harmonischen Fluss der Körperenergie auswirken und den Geist auf einen ruhigen Schlaf einstellen sollte. Behaglich richteten sie sich auf den gepolsterten Stühlen ein, gespannt der eine auf die nun folgenden Geschichten von Räubern und Banditen, ernst und gesammelt der andere, wohl wissend, dass es für das unerhörte Glück im Unglück keine angemessenen Worte gab.

«Es war ein Frühlingstag im Jahr der Wasserschlange, die hohen Berge, die das glückliche Kashmirtal von der weiten Ebene des Ganges und Yamuna trennen, und die dichten Wälder mit Tausenden von wilden Elefanten, Tigern und gefährlichen Schlangen lagen hinter uns, als wir wohlbehalten Sakala erreichten, die einstige Hauptstadt eines längst untergegangenen indogriechischen Königreiches. Seine Herrscher gehörten zu jenen Völkern, die mit dem großen Alexander aus dem fernen Westen kamen und auch in Bamiyan, wie Ihr Euch erinnern und an meinem Gesicht ablesen könnt, ihre Spuren hinterlassen hatten.

Doch wie Alexander sind sie alle vergessen, bis auf den einen, den sie hier Milinda nennen und der in der Sprache seines Volkes damals Menandros genannt wurde. Er blieb in Erinnerung, weil der Mönch Nagasena diesem griechischstämmigen König die wesentlichen Punkte der Lehren des Buddha darlegen musste. Dieses Gespräch der beiden ist in China seit etwa dreihundert Jahren bekannt und ist dort im Nagasenabhikshu-Sutra festgehalten. Etwa ein Jahrhundert später wurde es in Indien aus dem Chinesischen ins Pali übersetzt und ist hier, wie wir feststellen konnten, unter dem Namen Milindapanha bekannt. Diese überlieferten Fragen des Königs Milinda und die Antworten das Mönchs Nasagena sind wahrscheinlich die früheste Darlegung einer buddhistischen Philosophie, die außerhalb des mönchischen Schrifttums entstanden ist. Der philosophisch hochgebildete König hörte vor über siebenhundert Jahren von Nagasena, der als einer der größten Weisen seiner Zeit galt, dass der Mensch keine Seele habe und dass das Ich eine Illusion sei, eine Vorstellung bloß, ohne eigentliche Wirklichkeit.»

«Ihr meint, was ich für mein Ich halte, als meine Person erlebe, was ich denke und wahrnehme, sei eine Täuschung?»

«Ja, es gibt nur das Wahrnehmen, jedoch niemanden, der wahrnimmt.»

«Doch wenn ich denke, bin doch ich es, der denkt.»

«Nein, da ist niemand, der denkt, da ist nur Denken.»

«Das ist ja ungeheuerlich!»

«So ist es. Doch ungeheuerlich nur für den einen ersten Augenblick. Nach der tiefen Einsicht in diese Wahrheit beginnt die Befreiung. Und wie es kein Ich gibt, so gibt es auch keine Seele. König Menandros war darüber genauso verblüfft und fragte Nagasena, ob Dinge wie Bewusstsein, Weisheit und die Seele in einem Lebewesen wirklich verschiedene Begriffe mit verschiedenem Inhalt seien oder bloß verschiedene Worte, die dasselbe besagen. Nagasenas Antwort war deutlich und klar: ‹Das Bewusstsein besitzt das charakteristische Merkmal des

Bewusstseins, die Weisheit dasjenige des Erkennens, doch eine den Lebewesen innewohnende Seele gibt es nicht.›

Darauf fragte der König: ‹Wenn es aber keine Seele gibt, ehrwürdiger Nagasena, wer ist es denn, der durch Auge, Ohr, Nase, Zunge, Tastorgan und Geist die Dinge wahrnimmt?»

«Und was war Nagasenas Antwort?», fragte Ma-Huan-Chi.

«Er antwortete mit einer weiteren Frage: ‹Wenn es wirklich eine Seele gäbe, die durch diese sechs Sinnestore die Dinge wahrnehmen könnte, müsste denn da, sobald die Sinnestore herausgenommen würden und sie gewissermaßen ihren Kopf herausstreckte, nicht wohl die Seele infolge des vollen Tageslichtes die Dinge besser wahrnehmen können?›

‹Das ist unmöglich!›, sagte daraufhin König Menandros. ‹Folglich, o König, gibt es keine den Lebewesen innewohnende Seele. Und eine weitere schwierige Aufgabe, o König, hat der Erhabene gelöst: Er hat diese unkörperlichen Vorgänge, nämlich das Bewusstsein und die Bewusstseinsfaktoren, die mit einem einzigen Objekt auftreten, genau analysiert und unterschieden: Dies ist ein Sinneseindruck, dies ist ein Gefühl, dies ist Wahrnehmung, dies ist Wille, dies ist Bewusstsein.›

König Menandros wollte dazu ein Gleichnis haben, und Nagasena sprach: ‹Nimm an, o König, ein Mann führe mit seinem Boote auf die hohe See hinaus, schöpfte dort mit der hohlen Hand etwas Wasser und kostete es. Würde da wohl jener Mann unterscheiden können, ob dieses Wasser aus dem Ganges stammt oder aus dem Yamuna oder dem Brahmaputra? Eine aber noch schwierigere Aufgabe als diese hat der Erhabene gelöst, indem er die Analyse dieser unkörperlichen Vorgänge, nämlich des Bewusstseins und der Bewusstseinsfaktoren, die mit einem einzigen Objekt auftreten, darlegte: Dies ist Sinneseindruck, dies ist Gefühl, dies ist Wahrnehmung, dies ist Wille, dies ist Bewusstsein.›

‹Das ist ja vortrefflich!›, rief der König, ‹und klug bist du, ehrwürdiger Nagasena.›»

«Das ist alles sehr schwer zu begreifen», sagte jetzt Ma-Huan-Chi.

«So ist es. Die Illusion des Ego ist nicht nur ein Kernpunkt des Buddhismus, sondern auch der noch älteren indischen Lehre des Advaita. In diese Zusammenhänge und Übereinstimmungen wurden wir jedoch erst später eingeweiht, und sie waren die sozusagen glückliche Folge der unglücklichen Ereignisse, die uns nach der Abreise aus Sakala zustoßen sollten. Davon also später.»

«Ja, Ihr spannt meine Erwartungen und Neugier auf das Äußerste! Und doch möchte ich vorher noch hören, was aus der Zeit des klugen Königs Milinda in Sakala noch zu sehen ist.»

«Nichts, mein Freund, nichts! Es waren ja nicht bloß sechshundert lange Jahre inzwischen vergangen, jedoch die eigentliche Zerstörung der Vergangenheit fand erst vor hundert Jahren statt, als Mihirakula, der grausame und blutrünstige König der Weißen Hunnen, Sakala zu seiner Hauptstadt machte und alles zerstörte, was von dem Reich der Gupta und den Königen in Magadha aufgebaut worden war. Überall fanden wir zerstörte Tempel, Stupas und Pagoden; wie er in Gandhara gewütet hatte, so auch hier. Nur an wenigen Orten überlebten wie auf Inseln einzelne Klöster mit zahlreichen gebildeten Mönchen und intakten Bibliotheken.

Wir verließen also die Stadt Sakala mit ihrer ruhmreichen und traurigen Vergangenheit, als wir kurz danach auf unserem Weg in das ferne Mathura von über fünfzig Räubern überfallen wurden. Aus einem Hinterhalt hatten die mit Schwertern bewaffneten Banditen uns aufgelauert und vermuteten wohl in den von den Lasttieren getragenen Kisten kostbare Schätze und Handelswaren, nicht aber Reliquien und Manuskripte. Sie rissen uns sämtliche Kleider vom Leibe, bemächtigten sich der Tiere und Kisten und trieben uns dann auf ein ausgetrocknetes Sumpfgelände eines Teiches, das von einer Dornenhecke und dichten Sträuchern umfasst war. Ein idealer Ort, uns abzuschlachten. Während sie begannen, jeden Einzelnen mit Stricken zu fesseln, gelang es einem jungen Mönch unserer Gruppe, dem Meister zur Flucht zu verhelfen. Er hatte hinter der Dornenhecke in einiger Entfernung eine kleine Höhle gesichtet, in die Xuanzang, einige weitere Mönche und ich fliehen und wo wir uns unauffällig verstecken konnten. Nach kurzer Zeit, als sie uns nicht fanden, gaben die Räuber die Verfolgung auf.

Wir aber liefen wenig später mit unbedeckten Körpern in ein benachbartes Dorf, wo wir außer Atem berichteten, was uns zugestoßen war. Ein Brahmane, der eben von seiner Feldarbeit zurückgekehrt war, befahl unverzüglich, die Trommeln zu schlagen und mit dem Tritonshorn die Männer des Dorfes zusammenzurufen und den Räubern nachzustellen. Diese hatten sich inzwischen in den umliegenden Wäldern versteckt und von unserer Habe mitgenommen, was ihnen wertvoll schien. Unsere Gefährten fanden wir noch immer gefesselt, doch unversehrt vor. Reliquien und Abschriften der Heiligen Texte lagen weit verstreut im ausgetrockneten Sumpfgelände. Der Brahmane veranlasste, dass alles, was uns abhandengekommen war, wieder ersetzt wurde.

Meister Xuanzang jedoch war schon in kurzer Zeit mit dem Brahmanen in ein tiefes philosophisches Gespräch verwickelt, denn es zeigte sich, dass dieser ganz ungewöhnliche Kenntnisse über die Schule des Nagarjuna und dessen Schüler Aryadeva hatte. Er eröffnete Xuanzang das weite Feld des Madhyamika. Im Zentrum dieser Lehre steht die ‹Leerheit› aller Dinge. In den alten Texten der Sanskritliteratur heißt der Begriff dafür Shunyata.

Doch will ich Euch, Ma-Huan-Chi, nicht mit Fachbegriffen langweilen. Tatsache ist, dass wir einen ganzen Monat in diesem kleinen Dorf verbrachten und unsere Gruppe den Gesprächen zwischen dem Meister und dem Brahmanen folgen durfte. Hin und wieder richtete Xuanzang das Wort direkt an uns und erläuterte, was er gehört hatte. Jeden Tag setzten sich beide auf die hohen Polster, welche auf einem hölzernen Podest im Schatten einer gewaltigen Tamarinde bereitgelegt waren, umlagert von uns Mönchen und vielen Bewohnern des Dorfes, in deren Gesichter sich der ganze Stolz spiegelte, dass ihr so bescheiden wirkender Dorfältester diesen hochgelehrten Männern aus dem fernen China offenbar einiges zu sagen hatte. Dass unser Meister nur schon aufgrund seiner äußeren Statur eine beeindruckende Persönlichkeit ist, wisst Ihr inzwischen. Groß und fest wie ein Berg saß er in seinem weiten und faltenreichen Kleid auf dem Sitzkissen. Der rundliche und kahl geschorene Kopf mit den leuchtenden Augen und dem sanften Lächeln strömte eine fast heilige Stille aus. Doch der gleich neben ihm sitzende Brahmane war auf seine Weise nicht minder beeindruckend. Er war ein eher kleiner Mann mit einem asketischen und fast drahtigen Körper, was leicht zu erkennen war, denn er trug bloß einen knappen Lendenschurz, ein zwischen die Beine und um die Hüfte geschlungenes weißes Tuch. Ein grauer langer Bart umrandete sein Gesicht, und die Haare waren auf dem Haupt so zu einem Knoten gebunden, als trüge er eine kleine Krone. Und auch seine Augen leuchteten aus tiefer Ferne, beschattet von dichten langhaarigen Augenbrauen.

Was der Brahmane uns darlegte, war für uns Mönche, auch die Gebildetsten, etwas Ungeheuerliches, doch der Meister forderte uns auf, bedachtsam und behutsam alles zu überdenken. Er habe wohl im fernen China und noch als junger Novize einzelne Sentenzen dieser Lehre mit ihrer umstürzenden Sicht der

Welt aufgenommen, ohne sie jedoch in ihrer ganzen Tiefe zu verstehen. Sie sei in der schwer verständlichen, ungenauen und äußerst freien Übersetzung des Mönches Kumarajiva seit über zweihundert Jahren in China überliefert.

‹Und ihr müsst wissen›, sagte er, ‹dass das Leitwort meines Mönchssiegels, ‹Leere ist Form›, dieser Lehre Nagarjunas entstammt. Jetzt muss ich erkennen, dass ich das Leitwort damals als junger Mönch in ziemlicher Unwissenheit und Kühnheit auch gewählt hatte. Hier widerfährt uns das große Glück, von einem hochgelehrten indischen Brahmanen in das grundtiefe Denken des großen Nagarjuna eingeweiht zu werden. Bedenkt also, ihr Mönche, die folgenden Worte Nagarjunas aus dem ersten Kapitel seines ‹Mittleren Weges›, der Madhyamika heißt: ‹Nicht aus sich selbst, nicht aus einem anderen, nicht aus beidem und nicht ohne Ursache sind irgendwelche Dinge irgendwo und irgendwann entstanden.› Die Welt und ihre Erscheinungen tragen kein eigenständiges Sein in sich, da sie immer nur aus verursachenden und selbst wesenlosen Bedingungen entstanden sind. Alle Dinge sind ohne Eigennatur und letztlich leer. Diese Leere aber ist kein Nichts, denn ein so angenommenes Nichts wäre ja auch ein Etwas und somit als Sein zu bewerten. Es gibt weder Sein noch Nichtsein, nur die allen Erscheinungen zu Grunde liegende Leere.›

So lehrte und unterwies uns Meister Xuanzang in diesem Monat. Am Schluss aber, ich glaube es war am ersten Tag der vierten Woche, wartete der Brahmane mit seinem schönsten Geschenk auf. An diesem Tag kam er mit einem Schriftstück, bloß eine Seite lang, das er mit großer Ehrfurcht vor sich ausbreitete, es mit der flachen Hand liebevoll glatt strich und schließlich sagte: ‹Zum Schluss, mein guter und gelehrter Freund aus China, lasst mich Euch das Schönste schenken, was uns Nagarjuna hinterlassen hat: das Maha-prajna-paramita-

Sutra, das auch Sutra der höchsten Weisheit genannt wird oder liebevoll Herz-Sutra.›

Dann begann er mit tiefer und wohlklingender Stimme in feinstem Sanskrit den Text zu lesen. Und als er bedeutungsvoll die Sätze las: ‹Form ist Leere, und Leere ist Form›, sah ich, wie sich die Augen unseres großen Meisters Xuanzang mit Tränen füllten. Zum ersten Mal auf unserer nun schon bald zwei Jahre dauernden gemeinsamen Reise nach Indien sah ich durch das feine Fenster seiner Augen in die Tiefen seines weichen Herzens und seiner zarten Seele. Selbst als wir von den Banditen all unserer Habe beraubt waren und viele unserer zum Teil noch jungen Begleiter und Mönche zu weinen und zu klagen begannen, bewahrte Xuanzang ein frohes Gesicht, und seine Seele war gleich einem klaren Wasser, das man zwar in Wallung versetzen, aber niemals trüben kann. Jetzt aber bewegten diese Worte des Herz-Sutras die Tiefen seines eigenen Herzens. Und da ich sein Mönchssiegel kannte und es oft in seinem Auftrag unter Schriftstücke zu setzen hatte, wurde ich gewahr, dass jetzt, in diesem Augenblick, eine tiefe Sehnsucht des Meisters gestillt war. Er hatte eine der Quellen gefunden, hatte hier zum ersten Mal einen Lohn für seine unendlichen Strapazen empfangen.»

«Ihr meint, dass Xuanzang diesen Text so noch nie gehört hatte?», fragte Ma-Huan-Chi.

«So ist es. Er kannte ihn, wie gesagt, nur in schlechter Übersetzung. Das war ja der eigentliche Hauptgrund seiner Reise in den Westen, die miserable Quellenlage und die widersprüchliche Auslegung der Texte in China. Und hier, im Dorfe des Brahmanen, erhielt er den für ihn kostbarsten aller Schätze, das Sutra seines Herzens. Der gesamte Umfang des Maha-prajnaparamita-Sutra beträgt viele Hundert Seiten. Hier im Dorf hörten wir bloß das Herzstück. Und weil dieses Sutra für das Große Fahrzeug so wichtig ist, bringen wir gleich drei Fassungen aus verschiedenen Bibliotheken mit nach China. Vielleicht wird dort der Meister dereinst eine bereinigte Variante ins Chinesische übersetzen. Doch das wäre eine fast ungeheuerliche Leistung.»

«Was ist es denn, das dieses Sutra so bedeutungsvoll und gleichzeitig, wie mir scheint, auch geheimnisvoll macht? Wird da eine Geschichte erzählt? Oder gar die letzte Wahrheit der Welt eröffnet?»

«Ich will es Euch, wenn Ihr Ohren habt zu hören, wörtlich vortragen. Denn vom Tag an, als der Text in unseres Meisters Händen lag, rezitieren wir dieses Herzstück des Sutras am Ende jeder Meditationsübung. Und das ist so geblieben bis zum heutigen Tag. So hört denn das Maha-prajna-paramita-hrdaya-Sutra:

Bodhisattva Avalokiteshvara
(das ist der ‹Herr der liebenden Güte›)
erkannte in der tiefen Versenkung des Prajna Paramita
(das ist die vollkommene Weisheit)
dass alle fünf Skandhas
(das sind die Sinneseindrücke)
leer sind
So überwand er alles Leiden.

Oh, Shariputra!
Form ist nicht verschieden von Leere
Leere ist nicht verschieden von Form
Form ist Leere, und Leere ist Form
Das Gleiche gilt für Empfindung,
Wahrnehmung, Wollen und Denken

Oh, Shariputra!
Alle Dinge sind leer
Sie entstehen nicht, und sie vergehen nicht
Sie sind weder rein noch unrein
Sie nehmen weder zu noch ab

Daher gibt es in der Leere keine Form
Kein Fühlen, kein Wahrnehmen,
kein Wollen, kein Bewusstsein
Es gibt nicht Auge, noch Ohr, Nase, Zunge, Körper, Denken
Es gibt weder Farben, noch Töne, noch Gerüche
Keinen Geschmack, keine Berührung,
keine Welt der Vorstellung
Es gibt keine Unwissenheit und kein Ende der Unwissenheit
Es gibt nicht Alter und Tod, noch Aufhebung von Alter und Tod
Kein Leiden, keinen Anfang und kein Ende, keinen Weg,
Kein Erkennen und kein Erreichen
Weil es nichts zu erreichen gibt

Weil der Bodhisattva nichts begehrt und er sich versenkt
In Prajna Paramita, ist er ohne Furcht
Frei von allen Verblendungen und
illusorischen Vorstellungen
Weilt er in Nirvana

Alle Buddhas
Der Vergangenheit, Gegenwart und Zukunft
Erlangen durch Prajna Paramita
Das höchste Erwachen

Erkenne daher: Das Prajna Paramita ist
Das große Mantra

Das große strahlende Mantra
Das unübertroffene Mantra
Das unvergleichliche Mantra
Das alle Leiden beendet
Dies ist die Wahrheit und keine Täuschung

So verkündete er das Mantra der Prajna Paramita und sprach:

GATE GATE PARAGATE PARASAMGATE
BODHI SVAHA
Gegangen, gegangen, hinübergegangen, erreicht, erwacht

Sutra der Höchsten Weisheit!

*

Als Héng-Li seine Rezitation beendet hatte, verharrten beide in Schweigen. Ma-Huan-Chi nippte an seinem Kräutertee und aß eine der aufgetragenen Gemüserollen. Er war hungrig, und eigentlich hätte er jetzt am liebsten in einer der Gaststätten der Stadt ein kräftiges Nachtmahl bestellt. Doch gleichzeitig hielt ihn der Mönch mit seinen Schilderungen gefangen. Essen konnte er jederzeit. Aber von der ungewöhnlichen Reise des großen Xuanzang würde er nie wieder aus berufenerem Munde hören als jetzt von Héng-Li. Und er war sich nicht sicher, ob die nächsten Tage die notwendige Muße zu weiteren Gesprächen bringen würden. Denn bald war der Mond voll, und er hatte mit seiner Karawane nach Chang'an, der Hauptstadt Chinas, aufzubrechen.

«Ich muss Euch, Héng-Li, gestehen, dass ich gar nichts verstanden habe, höchstens dass ein gewisser Avalokiteshvara einem gewissen Shariputra Anweisungen erteilt. Doch was diese

Anweisungen bedeuten, ist mir ein Rätsel», nahm jetzt Ma-Huan-Chi das Gespräch wieder auf.

«Hoffentlich ist Euch das alles rätselhaft», entgegnete jetzt lachend der Mönch. «Denn selbst für die hochgebildeten Mönche ist dieser Text eine schwere Kost und geistige Herausforderung. Genau genommen ist er nur nach langen Jahren der Meditation und Einsicht in die wahre Natur der Wirklichkeit und des Menschen zu begreifen. Ich glaube, dass Xuanzang zur tiefen Wahrheit dieses Sutras vorgestoßen ist. Doch er würde das nie zugeben! Ich habe auf unserer Reise einige Männer von höchster Weisheit erlebt, doch keiner von ihnen hätte es gewagt, von sich zu behaupten, er sei erleuchtet. Wer so etwas von sich selber sagt, ist es wohl eher nicht. Schließlich gibt es ja niemanden, der da erleuchtet werden könnte.»

Wieder brach Héng-Li in Lachen aus und sagte, als er sich wieder gefasst hatte: «Es ist halt alles ziemlich paradox. Die letzte Wahrheit ist auf keinem Weg zu erreichen, doch wer den Weg nicht unter die Füße nimmt, erreicht sie auch nicht. Man muss ein Tor durchschreiten, das jedoch auch nicht existiert, ein torloses Tor sozusagen. Doch ich will Euch nicht verwirren. Richtig ist, was Ihr bemerkt habt: Shariputra erhält eine Belehrung über das Wesen der spirituellen Erfahrung. Und das meint: Die Freiheit von jeglicher Anhaftung erzeugt *Metta*, liebevolles Mitgefühl für alle Wesen und Dinge der Welt. Dieses Ende der Anhaftung wird im Mantra am Schluss des Sutra besungen, es ist sozusagen die Quintessenz von allem: ‹Gegangen, gegangen, hinübergegangen …› Was Shariputra betrifft, war er neben Ananda der andere Hauptschüler von Buddha, dem Erwachten, er war gewissermaßen seine rechte Hand und sicher der weisheitsmächtigste aller Jünger Buddhas. Wegen seines tiefen Verständnisses der Lehre erhielt er schon zu seinen Lebzeiten den etwas kriegerischen

Titel ‹Feldherr der Lehre›. Seinem ausgezeichneten Gedächtnis ist es zu verdanken, dass am ersten Konzil nach dem Erlöschen des Meisters dessen Worte unverbildet und wahr weitergegeben wurden.

Shariputras Asche wird in Mathura verehrt, der südlichen Hauptstadt des einstigen Kushana-Reiches unter König Kanishka. Die nördliche Hauptstadt war, wie Ihr Euch erinnern mögt, Purushapura, das heute Peshawar genannt wird. Mathura also war das Ziel unserer nächsten größeren Wegstrecke, nachdem wir den weisen Brahmanen und die hilfsbereiten Dorfbewohner verlassen hatten.

Immer aber hielten wir uns in den Bibliotheken der Klöster auf, die an unserem Weg lagen, oft nur einige Tage oder Stunden, manchmal über Monate wenn der Meister neue Texte entdeckte, die er unbedingt kopiert haben wollte.

Mathura war der erste der Orte, die wir besuchten, wo auch Buddha einst sich aufgehalten hatte. Für die Hindus, speziell für die Verehrer des Gottes Krishna, bekam der Ort zunehmend größere Bedeutung, denn die Grotte seiner Geburt wird dort verehrt. Dennoch waren im Umkreis dieser uralten Stadt noch mehrere Klöster mit Hunderten von Mönchen im Betrieb. Aber es war spürbar, dass immer mehr Menschen der Faszination des göttlichen Rinderhirten erlagen, dieses so liebenswürdigen Flötenspielers, der ein Liebling der Frauen und ein ebenso großer und begabter Liebhaber der Frauen war. Von ihm wird erzählt, dass er einst in einer Vollmondnacht die Kleider von im Lotosteich badenden Mädchen geraubt habe und nur zur Rückgabe bereit war, wenn sie ihm eine Liebesnacht versprachen. Keine habe die Bedingung ausgeschlagen, wird berichtet, und in gewissen Tempeln ist dieser Gott gar beim Liebesspiel in der Blumenwiese und bei innigster Umarmung und mit entblößter Scham zu sehen. Die Götter scheinen in Indien den Menschen sehr ähnlich zu sein, denn sie lieben und töten, hassen und verzeihen, wie es die Menschen auch tun.

Die Buddhisten hingegen verehren in Mathura die sterblichen Reste von Ananda, dem sanftmütigen Vetter Buddhas mit der zarten Seele, dann, wie schon gesagt, die Asche von Shariputra, dem Kenner der Lehre. Auch die Reliquien von Upali werden hier verehrt, der einst der Barbier des Buddha war. Und eine spezielle Gedenkstätte hat Rahula, der einzige Sohn des Erwachten, der schon in jungen Jahren von seinem Vater, als dieser erstmals nach seiner Erleuchtung seine Heimatstadt Kapilavastu wieder besuchte, in die Gemeinschaft der Mönche aufgenommen wurde.

Vielleicht war das der Grund dafür, dass neben Rahulas Stupa in einem eigens erbauten Raum die wohl schönste in Stein gehauene Statue seines Vaters zu bewundern ist. Nie wieder haben wir ein derart vollkommenes Kunstwerk gesehen; vielleicht ihr ebenbürtig ist jene in Sarnath, dem Ort von Buddhas erster Unterweisung. Doch die Statue dort zeigt den Erwachten sitzend, mit gekreuzten Beinen, und die Haltung der Hände deutet auf das Drehen am Rad des Gesetzes. Die Statue in Mathura hingegen zeigt ihn stehend mit der Geste der Schutzgewährung. Wir waren ständig und in fast allen Klöstern jener Gegend den Bildnissen des Erleuchteten begegnet, doch keines hatte jene Ausmaße wie die beiden in Fels gehauenen Statuen in meiner Heimat Bamiyan.

Aber auch kein Bildnis hatte jene so zu Herzen gehende Erhabenheit wie die Statue neben dem Schrein von Rahula in Mathura. Sie ist aus rotem Sandstein gehauen, in natürlicher Lebensgröße und mit einem großen, mit reichen Ornamenten verzierten Nimbus ausgestattet. Der Erhabene trägt ein in zarte Falten gelegtes Mönchsgewand. Die rechte Handfläche hält er geöffnet zum Betrachter hin, als wollte sie sagen: Fürchte dich nicht. Hier in Mathura erst wurden wir auch inne, dass dies der eigentliche Ort war, wo offenbar hochbegabten Künstlern die Darstellung dieser stillen Größe und Innerlichkeit erstmals gelang und die Maßstab wurde und Vorbild für alle künftigen Darstellungen. Hier wurde auch die scheibenförmige Aura erfunden, die als Nimbus hinter dem Haupt der Figur angebracht ist und ihr jene große Erhabenheit und Würde, ja, fast Heiligkeit verleiht.

In einem der Klöster wird die Erinnerung an König Kanishka wachgehalten, dem großen Herrscher des Kushana-Reiches, der das vierte buddhistische Konzil nach Haran bei Srinagar in Kashmir einberief und die Lehre in Kupfertafeln hatte eingravieren lassen. Sein in Stein gehauenes Bildnis zeigt den Herrscher in seiner Zeremonialkleidung, die so gar nicht zum heißen Klima in dieser Ebene des Yamuna passen will, wo große Wälder von Mangobäumen stehen und ihre üppige Frucht abwerfen. Der König trägt große wattierte und mit Sporen bewehrte Stoffschuhe, wie sie in seinem Herkunftsland, der asiatischen Steppe, üblich sind. Die Sporen sollen daran erinnern, dass sein Volk ein Reitervolk war. Seine rechte Hand stützt sich auf eine mit Lederriemen verzierte Rundkeule, und die Linke umfasst das Schwert, Zeichen seiner königlichen Macht. Unter seinem bis über die Waden reichenden Mantel trägt er einen mit Wellenmustern verzierten Rock. Leider konnten wir nicht in Erfahrung bringen, was das auf dem Rock in den Stein gehauene Spruchband bedeuten könnte, denn niemand in Mathura war mehr fähig, diese Schriftzeichen zu lesen. Dieser wundersamen Statue, die von einer längst vergangenen Pracht und Macht zeugte, fehlte allerdings der Kopf. Nachfolgende Herrscher mögen den großen König zum Zeichen seiner Entmachtung wohl geköpft haben. Etwas Ähnliches ist uns schon in Gandhara aufgefallen.

Dort haben die Weißen Hunnen, als sie die Klöster brandschatzten, bei vielen Statuen den Kopf des Erhabenen abgeschlagen. Als wollte man mit dieser Verstümmelung den Einfluss seiner Lehre mindern oder gar zum Verschwinden bringen. Doch der Geist ist immer stärker, und eine derart gewalttätige Handlung, auch wenn sie symbolisch gemeint ist, kann das Geistige nicht töten. Es ist etwas zutiefst Unreifes, ja fast Kindliches und Kindisches darin. Dem Zerstörer mangelt jede Einsicht in die wahre Natur des Geistigen, und er handelt wie jene, die einer Holzpuppe Nägel in den Leib schlagen mit der Absicht, damit dem wirklichen Menschen, den die Puppe darstellt, Leid zuzufügen. Es ist erstaunlich, wie dieses magische Handeln selbst bei intelligenten Menschen zu beobachten ist.»

«Das wundert mich nicht», sagte Ma-Huan-Chi, «denn Intelligenz und Glaube haben miteinander nicht viel gemein. Erwächst der Glaube nicht einem Unvermögen, das Rätselhafte des Lebens auszuhalten, dem Bedürfnis auch, eine scheinbar endgültige Antwort zu bekommen auf Fragen, die letztlich nicht zu beantworten sind? Manchmal kommt mir vor, jeder Glaube sei ein Beruhigungsmittel, das den Menschen von den letzten wichtigen Fragen abhält, als würde er eingehüllt in eine Scheinwelt, die doch bloß seinem eigenen Geist entspringt und keine echte Wirklichkeit darstellt.»

«Ihr seid ein kluger Denker», erwiderte Héng-Li, «mir scheint, dass ihr nicht zu jenen kopflosen Gläubigen gehört.»

«Wahrhaftig nicht, das furchtlose Fragen verdanke ich meinem Vater, der als treuer Anhänger der Lehre des Buddha mir schon recht früh auseinandersetzte, dass es im Buddhismus nicht um einen Glauben oder um Glaubenssätze, sondern um Einsichten in das Wesen des Geistes gehe.»

«Diese besondere Beschaffenheit des Geistes von Gläubigen hat uns auf unserer Weiterreise einerseits fast das Leben gekostet und es andererseits auch wieder gerettet.»

«Schon zum dritten Mal kommt Ihr auf dieses Ereignis zu sprechen, ohne es zu erzählen. Ihr stellt meine Neugier auf eine harte Probe, Héng-Li.»

«Ich möchte eben dem Verlauf unserer Reise nicht vorgreifen und alles schön der Reihe nach berichten. Und deshalb nur kurz eine Bemerkung zu unserer nächsten größeren Rast. Das war Kanauj, die Hauptstadt des Reiches von König Harsha. Hier sollten wir viele Jahre später für eine längere Zeit die Gastfreundschaft des Königs erfahren, bevor wir uns endgültig von Indien verabschiedeten und auf die Heimreise machten. Als wir die Stadt Kanauj zum ersten Mal betraten, war König Harsha jedoch abwesend.»

«So wart ihr denn mehrere Male dort», unterbrach Ma-Huan-Chi, «und König Harsha ist tatsächlich jener überragende Herrscher, dessen Ruf bis in die Turklande nördlich des Hindukusch vorgedrungen ist, wo sein Charakter über alles gepriesen wird?»

«Bei unserem ersten Besuch weilten wir bloß drei Monate in der Stadt, denn der König war mit kriegerischen Angelegenheiten und also mit der Festigung seiner Macht beschäftigt. So war denn niemand da, der uns hätte zurückhalten können. Doch Jahre später, nachdem wir die Heiligen Stätten gesehen, die Studienjahre in Nalanda beendet hatten und zur Heimreise nach China aufbrechen wollten, erreichte uns die Einladung des Königs.

Es war unmöglich, diese Gunst des mächtigsten Herrschers Indiens auszuschlagen; also besuchten wir die Stadt ein zweites Mal. Und dieser König ist tatsächlich die alle anderen indischen Fürsten überragende Persönlichkeit. Xuanzang ist auf seiner Reise keinem Herrscher begegnet, zu dem er ein engeres, fast inniges Verhältnis hatte wie mit König Harsha. Die beiden verstanden sich glänzend. Und ganz zweifellos war der König ein großer Staatsmann, ein begabter Stratege im Krieg und überdies ein Literat. Als glühender Verehrer des Buddha und seiner Lehre kann er in einem Zug mit König Ashoka und König Kanishka genannt werden. Es sind diese drei jene bedeutenden Herrscher, welche sich um den Buddhismus in Indien die größten Verdienste erworben hatten.

Bei unserem ersten Besuch also studierte der Meister im Kloster Bhadravihara die Kommentare zum Tripitaka, der Sammlung der Drei Körbe des Kleinen Fahrzeuges. Und da ich ihm dabei kaum behilflich zu sein brauchte, hatte ich genügend Gelegenheit, die Schönheiten der Stadt zu erkunden. Sie war in allen Teilen des großen Herrschers würdig, denn sie war mit Schönheit und mit großem Reichtum gesegnet und verfügte über hohe Befestigungsmauern. Ein solide gebautes System von Gräben umgab die vielen Türme und Pavillons. Zahlreiche Teiche mit spiegelklarem Wasser, blühende Parkanlagen und auf den Märkten Waren aus verschiedenen Gegenden trugen zum glücklichen Leben der Bewohner bei. Ohne Zweifel war Kanauj zur Zeit von König Harsha die Erste unter den Städten Indiens, die alle anderen an Glanz weit überragte, sozusagen ein Spiegel des großen Herrschers.

Meister Xuanzang nannte ihn bei seinem Beinamen Siladitya, was ‹Sonne der Tugend› heißt. Und glaubt mir, Ma-Huan-Chi, er hätte ihn niemals so genannt, wenn der hochlöbliche Name nicht dem Herrscher entsprochen hätte. Schmeicheln und Speichelleckerei war nie des Meisters Sache, sein Herz und seine Rede sind klar und lauter. Wie der große Ashoka hat auch Harsha das Töten von Tieren verboten, gleich ihm baute er zahlreiche Stupas, beschenkte viele Klöster und ließ in Städten und Dörfern und an den Kreuzungen bedeutender Straßen zum Wohl der bedürftigen Menschen und der Reisenden Häuser errichten, in denen sie mit Arznei, Nahrung und Getränk versorgt wurden, je nach Bedarf. Er hatte ein wahrhaft königliches Herz und war zugleich auch ein königlicher Mönch, dessen Geist von Toleranz und Güte erfüllt war. Er respektierte alle Kulte in seinem Land, und die gelehrten Mönche und benachbarten Fürsten hieß er, auf seinem Throne neben sich Platz zu nehmen. So war König Harsha.»

«Und dann also, nachdem Ihr Kanauj verlassen hattet, geschah jenes schreckliche Ereignis? Bitte, Héng-Li, spannt mich nicht länger auf die Folter. Der Abend ist auch schon weit fortgeschritten, Mitternacht rückt näher, und dennoch könnte ich kaum ruhig schlafen, ohne von jenem Zwischenfall gehört zu haben.»

«Wir fuhren zusammen mit wohl achtzig anderen Menschen in einem Boot den Fluss hinunter in Richtung Prayaga, jenem Ort, wo der Yamuna in den Heiligen Ganges mündet. Plötzlich tauchten aus einem Hinterhalt, gut versteckt hinter Gesträuch und Büschen und dem dichten Laub der Ashoka-Bäume, am Ufer des Flusses zehn Boote auf, alle besetzt mit Piraten. Wie Pfeile schossen die Schiffe mit den kräftigen Ruderern auf uns zu, und es brauchte keine große Anstrengung, unser Boot ans Ufer zu drängen. Mehrere Mitreisende stürzten sich in hellem Entsetzen und mit gellenden Schreien in die heiligen Wasser des Ganges. Uns restliche Menschen zwang man, an Land zu treten und alle Kleider auszuziehen, die sofort hastig und gierig nach kostbaren Steinen und Juwelen durchsucht wurden. Es war Herbst und jene Zeit, in der die schwarzhäutige Göttin Durga von ihren gläubigen Anhängern alljährlich ein Menschenopfer einforderte. Die Piraten waren also auf der Suche nach einem geeigneten Menschen, und das musste ein Mann sein, möglichst gut aussehend, dessen Blut und Fleisch sie dann auf dem Altar der grausamen Göttin als Opfer darbrachten in der Hoffnung auf künftiges Glück und Wohlergehen. Ihr kennt den

Meister und seine herausragende Gestalt, die Ausstrahlung, die von seinem wohlgefälligen Äußeren ausgeht. Es war also sofort klar: Er sollte ihr Opfer sein. Denn mit Interesse betrachteten sie des Meisters erhabene Erscheinung und sagten: ‹Eigentlich wollten wir den Zeitpunkt der Opferung verstreichen lassen, da wir keine geeignete Person gefunden hatten, die unserer Göttin würdig gewesen wäre. Doch dieser Mönch mit dem hübschen Gesicht und der schönen Statur ist genau richtig, und das Wohlwollen unserer Göttin ist uns sicher.›

Als der Meister ihre Worte hörte, sagte er ihnen: ‹Wenn dieser armselige und nichtswürdige Körper eures Opfers würdig wäre, würde ich wahrhaftig nicht zögern, ihn herzugeben. Da ich aber aus einem fernen Land hierhergekommen bin, um den Heiligen Bodhi-Baum zu verehren und den Geierberg, und überdies, um die Heiligen Schriften zu finden und mich in der Lehre des Buddha-Gesetzes unterrichten zu lassen, und da dieses Gelöbnis bis anhin noch nicht erfüllt ist, befürchte ich, dass euch die größten Missgeschicke zustoßen werden, wenn ihr mir das Leben nehmt.› Da flehten alle Passagiere des Bootes wie mit einer Stimme die Piraten an, den Meister zu schonen, und einige baten die Piraten, ihren Körper an seiner Statt zu opfern. Doch die Piraten lehnten dies, wohlgefällige und fast lüsterne Blicke auf den Meister werfend, rundweg ab.

Schließlich gab der Anführer der Bande einigen seiner Männer den Auftrag, aus dem Schlamm des Flusses einen Altar zu bauen, inmitten der blühenden Bäume. Kaum war das Gebilde aus Dreck und Erde fest genug, gab er zwei Männern Befehl, ihre Schwerter zu ziehen und den Meister auf dem Altartisch festzubinden. Mit Entsetzen standen wir da, unfähig, uns zu wehren oder dem Meister zu Hilfe zu eilen.

Und dann waren wir überwältigt von dem, was wir jetzt sahen: Auf dem Antlitz des Meisters lag nicht ein Hauch von

Todesangst und Furcht. Mit heiterer Gelassenheit ließ er alles mit sich geschehen, was sogar die Piraten erstaunte. Als der Meister sah, dass sein Schicksal unausweichlich war, bat er die Piraten, ihm noch eine kleine Weile der Ruhe zu gönnen und ihn nicht allzu schmerzhaft zu peinigen. ‹Lasst mich, bitte, mit heiterem Gemüt und ruhiger Seele weggehen›, sagte er. Dann schwieg er eine Weile und richtete sich laut und mit fester Stimme an seinen Meister, den Bodhisattva Maitreya: ‹Ich wende meine Gedanken zum Tushita-Himmel der Glückseligen und wünsche mir nichts sehnlicher, als dort wiedergeboren zu werden, um dem Bodhisattva Maitreya meinen Respekt und meine Huldigung darzubieten. Hier möchte ich hören, wie er das ausgezeichnete Gesetz darlegt, und hier möchte ich die vollkommene Einsicht, die Buddhaschaft erlangen. Daraufhin möchte ich wieder hinabsteigen und auf der Erde noch einmal geboren werden, um diese Männer hier zu unterweisen und zu bekehren und sie zu veranlassen, Werke höherer Tugend zu vollbringen und von ihrem mörderischen Treiben zu lassen. Ich möchte alle Wohltaten des Gesetzes verbreiten, um auf diese Weise allen Kreaturen der Erde zu Frieden und Glück zu verhelfen.›

So waren die Worte des Xuanzang, als Schlachtopfer auf dem Altar kniend. Dann setzte er sich in Meditationshaltung hin, mit gekreuzten Beinen, die Hände ineinandergelegt, das Kinn gesenkt und die Augen geschlossen. Tiefes Schweigen legte sich über uns und die blühende Wiese, bis einige der Umstehenden in Tränen und lautes Klagen ausbrachen.

Das Ende des Meisters schien jetzt ganz nahe, als plötzlich stürmische Winde aus allen Richtungen des Himmels sich erhoben, die umstehenden Ashoka-Bäume knickten, den Sand am Ufer des Ganges zu Wolken hochwirbelten und die Wellen des Flusses derart aufpeitschten, dass die Boote hoch auf und nieder schaukelten und schier in den Fluten versanken. Da wurden die

Piraten von Entsetzen und Grauen ergriffen, und fassungslos fragte mich der Anführer, wer dieser Mönch sei und wie sein Name laute. ‹Er ist›, antwortete ich, ‹ein hochberühmter Mönch aus China, hierher ins westliche Land gekommen, um das Buddha-Gesetz zu suchen. Wenn ihr ihn tötet, meine Herren, werdet ihr euch Strafen und Unglück ohne Ende zuziehen. Seht ihr nicht schon jetzt den Zorn der Winde und der Wellen? Es sind dies die Zeichen der Rache, die vom Himmel kommen. Beeilt euch und bereut!› So sprach ich.

Und jetzt warfen sich die Räuber, von Entsetzen gepackt, vor dem Altar auf die Knie. Doch der Meister schien von all dem, was um ihn geschah, nichts wahrgenommen zu haben. Denn erst als einer der Piraten mit scheuer Hand leise seine Füße berührte, öffnete er seine Augen und fragte mit sanfter Stimme, ob jetzt seine letzte Stunde gekommen sei. Als der Anführer dies mit Kopfschütteln verneinte, sagte Xuanzang mit derselben Gleichmut und mit derselben sanften Stimme, wie er zuvor den Tod erwartet hatte, zum Piraten: ‹Ändert euer Leben, jetzt und für immer!›

Alle versprachen es hastig und warfen zum Zeichen ihrer Wandlung und Reue die Waffen in den Ganges. Dann gaben sie allen Umstehenden die Kleider und die gestohlenen Wertsachen zurück und versprachen, sich dem Gesetz des Dharma zu unterwerfen und Laienbrüder zu werden. Jetzt beruhigten sich die Winde und Wogen, und die Piraten, hochbeglückt über den Ausgang des Sturmes, verbeugten sich respektvoll vor dem Meister des Gesetzes und verabschiedeten sich. Die Mitreisenden aber waren erfüllt von Bewunderung, und sie meinten, wenn des Meisters Wille, das Gesetz zu suchen, nicht so stark wäre, hätte all dies nicht geschehen können.»

Hier schwieg Héng-Li. Von draußen waren Schritte zu hören, und jetzt wurde an die Türe des Besuchszimmers geklopft. Es war der Pförtner. Ob er denn das Tor schließen könne? Oder ob der Gast aus Turfan noch in seine Herberge zurückkehren müsse? Es sei schon weit nach Mitternacht, und eigentlich sollte das Tor schon längst geschlossen sein.

Nach diesen Worten erhob sich Ma-Huan-Chi von seinem Sitz. Er verneigte sich vor Héng-Li, bedankte sich für den Abend und bat den Pförtner, ihn zum Tor zu begleiten. Die Straßen waren rein und leer. Hunde bellten in der Ferne, und es ging ein kalter Wind. Wie er gehofft hatte, waren alle Kaufleute in der Karawanserei bereits in ihren Betten, und nur der schwere Rauch in den Gängen ließ vermuten, dass der Abend in der Wirtsstube wie üblich verlaufen war, mit Lärm und Geschichten, mit Wasserpfeife und schwerem Wein. Noch bevor er sich zur Ruhe legte, nähte Ma-Huan-Chi den Brief des Meisters Xuanzang an den Kaiser Taizong von China ins Futter seines Reisemantels ein. Dann sank er in einen traumlosen Schlaf.

4
Audienz beim König von Khotan

Jade, schwarze, grüne und weiße Jade, brachte dem Königreich um die Oase Khotan Macht und Reichtum. Und seit auch die Menschen von Khotan um die Geheimnisse der Herstellung von Seide wussten, gehörten sie zu den respektvoll behandelten Nachbarn der Kaiser von China. Von China ging die Seide in den Westen, und von Khotan ging der Jadestein in den Osten.

Seit Tausenden von Jahren wurde kein Stein im Reich der Mitte höher verehrt und geschätzt als Jade. Von der magischen und heilenden Kraft des Steines erhoffte man sich Glück und Unsterblichkeit. Der edle Mensch verglich seine Tugend mit Jade, das reine Herz war ein Jade-Herz, und des Mannes bestes Stück war der Jade-Stengel; das Jade-Antlitz stand für eine schöne Frau, und ein markiges Wort des Kaisers war ein Jade-Wort aus dem Goldmund.

Durch diese geistige Bedeutung des Steins in China wurde die Fundstelle am Südrand der Taklamakan ein gleichermaßen umkämpfter und umworbener Ort. Im Osten der Stadt Khotan befindet sich der Fluss der weißen Jade, der Baiyu he, im Westen sind der Fluss Lüyu he mit der grünen Jade und der Fluss Heiyu he mit der schwarzen Jade.

Alle drei Flüsse haben ihre Quelle in den Kuen-Lun-Bergen, von wo die weiße, die schwarze und grüne Jade mit den Wassern als Geröll und Kiesel in die Flussbette geschwemmt wird.

Die großen Steinblöcke wurden mit Kamelen auf der südlichen Handelsstraße entlang der Taklamakan von Khotan nach China gebracht. Auf dem allwöchentlich abgehaltenen Jade-Markt in Khotan wurde nicht nur um große Jadeblöcke und die Gerölljade, sondern auch um die kleine Kieseljade gefeilscht, die selbst von Kindern und Jugendlichen leicht zu finden war im flachen Bett der Flüsse. Bei Mondschein, so wird berichtet, finden die Sucher die schönsten und besten Stücke in diesen Flüssen.

Im Verlauf der Jahrhunderte wurde das Königreich Khotan dank der Jade so reich und mächtig, dass es lange Zeit seine Unabhängigkeit gegenüber dem aufstrebenden chinesischen Nachbarn im Osten halten konnte. Doch dass die mächtige Tang-Dynastie unter dem hochbegabten Kaiser Taizong sich immer weiter gegen Westen vorschob – das Königreich Turfan war jetzt in seinen Händen –, erfüllte auch den König von Khotan trotz der traditionellen Freundschaft mit China mit Besorgnis. Er traute den chinesischen Generälen nicht, denen es kaum schwerfallen würde, den Kaiser von einer leicht einzufahrenden Beute zu überzeugen. Umso sorgfältiger pflegte der König den Umgang mit den chinesischen Handelskarawanen und den durchreisenden Gästen aus China. Dies mag der tiefere Grund dafür gewesen sein, dass er den Meister des Gesetzes mit erlesener Höflichkeit willkommen hieß. Doch seine Herzlichkeit rührte auch daher, dass er ein großer Verehrer des Buddha war und von seinen gelehrten Mönchen in Khotan, das fast hundert Klöster und Tausende von Mönchen hatte, über die Bedeutung des chinesischen Reisenden längst unterrichtet worden war.

*

Als Xuanzang auf die Oase zuritt, kam ihm der König persönlich entgegen, begleitet von zahlreichen Mönchen und Gelehrten; und als ein Kenner der buddhistischen Tradition wusste er wohl, wie man einem hochgelehrten Mönch wie Xuanzang die Referenz erwies: Ein von vier hochrangigen Ministern getragener Baldachin, wie er sonst nur Königen zustand, war zu seinem Empfang bereit. In Indien war das Vorrecht, den Elefanten als Reittier zu benützen, das Zeichen königlicher Würde und höchster Gelehrsamkeit. Die Auszeichnungen und Vorrechte waren also nicht bloß Ausdruck von Höflichkeit und Gastfreundschaft, sondern sie gaben auch Auskunft über den Stand der Gelehrsamkeit eines buddhistischen Mönches, und es gehörte zum Feingefühl des Gastgebers, seinen Gast mit der genau angemessenen Zuvorkommenheit zu beehren, ein Zuviel oder ein Zuwenig wäre in gleicher Weise peinlich und ungehörig gewesen.

Xuanzang wusste aufgrund der vielen Begegnungen auf seiner langen Reise in Indien wohl um die feinen Nuancen, mit denen der Grad buddhistischer Gelehrsamkeit zum Ausdruck gebracht wurde. Und der feine Hinweis in seinem Brief an den Kaiser von China, dass er leider sein Reittier, den Elefanten, verloren habe, sollte dem Kaiser indirekt bedeuten, welche höchste Achtung und Verehrung er als Meister der Heiligen Schriften im Westen erfahren hatte – sofern der Kaiser diesen Wink verstand.

Selbst in den buddhistischen Klöstern gaben Privilegien Auskunft über den Stand der Gelehrsamkeit des Mönchs. Beherrschte ein Mönch bloß einen einzigen Text der Heiligen Schriften, sei es das Vinaya oder den Abhidharma, beides Teile des Tripitaka, wurde er befreit von klösterlichen Verwaltungspflichten; beherrschte er zwei Texte, wurde ihm ein besseres Zimmer zugewiesen. Bei drei Texten erhielt er einen Assistenten, bei vier Texten erhielt er zusätzlich Laienhelfer als Auszeichnung. Beherrschte er gar fünf Lehrtexte, durfte er auf Elefanten reiten und Reisewagen benützen. Bei sechs Texten schließlich hatte er Anrecht auf eine Eskorte und eine Garde, die vor und hinter ihm in einer Prozession einhergingen. Es waren diese Vorrechte zu dieser Zeit ein Teil religiöser Etikette, die ein wahrhaft Gelehrter und Weiser jedoch niemals persönlich nahm. Wie könnte er auch, wo er doch aus tiefster Einsicht und Erfahrung wusste, dass es diese Person, der die Ehre erwiesen wurde, letztlich nicht gab und dass ihr Ich eine bloße Illusion war.

Der überaus herzliche Empfang durch den König und die Annehmlichkeiten der fruchtbaren und mit Reichtum gesegneten Oase machten es Xuanzang nicht schwer, hier auf die versprochenen Kopien der verlorenen Manuskripte zu warten und vor allem von hier aus, einem mit China befreundeten Königshaus, den Brief an den Kaiser Taizong zu schreiben.

Obwohl Xuanzang ein Anhänger des Großen Fahrzeuges war, logierte er in einem Kloster des Kleinen Fahrzeuges, denn von ihm wurde gesagt, es sei das erste und somit älteste Kloster der Stadt, erbaut noch zur Zeit des großen Königs Ashoka, und zwar von jenen Leuten und deren Angehörigen, die Ashoka einst aus Taxila auweisen ließ, weil sie seinen Sohn Kunala so grausam geblendet hatten. Sie hatten den Buddhismus nach Khotan gebracht und die indische Schrift. Und noch immer war Sanskrit die Sprache der Literatur und der religiösen Schriften. So fühlte sich Xuanzang hier, obwohl schon in Chinas Nähe, mit Indien eng verbunden. Das Klima war trotz häufiger und heftiger Wirbelwinde und Sandstürme angenehm. Und angenehm waren auch die Menschen, freundlich und arbeitsam; ihr Wohlstand erlaubte ein heiteres Leben mit Musik und Tanz und Gesang.

Die Mehrheit kleidete sich in Seide, und nur wenige trugen

wollenes Kleiderzeug. Der Luxus und das reiche Angebot für ein vergnügliches Leben, die Schönheit der Frauen und ihre Lust zu tanzen, blieben auch dem Mönch nicht verborgen. Und wenn er nachts im Schein des vollen Mondes zum Fluss unterwegs war, konnte er die jungen Leute der Stadt beobachten, wie sie nach jenen Stellen im Fluss suchten, die im Widerschein des Mondes am hellsten leuchteten, denn dort fanden sie die schönste Jade. Deshalb sagte man in China, die Jade aus Khotan sei kristallisiertes Mondlicht.

Xuanzang fühlte sich also behaglich in Khotan, er schätzte den Sinn für Gerechtigkeit dieser Menschen, ihre Ehrlichkeit, die redliche Art und das Bemühen, die Riten sorgfältig zu befolgen. Und was ihn besonders freute: Nebst Tanz und Musik liebten sie auch das Studium der Schriften.

Doch was ihn überraschte und womit er nicht gerechnet hatte, war die überaus intensive Seidenproduktion. Bislang hatte er geglaubt, dass nur China um das Geheimnis der Seidenherstellung wusste und sein Land sozusagen das Monopol auf diesen wahrhaft königlichen Stoff hatte. Hier in Khotan aber sah er zahlreiche Haine mit Maulbeerbäumen, die das notwendige Futter für die Seidenraupen lieferten, und nach einiger Zeit zeigte man ihm auch die Stämme uralter Maulbeerbäume, die fast andächtig verehrt wurden, denn sie gehörten, so hieß es, zu den ersten Anpflanzungen in Khotan.

*

Es war am anderen Tag, nachdem er seinen Brief an den Kaiser Taizong geschrieben und ihn Ma-Huan-Chi aus Turfan übergeben hatte, als er wieder zu einer Audienz beim König geladen war. Obwohl die Stadt Khotan es gewohnt war, dass Fremde aus verschiedenen Ländern, meist Händler und Kaufleute, sich auf dem Markt und in den Gaststätten und Straßen aufhielten, war es für die Bewohner dennoch jedes Mal ein kleines Ereignis, wenn sich Xuanzang in der Öffentlichkeit zeigte und unterwegs war, um ein Kloster oder buddhistische Heiligtümer der Umgebung zu besichtigen. Denn immer war er umgeben von mehreren Mönchen, die ihm zu Diensten standen und seinem Ansehen entsprechend die Referenz erwiesen. Für längere Strecken stand ihm ein kostbar gesatteltes Reitpferd zur Verfügung, das von einem Bereiter am Zügel geführt wurde.

Doch ob zu Pferd oder zu Fuß, immer hielt ein Diener einen großen, goldbestickten Schirm schützend über das Haupt des Meisters, nicht nur als Schutz vor der Sonne oder schlechter Witterung, sondern auch als Zeichen höchster Würde und Gelehrsamkeit. Ein weiterer Diener schritt vor ihm mit einer kleinen Glocke in der Hand, die in regelmäßigen Abständen mit einem metallenen kleinen Stab angeschlagen wurde und mit hellem Klang auf den Meister aufmerksam machte. Andere Diener trugen Räucherzeug in kleinen eisernen Töpfen, und auf längeren Ausflügen waren auch Wasserbeutel und Nahrung mit dabei. Héng-Li, der Sekretär des Meisters, hatte immer Schreibzeug und genügend Papier bei sich, denn der Meister pflegte alles, was er beobachtete oder was ihm mitgeteilt wurde, peinlich genau selbst aufzuschreiben oder seinem Sekretär zu diktieren. Inzwischen waren es Tausende von Seiten, die er sorgfältig geordnet in seiner Reisetruhe verwahrt hatte.

Heute also schritt die Gruppe zum Palast. Unterwegs sahen sie Scharen von Frauen im Schatten der Maulbeerbäume die Seide verspinnen oder an Teppichen weben, für deren erlesene Qualität und Pracht Khotan berühmt war. Der bald bevorstehende Frühlingsvollmond trieb die Männer auf die Felder außerhalb der Stadt, denn es galt als erwiesen, dass besser wuchs, was kurz vor der Mondwende gepflanzt wurde. Vor dem

Haupttor des Palastes stand die Leibgarde des Königs bereit, sie hatte den Auftrag, den hohen Gast und seinen Sekretär zu empfangen und in die Privaträume des Königs zu führen.

Xuanzang und Héng-Li durchschritten die weiten Gärten des Vorhofes, wo bereits die ersten Frühlingsblumen blühten. Gärtner schnitten kleine Bäume in kunstvolle Formen. In der großen Audienzhalle wurden kostbare Teppiche und seidene Kissen ausgelegt. Offenbar stand ein Empfang zahlreicher Gäste bevor. Die Garde führte die beiden durch kleinere Höfe, entlang bemalter Mauern, bis sie schließlich in jenem Bereich des Palastes anlangten, wo der König seine privaten Gäste zu begrüßen pflegte. Es war ein kleiner, fast intimer Raum, dessen bunt bemalte Holzdecke von zierlichen roten Holzsäulen getragen wurde. Drei der Wände wiesen Malereien auf, bunte Blumen, Vögel und Getier aller Art, während die vierte Seite des Raumes den Blick auf einen Garten freigab, in dessen Mitte ein Teich angelegt war. In mehreren goldenen Käfigen zwitscherten kleine Vögel, die ununterbrochen von einer Stange zur nächsten hüpften und wieder zurück, als ob sie ihre Freude über den außergewöhnlichen Besuch verkünden wollten. Nah an der geöffneten Türe zum Garten standen die Stühle, und auf den Beitischchen waren schon der Tee bereit und das süße Honiggebäck, eine Spezialität der Stadt.

Der König ging seinem Gast entgegen, streckte ihm wie einem Freund beide Hände entgegen und verneigte sich vor dem Meister in großer Ehrerbietung. Er war erfreut und wusste, dass er interessante und höchst unterhaltsame Stunden vor sich hatte, denn Xuanzang war ein begabter Erzähler.

Nach dieser kurzen Begrüßung gab der König ein Handzeichen, und sogleich öffnete sich eine Tür, und eine Schar der schönsten Frauen betrat das Audienzzimmer. Es waren nebst der königlichen Gemahlin die Töchter des Herrschers und deren

Zofen. Sie sollten mit ihrer Anmut den erlesenen Gast erfreuen, und außerdem war es das Bestreben des Königs, den Frauen Bildung und Welterfahrung zu vermitteln, was sie, nebst ihrer hohen Stellung, von allen übrigen Frauen des Landes abhob und ihnen Ansehen und Achtung einbrachte. Die Königin verneigte sich mit zusammengelegten Händen vor dem Gast, während die jungen Töchter in gemessenem Abstand sich nur verneigten und auf die am Boden ausgelegten seidenen Kissen setzten, sobald der König ein Zeichen dazu gab. Auch Héng-Li wies er ein Kissen zu.

Der König und Xuanzang nahmen auf zwei Stühlen Platz, die beide genau gleich aussahen, eine höchst ungewöhnliche Auszeichnung, und der König hätte nicht feiner seine Ehrerbietung für den chinesischen Gast und Gelehrten zum Ausdruck bringen können.

«Es ist mir eine besondere und hohe Ehre, Euch, großer Meister des Gesetzes, heute im Kreise meiner Gemahlin und unserer Töchter zu empfangen. So viel schon hatten sie von Eurem Ruhm gehört, dass sie mit Ungeduld dem Tag entgegensahen, wo wir uns zu einem weiteren Gespräch treffen würden. Und jetzt ist dieser Tag, und er fällt fast auf jenen Tag, an dem unser Sohn vor elf Jahren in die Kaiserliche Garde in Chang'an eingetreten ist.»

«Ihr habt einen Sohn in China?», fragte Xuanzang erstaunt und etwas überrascht.

«So ist es», antwortete der König, «es war eine politische Entscheidung und kein Herzenswunsch, weder von meinem Sohn noch vonseiten seiner Eltern. Ihr habt gewiss, obwohl Ihr Euch bald fünfzehn Jahre fern von der Heimat aufgehalten habt, davon gehört, dass der junge Kaiser Taizong schon kurz nach der Thronbesteigung mit Konsequenz und strategischer Klugheit seine Interessen an den Gebieten der nördlichen und südlichen Handelsstraße anmeldete. Die Turk-Khane waren höchst beunruhigt, als das Königreich von Turfan ein Protektorat von China wurde.»

«Ich bin darüber unterrichtet. Dem letzten souveränen König von Turfan, dem ich zu allerhöchstem Dank verpflichtet bin, hatte ich versprochen, auf meiner Rückreise wiederum die nördliche Handelsstraße zu nehmen. Doch als ich vom Tod des Königs und der chinesischen Herrschaft erfuhr, entschloss ich mich, auf der südlichen Route nach China zurückzukehren.»

«Diese südliche Handelsstraße entlang der Taklamakan, der ‹Wüste ohne Wiederkehr›, wie sie auch genannt wird, ist beschwerlicher und zudem gefährlicher als die nördliche Route, doch dafür ist sie bis heute noch nicht unter der vollständigen Kontrolle des Kaisers. Aber es ist leicht abzusehen, dass eine längerfristige Strategie das vorsieht. Um den Kaiser versöhnlich zu stimmen und ihn unserer Freundschaft zu versichern, habe ich eine hochrangige Gesandtschaft mit reichen Geschenken an den Hof von Chang'an geschickt, wo die hohe Qualität unserer Seide und Teppiche neidvolles Erstaunen hervorrief. So viel Gleichwertigkeit hatte man nicht erwartet. Umso mehr werden wir jetzt als echte Konkurrenz zum chinesischen Seidenhandel wahrgenommen. Und sollten wir Schwäche zeigen oder gar Feindschaft, könnte eine feindliche Aggression in absehbarer Zeit möglich sein. Noch verkaufen wir unsere Jade nach China, doch als Protektorat Chinas müssten wir sie wohl als Tributzahlung abliefern, was zum Niedergang unseres noch blühenden Staates führen könnte. Um dies zu verhindern oder doch so weit als möglich hinauszuzögern, trat unser Sohn drei Jahre später in die Kaiserliche Garde in Chang'an ein. Ich wollte ein Ohr am Hof des Kaisers haben.»

«Was dem Kaiser sehr wohl bewusst sein wird», bemerkte Xuanzang fein, «doch seine Klugheit wird ihn davon abhalten, angebotene Freundschaft abzuweisen. Und dennoch, Macht kennt keine Rücksicht, politische und wirtschaftliche Interessen sind erstes Gebot eines mächtigen Staates, zwar ethisch verwerflich, doch stärker als alles andere. Ich war allerdings überrascht, hier in Khotan eine derart blühende Seidenindustrie vorzufinden. Die meisten Menschen sind in Seide gekleidet, selbst Teppiche knüpft man aus Seide, überall verspinnen Frauen die rohe Seide im Schatten der Maulbeerbäume. Ich dachte, dass mein Land die Herstellung von Seide wie ein Staatsgeheimnis hüten würde, um nicht das Handelsmonopol zu verlieren.»

«Es war tatsächlich ein Geheimnis, das der Staat eifersüchtig und über Jahrhunderte zu hüten vermochte. Als einer der Könige von Khotan eine Delegation nach China schickte mit dem Auftrag, die Seidenraupe ins Land zu bringen, kehrten sie mit leeren Händen zurück. Der Kaiser verbot nicht nur die Ausfuhr der Seidenraupe, sondern auch der Samen des Maulbeerbaumes. Später dann und zur Zeit, als die Könige von Khotan dem chinesischen Kaiser fast ebenbürtig waren an Macht und Einfluss und die beiden Herrscherhäuser eine lebendige Freundschaft verband, warb ein König von Khotan um eine Prinzessin vom Hof in China.

Der Kaiser, hochbeglückt und berührt vom nachbarlichen Antrag, willigte freudig ein. Darauf gab der ebenso schlaue wie kluge König von Khotan seinem Gesandten, der die Prinzessin von China nach Khotan zu begleiten hatte, eine nur für die Prinzessin bestimmte Botschaft mit. Er hatte ihr vertraulich mitzuteilen, dass es in Khotan weder Seide noch irgendwelche Kleider und Stoffe aus Seide gebe. Sie würde demnach am besten die Seidenraupen und Samen des Maulbeerbaumes gleich selbst mitbringen, um für sich seidene Roben fertigen zu können.

Als die Prinzessin diese für sie betrübliche Neuigkeit hörte und da sie um das Ausfuhrverbot von Samen und Raupen wusste, griff sie zu einer List. Heimlich beschaffte sie sich Samen des Maulbeerbaumes und Eier der Seidenraupen. Und am Tag ihrer Abreise, nachdem eine Friseurin des Palastes in stundenlanger Arbeit ihr das Haar aufgesteckt, gerichtet und dressiert hatte, verbarg sie Samen und Raupeneier im kunstvollen Gesteck ihrer schwarzen Haarpracht. An der Grenze zu Khotan wurde ihr Brautgut von chinesischen Zöllnern auf das Peinlichste kontrolliert, doch keinem fiel es ein, oder sie wagten es nicht, ihren Haarschmuck einer Prüfung zu unterziehen. Dann zog sie mit großem Pomp und Gepränge in den Palast von Khotan ein. Und hier erst nahm sie die versteckten Eier und Samen aus ihrem Haar und weihte die Menschen in die Kunst der Seidenherstellung ein. So kam die Seide nach Khotan. Selbstverständlich verkaufen wir sie nicht nach China, sondern in den Westen, in das ferne Reich Byzanz am Bosporus.»

Jetzt fragte der König, ob die Gäste aus China die wunderbare und weit herum berühmte Statue aus Sandelholz in Pima gesehen hätten, die ursprünglich aus Indien stamme und vom König von Kausambi noch zu Lebzeiten des Buddha in Auftrag gegeben worden sei.

«Wir haben diese Statue gesehen», antwortete Xuanzang, «doch niemand konnte uns sagen, wie sie hierher gelangte.»

«Man sagt, sie und andere Statuen auch seien durch die Luft gebracht worden. Ein Pilger habe sie tagsüber durch die Luft getragen, und die Statue habe des Nachts den Pilger ebenfalls durch die Luft getragen. Doch ich habe gehört, dass unsere Statue nicht die einzige Statue aus Sandelholz sei und es in Indien, im Westen also, noch weitere dieser Art gebe. Könnt ihr das bestätigen?»

«So ist es. Denn ich habe Kausambi besucht und dort das Original gesehen, jene Statue somit, von der eure Sandelholzstatue in Pima ein Abbild ist.»

«Fertigte man die Kopien wegen ihrer Schönheit an, oder gab es andere Gründe?», fragte der König.

«Die Statue in Kausambi bewirkte viele Wunder und Heilungen, seit es sie gibt, doch keine Kraft konnte sie von ihrem Platz bewegen, damit sie vielleicht anderswo hätte wundertätig wirken können. Deshalb wurden möglichst genaue Kopien hergestellt in der Hoffnung, dass sie auch so wirken würden. Man sagt, die Statue sei für König Udayana zu jener Zeit angefertigt worden, als Buddha sich im Himmel aufhielt, um dort für seine Mutter zu predigen. Der König hatte einen von Buddhas Jüngern beauftragt, mit seinen geistigen Kräften einen Künstler in den Himmel zu führen, um dort die genauen Körpermerkmale des Buddha zu erforschen und danach eine Statue aus Sandelholz zu schnitzen. Der Holzschnitzer machte alles so, wie es von ihm verlangt wurde, und als Buddha, der Erwachte, vom Himmel wieder auf die Erde herabstieg, wurde er von seinem Ebenbilde begrüßt. ‹Deine Arbeit›, sagte er zum Schnitzer, ‹soll der Religion in künftigen Zeitaltern den Weg weisen.› Von dieser berühmtesten aller Darstellungen des Buddha ließ ich eine zweieinhalb Fuß große Kopie herstellen. Sie steht auf einem goldglänzenden Sockel, und ich hoffe inständig, dass sie mein Heimatland erreichen werde, denn sie gehört nebst den Handschriften zu den größten Kostbarkeiten meiner aus Indien mitgebrachten Schätze. Ihr müsst wissen, mein König, dass die Udayana-Statue die berühmteste aller Darstellungen des Buddha ist.»

«Ihr sagt, verehrter Meister des Gesetzes, dass Ihr Kausambi besucht habt. Und das ist, wenn ich recht beraten bin, nicht weit entfernt von den Heiligen Stätten des Buddhismus.»

Xuanzang lächelte. «Gemessen an der Strecke des Weges, die ich in Kausambi hinter mir hatte, stimmt, was Ihr sagt. Doch die indische Tiefebene ist unermesslich weit, heiß und trocken.

Von Kausambi aus hatten wir ein großes Stück in nördlicher Richtung zu gehen, hin zu den in die Himmel ragenden Gebirgen des Himalaya, wo im Grenzbereich der indischen Ebene und der aufsteigenden Berge Kapilavastu liegt, wo Buddha aufgewachsen ist, und nicht weit davon entfernt Lumbini, der Ort seiner Geburt. Es ist tatsächlich so, dass wir jetzt, nachdem wir Kausambi verlassen hatten, das Heilige Land der Buddhisten betraten, endlich, nach langen Jahren gefährlicher und oft überaus beschwerlicher Reise.»

*

Kapilavastu

So wird es berichtet:
Nach dem Tod seiner Mutter Maya in Kapilavastu, eine Woche nach der Geburt ihres Sohnes in Lumbini, wurde Siddhartha Gautama, von seiner Tante Mahaprajapati, der Schwester der Maya, die als Zweitfrau ebenfalls mit dem Vater des Kindes, dem Raja Suddhodana Gautama verheiratet war, in Pflege genommen und großgezogen. Nach der Sitte der Shakya wurde er im Tempel der Schutzgöttin Abhaya dargebracht. Sein Vater gab dem kleinen Prinzen den Namen Siddhartha, was ‹vollkommene Erfüllung› bedeutet. Der Astrologe und Seher Asita erstellte ein Horoskop, und die Brahmanen suchten seinen Körper nach zweiunddreißig Haupt- und achtzig Nebenzeichen eines großen Mannes ab.

Alle Zeichen sprachen dafür, dass der Prinz für das Leben eines Weltenherrschers oder eines Buddha, eines Erwachten, auserwählt sei. In Kapilavastu verbrachte Prinz Siddhartha seine Kinder-, Jünglings- und die frühen Mannesjahre. Er heiratete mit sechzehn Jahren Gopa aus dem Klan der Shakya. Nach der Hochzeit bemühte sich der König, dem Prinzen alle Annehmlichkeiten zu bieten und gleichzeitig alles Leid von ihm fernzuhalten. So hoffte er, ihn von der Möglichkeit der Weltentsagung abzuhalten. Doch auf seinen Ausfahrten begegnete Siddhartha Alter, Krankheit, Tod und schließlich auch einem Bettelmönch. Der Palast wurde ihm zunehmend zum Gefängnis. Als Siddhartha neunundzwanzig Jahre alt war, kam sein Sohn zur Welt, dem er den Namen Rahula gab, was ‹Fessel› bedeutet. Unmittelbar nach Rahulas Geburt verließ er, des häuslichen Lebens überdrüssig, heimlich Familie und Heimatstadt und suchte als Wanderbettler den Weg zur Erlösung. Zur Bekräftigung seines Entschlusses schnitt er sich sein langes Haar ab, das als Zeichen galt für seine königliche Würde.

*

«Und was habt Ihr, Meister des Gesetzes, in Kapilavastu vorgefunden?», fragte der König von Khotan.

«Es sind jetzt gegen tausend Jahre her oder mehr, seit Siddhartha Gautama dort im Palast seines königlichen Vaters aufgewachsen ist», antwortete Xuanzang, «und was wir sahen, waren bloß noch Ruinen, Überreste von einst wohl hohen Mauern. Die Stätte ist verwaist und leer. Auch die umliegenden Dörfer sind nicht mehr bewohnt. Selbst die Stupas sind am Verfallen und die Klöster verlassen. Und dennoch ist deutlich sichtbar, dass einst ein reges religiöses Leben an diesem Ort geherrscht hatte, denn wir haben in der Gegend zahlreiche Klosterruinen gezählt. Im Palast selbst ist über den Resten der königlichen Räume ein Kloster errichtet worden, wo noch eine Statue des Königs Suddhodana zu sehen ist. Und unweit davon entfernt steht auf den Fundamenten des ehemaligen Schlafgemachs der Königin Mahamaya ebenfalls ein Kloster mit einer Statue von Buddhas Mutter. In nordöstlicher Richtung und etwas vom Palast entfernt steht ein Stupa an jener Stelle, wo einst der Seher

Asita die Zukunft des jungen Prinzen gedeutet hatte. Im Süden erinnert ein weiterer Stupa an den Ort, wo Buddha nach langen Jahren mit seinem alten Vater zusammengetroffen war und eine Lehrrede hielt, nachdem er als Erwachter erstmals wieder seine Heimatstadt besuchte. Ein weiterer Stupa birgt einen Teil der Asche des Buddha. Davor steht eine fast zehn Meter hohe Säule, aufgestellt von König Ashoka vor über siebenhundert Jahren. Sie trägt einen kunstvoll gearbeiteten Löwen, dessen Augen jedoch leer sind. Die einst dort eingesetzten Diamanten sind längst von Dieben gestohlen worden. Daneben steht auf einer Tafel der Bericht über das Sterben des Buddha, ebenfalls von Ashoka hier zur Erinnerung errichtet.»

«Und alle dieses Stupas und Klöster stammen aus der Zeit meines königlichen Bruders Ashoka?», fragte der König von Khotan.

«Das lässt sich nicht mit Gewissheit sagen. Sicher sind nur die Inschriften und die Säule mit dem Löwenkapitell von ihm selbst errichtet, denn sie sind mit Ashokas Namen gezeichnet. Die vielen übrigen Stupas können höchstens auf Grund ihrer Form einigermaßen zeitlich festgelegt werden. Tatsächlich sehen sie fast alle gleich aus: wie eine umgekehrt auf die Erde gelegte Reisschale. Darauf erhebt sich ein quadratisches, würfelartiges Gebilde, das einen dreifachen oder oft auch siebenfachen Schirm trägt, der sich nach oben hin verjüngt. Ich denke, dass diese Schirme einst vergoldet waren und die Stupas in ihrem blendenden Weiß in der Sonne glänzten. Überall stehen in der Umgebung von Kapilavastu größere oder kleinere Stupas, die an irgendein Ereignis aus der Jugendzeit des Prinzen Siddhartha oder des späteren Buddha erinnern sollen: der Ort, wo er sportliche Wettkämpfe austrug, wo er mit Pfeil und Bogen schoss oder dann bei seiner Rückkehr acht Königssöhne und fünfhundert Männer aus dem

Stamm der Shakya in die Gemeinschaft der Mönche aufnahm. Ein weiterer Stupa erinnert an den Ort, wo der Erwachte von seiner Tante Mahaprajapati, der ersten Vorsteherin des später von ihm begründeten Nonnenordens, ein mit Gold besticktes Tuch erhalten hatte.»

«Diese vielen Klöster und Stupas müssen in der Tat einen erhabenen Eindruck auf Euch gemacht haben.»

«Leider ist dem nicht so. Alles war verfallen, der Ort verlassen und leer, die Gebäude und Stupas mit Gras überwachsen. Überall wucherten Bäume, Pflanzen, und Lianen drangen in die Räume und offenen Türen. Es überkam uns ein tiefer Schmerz als wir hier die einst große Pracht in Ruinen und verrottet vor uns sahen.»

Xuanzang bemerkte, als er dies sagte, dass sich die Augen der Königin von Khotan mit Tränen füllten. Auch die anwesenden Töchter und deren Zofen konnten ihre Betrübnis nicht verbergen. Der König jedoch verbarg seine innere Bewegung, indem er hastig zu seiner Tasse griff und mit spitzem Mund vom grünen Tee trank. Dann stieß er schließlich einen tiefen Seufzer aus und fragte Xuanzang, ob vielleicht nicht auch Khotan, der prächtigen Hauptstadt seines jetzt so wohlgeordneten und reichen Landes, nach über hundert und hundert Jahren das gleiche Schicksal zustoßen könnte.

«Das ist nicht auszuschließen», erwiderte der Meister des Gesetzes, «Eure Majestät möge die letzten Worte des Erwachten bedenken, die er zu seinen Mönchen auf dem Sterbebett sprach: ‹Alle Dinge sind unbeständig. Strebt unentwegt weiter, und seid achtsam.› Und so sollen auch wir uns verhalten, achtsam sein und das Gegenwärtige so nehmen, wie es ist. Und wenn es sich verändert, auch dieses neue Gegenwärtige so nehmen, wie es ist. Nichts ist beständig, nur der Wandel der Dinge ist unentwegt da. Ich habe von den letzten Worten des Buddha gesprochen, und der Ort seines Parinirvana ist, immer verglichen mit der Wegstrecke, die ich bereits hinter mir hatte, nicht weit vom Ort seiner Jugendjahre in Kapilavastu entfernt. Doch dazwischen liegt Lumbini, wo Königin Maya ihm vor über tausend Jahren das Leben schenkte.»

*

Lumbini

So wird es berichtet:
Buddha Gautama ist nicht im Hause seines Vaters geboren worden. Hochschwanger hatte sich seine Mutter Maya von Kapilavastu aus auf die Reise begeben, um ihr Kind mit dem Beistand ihrer Mutter in Devadaha zu gebären. Doch sie war zu spät aufgebrochen. Schon auf dem Weg kam der kleine Prinz Siddhartha Gautama siebenundsiebzig li[1] östlich von Kapilavastu in Lumbini zur Welt. Die Königin hat ihn unter einem Sala-Baum, wobei sie nach einem der Äste griff, stehend geboren. Er trat aus ihrer rechten Seite aus, ohne sie zu verletzen. Die erschöpfte Maya und das Neugeborene wurden nach Kapilavastu gebracht, wo Königin Maya sieben Tage später verschied.

*

«Es wird euch betrüben zu hören, dass auch Lumbini, dieser heilige Ort, wo unser erhabener Lehrer und Meister das Licht der Welt erblickte, heute ein verlassener und einsamer Ort ist. Wie in Kapilavastu gleicht die Gegend eher einem Dschungel. Was aber noch zu sehen ist unter Gestrüpp und Dornen und Lianen, zeugt davon, dass die Stätte einst bewohnt und ein

---
[1] rund 25 Kilometer

wichtiger Ort der Verehrung war. Denn auch hier hat König Ashoka bei seinem Besuch eine Säule errichten lassen, die noch heute steht, allerdings ziemlich beschädigt. Ihr Kapitell war nicht ein Löwe, sondern ein Pferd, das wir am Boden neben der Säule liegend vorfanden. Die Säule steht nicht weit entfernt von dem deutlich erkennbaren Teich, in dem Mahamaya den kleinen Prinzen gebadet hatte. Man hat uns erzählt, das sei einst ein Vorratsbecken mit reinem Öl gewesen, das von den Göttern für die Mutter Buddhas geschaffen worden sei, später jedoch wurde das Öl zu einem Wasserstrom, der seinen öligen Gehalt noch immer nicht verloren hat. An der Gedenksäule, die Euer großer königlicher Bruder Ashoka einst errichtet hat, ließ er eine Inschrift anbringen, die noch deutlich lesbar ist. Vielleicht kann mein Sekretär Héng-Li vortragen, was König Ashoka uns so überliefert hat.»

Mit einer leisen Geste forderte Xuanzang seinen Gefährten auf, den Text zu rezitieren. Héng-Li war über diese Aufforderung keineswegs überrascht, denn er war es gewohnt, verschiedensten Zuhörern anstelle des Meisters Inschriften und Textdokumente vorzutragen. Wie Meister Xuanzang verfügte auch er über ein hervorragendes Gedächtnis. Héng-Li setzte sich in aufrechte Position, verschränkte seine Hände ineinander, schloss die Augen und rezitierte nach einigen Augenblicken der Sammlung den Text des Säulenediktes von König Ashoka in Lumbini:

Zwanzig Jahre nach seiner Weihe kam König Devanapiya Piyadasi hierher und bezeigte seine Verehrung, weil der Buddha, der Weise aus dem Shakya-Geschlecht, hier geboren worden ist. Er ließ ein Steinrelief anfertigen und eine Säule errichten, um anzuzeigen, dass hier der Erhabene geboren wurde. Das Dorf Lumbini befreite er von Steuern und setzte seine Naturalabgaben auf ein Achtel fest.»

«Ich danke dir, Héng-Li», brach Xuanzang das Schweigen, das nach dessen Rezitation des Ediktes im Raum herrschte, und zum König gewandt sagte er: «Wie nahe doch Geburt und Tod beieinander liegen! Denn nachdem wir Lumbini, dem Ort der Geburt des Erwachten unsere Ehrerbietung erwiesen hatten, machten wir uns auf den Weg nach Kushinagara, dem Ort des Parinirvana, des Großen Verlöschens. Auch diese Weiterreise war nicht ohne Gefahren, durchwanderten wir doch ein Gebiet mit zahlreichen wilden Ochsen, Elefanten und räuberischen Banditen.»

*

Kushinagara

So wird es berichtet:
Am Ende der Regenzeit machte sich der achtzigjährige Buddha in Begleitung von Ananda und anderen Mönchen wieder auf die Wanderung. Als sie nach Papa kamen, wurden sie von Cunda, einem Goldschmied und Besitzer einer Mangoplantage, zum Essen eingeladen. Zu Ehren des Erwachten wurde ein köstliches Stück vom Wildschwein aufgetragen, was die Beschwerden erneut zu wecken schien, unter denen der Buddha seit einiger Zeit litt. Der greise Meister erkrankte an einer Darmentzündung und erlitt heftige Koliken. In kleinen Etappen schleppte er sich bis Kushinagara, wo ihm Ananda in einem Wäldchen von in Blüte stehenden Sala-Bäumen ein Lager bereitete. Der Erhabene wusste, dass er sich von dieser Stelle nicht mehr erheben würde, und wies Ananda an, sich über seine Beisetzung keine Gedanken zu machen. Bevor er in der übernächsten Nacht verstarb, erinnerte er die Mönche nochmals daran, dass kein Lehrer seine Nachfolge übernehmen solle. Er habe ihnen die ganze Lehre offenbart und es gebe keine Geheimnisse. Die

Lehre und die Ordensregeln seien von nun an ihre Richtschnur. Der Erhabene gab den Mönchen eine letzte Möglichkeit, ihm Fragen zu stellen. Als alle schwiegen, ermahnte er sie so: «Ihr Mönche, ich beschwöre euch: Alle Dinge sind unbeständig. Strebt unentwegt weiter, und seid achtsam.» Dann legte er sich auf die rechte Seite, mit dem Kopfende nach Norden und mit dem Gesicht nach Westen gewandt, in Löwenlage ruhend. Alsbald entschlief Siddhartha Gautama, der Buddha, und ging ins vollkommene Verlöschen ein.

Eine Woche nach dem Parinirwana wurde der Leichnam eingeäschert. Mahakassapa, der alte Freund des Erhabenen, entfachte den Holzstoß. Die Knochen- und Aschenreste wurden in acht Teile aufgeteilt. Sie gingen an die Fürsten Nordindiens und den König von Magadha. Ein Teil erhielt die Familie der Shakiyas in Kapilavastu. Alle Empfänger setzten ihren Anteil der Reliquien in ihren Hauptstädten in einem Stupa bei.

*

«Als wir in Kushinagara eintrafen, zeigte sich uns das gleiche Bild wie zuvor in Lumbini und Kapilavastu», fuhr Xuanzang mit seiner Erzählung fort. Es schien, als holten ihn jetzt, nach vielen Jahren, die Empfindungen ein, die er beim Anblick des Ortes hatte, wo das Leben seines Großen Meisters vor über tausend Jahren sein Ende gefunden hatte.

«Auch dieser Ort ist verlassen, wüst und leer. Einzig die Stupas und zwei Säulen, die König Ashoka einst hat errichten lassen, zeugen von den traurigen Vorgängen, die sich hier in Kushinagara ereignet hatten. Ein Stupa steht am Ort, wo Buddha bei Cunda das offenbar verdorbene Fleisch zu sich genommen hatte. Ob er wohl geahnt hatte, dass dies sein letztes Mal sein könnte? Ich weiß es nicht, aber es wird berichtet, dass er schon müde und schwach am Ort angekommen sei. Dort, wo er sich vom guten Ananda ein Ruhelager bereiten ließ, das sein letztes sein sollte, stehen an der Stelle des einstigen Wäldchens vier ungewöhnlich große Sala-Bäume. Mit ihrer grünlichweißen Borke und den stark glänzenden Blättern gleichen sie einer chinesischen Eiche, die wir Ho-Baum nennen. Hier, am Ort seines Großen Ablebens, steht das Haus mit dem gewölbten Dach, in dessen einzigem Raum eine über sechs Meter lange Steinskulptur den Entschlafenen darstellt, den Kopf nach Norden gerichtet, und der Erhabene ist so berührend schön geschaffen, als ruhe er in tiefem Schlaf. Diese Skulptur mit samt dem Tempelhaus ist als einzige in einem recht guten Zustand, doch der Stupa gleich daneben ist, wie alles Übrige, verfallen.

Die von Ashoka errichtete Säule trägt wohl eine Inschrift, aber es fehlt die Angabe des Jahres und des Monats. Es wird überliefert, dass Buddha in seinem achtzigsten Lebensjahr in das Nirwana eingegangen sei. Doch die verschiedenen Schulen geben unterschiedliche Angaben über den Zeitpunkt des Großen Ablebens. Einige sagen, es seien tausendzweihundert Jahre und mehr, andere gar eintausenddreihundert oder über tausendfünfhundert Jahre seither verstrichen. Wiederum andere sagen, es seien bloß neunhundert, aber gewiss nicht eintausend Jahre seit seinem Tode vergangen.

Drei weitere Stupas, auch sie ziemlich verfallen und verwahrlost, stehen an jenen Orten, die nach dem Ableben des Großen Meisters Bedeutung erlangten: Da ist der Platz, wo er in den Sarg gelegt wurde. Der Platz der Einäscherung jenseits des Flusses Khanua, nicht weit entfernt, wird durch eine Säuleninschrift Ashokas belegt, die in der Nähe des Einäscherungsstupas steht. Hier ist die Erde schwärzlichgelb, also ein Gemisch von Erde und Kohle. Wer mit tiefem Glauben hier sucht und betet, ist sicher, noch Überreste des Erhabenen, des Tathagata, zu finden. Der dritte Stupa schließlich steht dort, wo die Asche verteilt wurde. Es wird berichtet, dass Indra einen Anteil für die Götter reklamierte, und auch die Drachenkönige forderten ihren Teil. Daher teilte der Brahmane die Asche in drei Teile: einen für die Götter, einen für die Drachenkönige, und der dritte Teil für die Könige wurde in acht kleinere Teile aufgeteilt, einen für die Familie der Shakya, einen für den König von Magadha und die sechs restlichen Anteile für die Könige Nordindiens. Nachdem wir vor allen Stupas und vor dem Bildnis des Entschlafenen unsere Verehrung entgegengebracht hatten, begaben wir uns durch gewaltige Wälder in Richtung Südwesten nach Varanasi am Ganges.»

*

Xuanzang schwieg lange. Die Wahrheit von Buddhas letzten Worten, dass nichts beständig sei, wurde an den Stätten seines Lebens offenkundig. Und wenn diese Wahrheit auch die Lehre des Erwachten beträfe und seine Worte dereinst dem Wandel und gar dem Vergessen anheimfielen? Was dann? Wäre dann nicht seiner langen Reise von China nach Indien und seinem Bemühen, die wahren Worte des Lehrers, die wahre Lehre zu finden, jeglicher Sinn entzogen? Nichts ist beständig! Und dennoch, was trieb ihn, dieser tiefsten Wahrheit des Tathagata ein Bemühen entgegenzusetzen, das auf Beständigkeit und Bewahren setzte? Er wollte der von Buddha erkannten Wahrheit den Boden bereiten und die Wohltat seiner Lehre rein und wahr möglichst vielen verkünden, sodass sie ihr Leben hier auf Erden frei von Leid und voll von Mitgefühl für die Mitmenschen und die Erde erfüllen konnten. Gewiss, er lebte hier und jetzt, zu dieser einfachen Tatsache gab es keine Alternative. Und die Zukunft war, wie die Vergangenheit auch, bloß eine Vorstellung in einem gegenwärtigen

Augenblick. Wirklich ist bloß die Gegenwart. Doch in diesem Jetzt und Hier war er vom Drang nach Erkenntnis getrieben und vom Wunsch, möglichst vielen die Befreiung zu bringen. Denn wenn ein Mensch schon die Gelegenheit hat, zur Welt zu kommen, soll er wissen, dass alles vergänglich und nichts beständig ist, und er soll den Weg kennen, der sein Leiden in der Welt mindern kann. Diese Einsicht konnte er nicht wie einen kostbaren Schatz vor anderen verbergen. Er musste das Juwel der Lehre öffentlich machen und zum Leuchten bringen. Indem Xuanzang so in die Tiefen dachte, stand er wieder auf dem festen Grund, der seinem Leben und seinem Tun Sinn und Inhalt gab. Gewiss, in weite Fernen gedacht, war es wohl so, dass die Menschheit als Ganzes auch vergänglich war und dereinst keine fühlenden und denkenden und leidenden Wesen mehr diese Welt beleben würden. Doch dann wäre auch die Lehre des Buddha nicht mehr vonnöten.

Der König und die Königin, ihre Töchter und deren Zofen sahen wohl, wie Xuanzang in Gedanken versunken dasaß. Doch keiner, auch der König nicht, wagte es, ihn aus seinem Sinnen in die Gegenwart zurückzuholen. Einzig Héng-Li wusste, dass dieses Schweigen etwas verhüllte, was das Herz seines Meisters tief berührte. Es war nicht der Ausdruck für das Erleben der Leere, sondern es war die Verhüllung einer Form des Geistes, die in seinem Inneren auftauchte. Und da es Héng-Li gestattet war, den Meister in die lebendige Gegenwart zurückzurufen, berührte er jetzt mit feiner Hand Xuanzangs Arm.

«Meister, es ist Zeit, bald ruft der Gong zum Sitzen.»

«Danke, Héng-Li. Nichts ist beständig. Selbst die Existenz der Menschheit ist nur ein Wimpernschlag in der Abfolge der Erscheinungen. Alles vergeht.» Und zum König gewandt sagte er: «Erhabener Fürst, die mönchischen Pflichten rufen uns zurück ins Kloster. Es ist die Zeit der Versenkung und des stillen Sitzens. Wir danken für Euer offenes Ohr und die große Gastfreundschaft.»

«Es ist uns eine große Ehre, den Meister des Gesetzes in unserer Stadt Khotan zu wissen. Doch gewährt mir, bevor Ihr unser bescheidenes Haus verlässt, eine Bitte: Wir wissen, dass Ihr auf die Abschrift von verlorenen Manuskripten wartet, die Euch der König von Kapisa versprochen hat. Es wäre für uns eine Ehre und wohl im Sinne des Erwachten, wenn Ihr im Tempel unserer Stadt den Gläubigen die Gesetze der Lehre erläutern könntet, bevor Ihr Euch nach Eintreffen der Kopien auf den Weg nach China begebt.»

«Das werde ich tun. Mein Wissen und meine Kenntnisse verpflichten mich dazu. Es wird mir eine große Ehre sein.»

5
Lehrrede und weitere Audienz beim König

Es war wenige Tage vor dem Frühlingsvollmond, als Ma-Huan-Chi einen Boten zu Héng-Li schickte mit der Bitte um eine Unterredung mit dem Meister des Gesetzes. Er wollte Xuanzang über die bevorstehende Abreise nach Chang'an unterrichten und ihn um seinen Segen für die nicht ungefährliche Reise bitten. Seit Tagen waren seine Helfer von morgens bis abends damit beschäftigt, die Waren in sanddichte Kisten zu verpacken. Selbst die großen Jadeblöcke, die Ma-Huan-Chi auf dem Jade-Markt in Khotan gekauft hatte und von denen er sich in China guten Gewinn erhoffte, mussten sorgfältig verpackt werden. Von einem Händler, der mit seiner Karawane von Kashgar nach Khotan gekommen war, um hier seine Ware den nach China reisenden Händlern anzubieten, hatte Ma-Huan-Chi Gold und Glas gekauft, dazu Koriander, Nelken, Muskat und Kardamom aus Persien und Rohrzucker, Sandelholz und Myrrhe aus Indien, alles begehrte Seltenheiten in China. Einen Tag später bot ihm ein Händler aus Indien den geheimnisvollen grauen Amber an, das Darmsekret des Pottwals, das in China für Drachenspeichel gehalten wurde und ungewöhnlich begehrt war. Leider konnte er diesmal keinen Kampfer finden, auch keine Aloe, die beide für den Begräbniskult gebraucht wurden. Doch Ma-Huan-Chi war durchaus zufrieden mit den erstandenen Waren. Er hatte sie zu einem guten Preis bekommen und konnte sie in den

Handelszentren, die zwischen Khotan und Chang'an lagen, mit reichlich Gewinn verkaufen. Nur die Waren allerbester Qualität wollte er zurückbehalten und erst in Chang'an feilbieten, denn hier wurde für Raritäten fast jeder Preis bezahlt.

Merkwürdigerweise schätzte man in China den Diamanten nicht als Schmuckstück wie etwa in Indien, sondern als Werkstoff zum Schleifen harter Gegenstände. Auch Lapislazuli, der blaue Stein, der ausschließlich aus Afghanistan kam, war selbst mit tiefstem Blau und den wie Gold glänzenden Pyriteinschlüssen nicht als edler Stein begehrt, sondern wurde von den Frauen des Hofes und der wohlhabenden Oberschicht bloß zum Färben der Augenlider und der Augenbrauen benutzt. Mit dem erhofften Erlös wollte er für seine Rückreise dann jene Waren in China einkaufen, die im Westen begehrt waren; nebst der unübertrefflichen Seide waren das verschiedenste Gewürze wie Ingwer, Ginseng, Rhabarber und Brustbeere, Kurkuma, Zimt und Tee, grüner, roter und weißer Tee.

Vor Tagen hatte Ma-Huan-Chi endlich einen Führer verpflichten können, der seine Karawane bis nach Qiemo zu führen wusste und auch dazu bereit war. Da die Führer um ihre Bedeutung für den Handelsweg südlich des Tarimbeckens wussten und zudem erfahrene und zuverlässige Führer eher rar waren, zierten sie sich beim Anheuern, baten um Bedenkzeit, wo es doch eigentlich um nichts anderes ging, als einen möglichst hohen Lohn herauszuschinden. Doch Ma-Huan-Chi kannte die Tricks in diesem Geschäft, und er konnte warten, wusste er doch genau um seinen guten Ruf, da er jeweils nach glücklich erfolgter Ankunft am Ziel großzügig den ausgehandelten Lohn aufbesserte und bei sehr guter Leistung auch mit Geschenken nicht geizte. Mit dem Führer hatte er ausgehandelt, dass er auf seine eigene Rechnung um einen Dolmetscher besorgt war.

Die Lasttiere hatte er bis zur Oase Qiemo angemietet, fünfzehn gesunde zweihöckrige Kamele, die wegen ihres dichten Winterfells für Temperaturunterschiede weniger anfällig waren, und um die zwanzig Pferde. Die Kamele trugen die schwereren Lasten, in diesem Fall die Jade, während die Pferde mit dem übrigen Handelsgut beladen wurden. Auf diesem ersten Teilstück seiner langen Reise nach Chang'an würden sie noch nicht den gefürchteten ‹fließenden Sand› antreffen, der oft über die Weite der Ebenen das Auffinden von Wasserquellen erschwerte.

Der Flugsand sollte erst in der Gegend um Dunghuan zu einer Herausforderung werden. In diesem Fall waren die Kamele oft lebensrettend, denn sie hatten eine Witterung für verborgene Wasseradern. Ist einmal eine Ader gefunden, bleibt das Kamel stehen und ist mit keinem, aber auch gar keinem Mittel zum Weitergehen zu bewegen. Mit seinem Fuß scharrt es den Boden auf, und beginnt der Mensch dann weiterzugraben, findet er Wasser.

Ma-Huan-Chi hatte jetzt alle Leihverträge für die Lasttiere unterzeichnet und auch die nötigen Lebensmittelvorräte für Menschen und Tiere eingekauft, vor allem das unabdingbare Mehl und den gesalzenen Fisch. Er war zur Abreise bereit. Noch am Abend dieses Tages erhielt er durch einen Boten von Héng-Li die Mitteilung, dass ihn Xuanzang am Nachmittag des folgenden Tages im Tempel erwarte.

«Ich höre, Ihr seid bereit.» Mit diesen Worten empfing Xuanzang den Überbringer seiner Botschaft an Taizong, den Kaiser von China.

«Ja, die Lasttiere sind gemietet, Führer und Dolmetscher angeheuert, die Vorräte und das Handelsgut sind wohl verpackt. Übermorgen ist der Mond voll. Dann brechen wir auf.»

«Und wie verwahrt Ihr meine Botschaft?»

«Sie ist in meinem Unterhemd in festem Gazellenleder eingenäht.»

Ma-Huan-Chi hielt seine flache rechte Hand schützend über sein Herz. Xuanzang nickte zufrieden.

«Lasst uns in die Tempelhalle gehen und vor dem Bildnis des Erwachten das Herz-Sutra rezitieren. Er soll Euch auf der gefährlichen und langen Reise behüten.»

Die beiden gingen in die Große Halle, wo sie sich vor der Statue des Buddha in Meditationshaltung niedersetzten. Dann erfüllte die kräftige und tiefe Stimme des Mönchs den Raum und verhallte schließlich, immer leiser werdend, mit den letzten Worten des Sutras: *Gate, gate, paragate, parasamgate Bodhi Svaha …*

Dann saßen sie lange schweigend.

Bevor sie die Große Halle verließen, erfuhr Ma-Huang-Chi eine unerwartete und ungewöhnliche Geste, denn Xuanzang umarmte seinen Boten, indem er beide Hände auf dessen Schultern legte, ihm in die Augen blickte und sagte: «Lebt wohl! Habt Dank. Lebt recht wohl!»

Bevor sie sich endgültig trennten, fragte Xuanzang: «Wann genau reist Ihr?»

«Übermorgen, beim Aufgang der Sonne.»

Es war eine kalte letzte Nacht, als die große Karawane des Ma-Huan-Chi kurz vor Sonnenaufgang im Innern der Stadt vor dem östlichen Stadttor stand. Die Torhüter hatten den strikten Befehl, die Tore nicht vor dem Aufgang der Sonne zu öffnen. Doch jetzt, als die ersten Strahlen am Horizont erschienen, zogen sie die großen, eisernen Riegel zurück, hoben die Querbalken aus ihrer Verankerung und schoben die beiden schweren hohen Torflügel zur Seite. In diesem Augenblick trat aus der

Dämmerung einer engen Gasse Xuanzang, begleitet von Héng-Li, der mit beiden Händen eine Schale trug, in der drei aufgesteckte Räucherstäbchen den feinen Duft der Tempel verströmten. Xuanzang trat auf Ma-Huan-Chi zu, der zuvorderst neben seinem Pferd stand, und legte ihm einen weißen Schal um den Hals, verneigte sich, faltete seine Hände und sagte: «Mögen tausend Buddhas Euch begleiten. Lebt wohl!»

Héng-Li stand daneben, und eine leise Träne füllte seine Augen, als ihm Ma-Huan-Chi einen letzten Blick zuwarf. Dann setzte dieser sich auf sein Pferd, und mit erhobener Hand gab er das Zeichen zum Aufbruch, zur Reise an den Kaiserhof in Chang'an.

*

Xuanzang wusste, dass er nicht vor Ablauf eines halben Jahres mit einer Antwort des Kaisers von China rechnen konnte. In jedem Fall aber wollte er hier in Khotan auf die Botschaft des Kaisers warten und nicht etwa voreilig weiterreisen in der trügerischen Hoffnung, dass ihn dann schon irgendwo unterwegs ein Brief vom kaiserlichen Hof erreichen werde. Außerdem wollte er hier die versprochenen Abschriften der im Indus verloren gegangenen Manuskripte abwarten. Denn sollten sie tatsächlich in nächster Zukunft von Westen nach China gebracht werden, dann war Khotan gewiss der Ort, wo sie ihn am sichersten erreichten, denn die Wege von Khotan nach China waren unsicher, gefährlich und beschwerlich und konnten unvorhergesehene Umwege notwendig machen. Zudem hatte ihn der König von Khotan gebeten, ihn und die Religiosen der Stadt in der Lehre des Erwachten zu unterweisen.

Und so begann er denn nur wenige Tage nach der Abreise von Ma-Huan-Chi mit der Vorbereitung einer auf mehrere

Stunden angelegten Vorlesungsreihe. Er wählte seine Lieblingstexte als Gegenstand der Unterweisung, vorab die Abhandlungen der beiden Brüder Asanga und Vasubandhu, die beide vor einigen Hundert Jahren gelebt hatten und in der Gegend von Gandhara aufgewachsen waren, diesem einstigen Herzland des Buddhismus zur Zeit des großen Königs Kanishka.

Und wie Xuanzang war auch Asanga ein Verehrer des Buddha Maitreya. Mit seinem Handbuch des Abhidharma hatte Asanga ein Standardwerk der idealistischen Schule des Mahayana geschrieben.

Bereits als junger Mönch hatte Xuanzang damals in Chengdu die Kernpunkte der mahayanischen Schule studiert. Inzwischen gehörten sie zum festen Bestandteil seiner Anschauungen und auch seiner eigenen Erfahrung. Er wusste, dass da kein ‹Ich› war. Doch erst während seines langen Aufenthaltes an der Universität in Nalanda wurde er inne, dass die Frage nach Sein oder Nicht-Sein von Personen, Körpern und Ideen den Kern von Buddhas Lehre bildete, den zu begreifen und zu erfahren hin zur Befreiung vom Leid führte.

Xuanzang war ein begnadeter Lehrer, und er verstand es intuitiv, sich seinen Zuhörern anzupassen und die Botschaft, die zunächst für viele unverständlich, ja gar ein Schock sein konnte, behutsam und in klaren, einfachen Worten darzulegen. Immer wieder hatte er erfahren können, wie die Aussage des Erwachten, dass es kein ‹Ich›, also keinen ‹Handelnden› gebe, zu Unverständnis und Verwirrung führte. So wollte er hier in Khotan über die Praxis des Yoga und die Illusion dieses ‹Ich› reden.

Der König von Khotan hatte nicht nur alle Religiosen, also die Vorsteher der Klöster und die Mönche, sondern auch den Hofstaat und die interessierten Laiengläubigen zu diesen Vorlesungen des Meisters des Gesetzes eingeladen. Und die Leute kamen. Denn bis in die entferntesten Ränder der Oase hatte sich Xuanzangs Ruf als berühmter Gelehrter verbreitet. Die Unterweisungen fanden in der großen Halle des ältesten Klosters in Khotan statt, das zwar von Anhängern des Kleinen Fahrzeuges bewohnt wurde, aber wegen seines Alters höchstes Ansehen genoss. Es bestand zwischen den Anhängern des Großen und des Kleinen Fahrzeuges keine Feindschaft, in höchster Toleranz respektierten die einen die anderen, und beide Seiten waren jederzeit bereit, bei den beliebten Disputationen über ein philosophisches Thema ihren Scharfsinn und ihre Gelehrsamkeit unter Beweis zu stellen.

*

So warteten denn bereits Unzählige geduldig in der Halle, der König mit seinem Hofstaat zu Füßen des großen Bildnisses des Erleuchteten, als von Ferne das helle Glöcklein die Ankunft des Meisters ankündigte. Héng-Li ging voran und schlug mit einem kleinen Stab in regelmäßigen Abständen das Glöckchen an, während hinter ihm Xuanzang unter einem von vier Mönchen getragenen Baldachin schritt. Er verneigte sich mit einer nur leicht angedeuteten Verbeugung hin zum König, warf sich dann vor dem Bildnis des Buddha mit der ganzen Länge seines Körpers dreimal ausgestreckt nieder und bestieg den hohen, dunkelrot bemalten hölzernen Stuhl, der nur dem Lehrer vorbehalten war. Hier setzte er sich im vollendeten Lotossitz, richtete die Falten seines Kleides und begann zu sprechen:

«Verehrte Zuhörer. Ich möchte heute über den Geist und die Reinheit sprechen. Der Geist, oder andere sagen das Bewusstsein, ist seiner Natur nach nicht fassbar. Geist ist wie ein Trugbild, es kommt und geht, und es gibt nichts Beständiges, worauf man seine Aufmerksamkeit richten könnte.

Einige sagen, man müsse seine Aufmerksamkeit auf die

Reinheit richten. Was ist diese Reinheit? Reinheit ist das ursprüngliche Wesen des Menschen, seine wahre Natur. Wir in China sprechen vom ‹wahren Gesicht› des Menschen. Buddhisten verstehen unter der wahren Natur oder der Reinheit ‹die Buddha-Natur›.

Dieses wahre Gesicht, die Buddha-Natur, die ursprüngliche Reinheit, ist immer schon da und muss nicht gesucht werden. Es gibt keinen Weg dorthin und kein Tor, das durchschritten werden müsste. Doch sie wird verdeckt von falschen Vorstellungen. Kommen keine falschen Vorstellungen auf, dann erscheint die Reinheit in ihrer strahlenden Schönheit und Leere. Dennoch haben die Menschen Vorstellungen, zum Beispiel über die Form der Reinheit oder über Richtig und Falsch, über Gut und Böse.

Inmitten von allem Guten und Bösen keinen Gedanken im Kopf haben, das ist das wahre Sitzen in Versenkung. Die wahrhaftige Natur, das wahre Gesicht sehen und vollkommen unbewegt sein, dies ist zu üben nicht bloß beim Sitzen. Sitzen als formale Haltung ist unwichtig, man kann auch liegen, gehen oder stehen. Wichtig ist die Einstellung des Geistes und nicht die körperliche Haltung. Verblendete mögen zwar mit bewegungslosem Körper sitzen, aber wenn sie den Mund aufmachen, reden sie nur über Richtig und Falsch von anderen, über Stärken und Schwächen, über Gut und Böse. Dies ist ein Abweichen vom Weg. Die Weisen der Welt sprechen in ihren Lehren vom Ich und von den Dingen. Doch ihre Lehren sind auf Täuschungen aufgebaut und enthalten nicht das wirkliche Wesen. Das Ich und die Dinge entstehen und verändern sich durch den Geist, der falsche Vorstellungen weckt. So klammern sich seit undenklichen Zeiten alle Wesen, die Empfindungsvermögen haben, an diese Erscheinungen als wahres Ich und als wahre Dinge.

Ähnlich wie jene, die von Träumen heimgesucht werden, der Kraft des Traumes verfallen sind, klammert sich des Menschen Herz an all die verschiedenartigen Erscheinungen der Außenwelt, und dies bloß, weil sie vor ihm auftauchen, als gäbe es tatsächlich eine solche Außenwelt.

Verehrte Zuhörer. Das richtige Sitzen bedeutet Freiheit von Hindernissen und Hemmnissen, Freiheit von Verblendung. Wenn sich nach außen hin bei allen widrigen Umständen kein Gedanke im Geist erhebt, wenn reine Wahrnehmung und keine Wertung der Umstände entsteht, ist dies das wahre Sitzen. Das Nichthaften des Geistes, losgelöst von allem Gegenständlichen, beseitigt die Verblendung, und die ursprüngliche Reinheit leuchtet auf, die immer schon da war. Der so Erleuchtete versteht das Wesen des Geistes und erfährt Weisheit in seiner ursprünglichen Natur.

Versenkung ist da, wenn im Inneren das ursprüngliche Wesen, die Unbewegtheit des Geistes, die Leere erkannt wird. Im Inneren ohne Verwirrung sein, wird Versenkung genannt. Nur das Sehen und Abwägen der Umstände verwirrt den Geist. Wenn der Geist in allen mannigfaltigen Umständen nicht verwirrt ist, ist das wirkliche Versenkung. Das ursprüngliche Wesen ist Reinheit und Ruhe. In dieser Reinheit und Ruhe erstrahlt die Weisheit. Verehrte Zuhörer, erkennt selbst in jedem Gedanken die Reinheit des ursprünglichen Wesens, übt unentwegt und verwirklicht den Buddha-Weg selbst.

So viel für heute. Ich wünsche allen einen guten Tag.»

Alle verharrten schweigend, während Xuanzang von seinem hohen Stuhl herabstieg. Dann verneigte er sich vor dem Bildnis des Buddha, die Träger kamen mit dem Baldachin, und der Meister des Gesetzes verließ die Große Halle, voran Héng-Li mit dem Glöckchen.

In dieser Weise lehrte Xuanzang in den nächsten Wochen, und Tag für Tag wartete er nicht nur auf die Kopien der verlorenen Manuskripte, sondern auch auf eine Botschaft von Kaiser Taizong.

Wenn er nicht mit der Vorbereitung auf eine Lehrrede beschäftigt war, ordnete er zusammen mit Héng-Li die Notizen seiner nunmehr fast sechzehn Jahre dauernden Reise in den Westen. Die bereinigten Papiere wurden entsprechend der Etappen der Reise als gesonderte Pakete verschnürt. Ebenso erstellten sie eine ausführliche Liste der zahlreichen Kunstwerke, der religiösen Bildnisse, Statuen und Zeremonialgegenstände, die sie im Verlauf der Jahre erstanden, meistens jedoch als Geschenk bekommen hatten.

*

Es war an einem frühen Nachmittag in der noch immer warmen Spätsommerzeit, als ein Bote des Königs den Meister des Gesetzes und seinen Sekretär zu einer weiteren Audienz in den Palast lud. «Er wird etwas auf dem Herzen haben», meinte Héng-Li, «denn nur so zum Zeitvertreib und zur Unterhaltung lädt er uns nicht ein.»

«Es wird beides sein. Die Mächtigen sind neugierig, und sie lieben die Zerstreuung. Vielleicht hat er eine Frage zu meinen Lehrreden, oder dann möchte er vom weiteren Verlauf unserer Reise in Indien hören. Ich vermute, dass er über Pataliputra etwas erfahren möchte, der Residenz von König Ashoka, der einst seine Vorfahren des Landes verwiesen hatte, weil sie an der Blendung des Prinzen Kunala, Ashokas Sohn, mitbeteiligt waren.»

«Ich will vorsorgen und suche die Notizen zu Pataliputra, damit Eure Ausführungen so genau wie möglich sind.»

«Suche bitte auch die Notizen zu Varanasi und Sarnath.»

Anderntags empfing sie der König in einem Gartenpavillon, der umgeben war von kleinen Teichen, in denen Goldfische schwammen, hier eine unerhörte Exklusivität und Seltenheit. Der König bemerkte das Erstaunen seiner Gäste: «Das ist ein Geschenk, das mein Sohn vom kaiserlichen Hof in Chang'an mitgebracht hatte. Ein sinniges Geschenk, denn ich brauche Euch, Meister Xuanzang, nicht zu sagen, dass Fische in China ‹Reichtum im Überfluss› bedeuten.»

«Ja, doch wenn Fisch und Wasser zusammenkommen, meint das die ehelichen Freuden eines glücklichen Paares. Darum schenkt man Eheleuten zur Hochzeit zwei Goldfische in einer Glasschale, damit sie in Harmonie die fleischlichen Freuden genießen mögen.»

«Und in Indien haben wir gehört, dass dort Goldfische für die Buddhisten die Erlösung vom Leiden symbolisieren», ergänzte Héng-Li.

Sie schauten noch eine Weile den Fischen zu, um sich dann im kühlen Raum des Pavillons auf bequemen Stühlen niederzulassen. Ein Diener brachte weißen Tee und süßes Gebäck, das aber weder Xuanzang noch Héng-Li anrührten, denn sie hielten sich an die nach dem Mittagessen geforderte Abstinenz. Durch die geöffneten Fenster des Gartenpavillons war das Gezwitscher der Ziervögel zu hören, die in goldenen Käfigen im Schatten der Bäume aufgeregt von Steg zu Steg hüpften. Ansonsten herrschte tiefe Stille, und eine große Ruhe lag über dem Ort. Wirklich, der Geschmack dieses Königs war unübertrefflich und offenbarte seine Vorliebe für Harmonie und Frieden.

«Die Worte Eurer Unterweisung über den Geist, die Reinheit und das ruhige Sitzen haben sich mir tief eingeprägt. Doch sie riefen nach weiteren Fragen: Wie offenbart sich der Dharma? Und wem offenbart er sich, nur einzelnen Auserwählten oder allen lebenden Wesen?»

«Alle Wesen sind von Natur aus Buddha, wie Eis seiner Natur nach Wasser ist. Getrennt vom Wasser gibt es kein Eis, getrennt von den Lebewesen keinen Buddha. Deshalb sagte der historische Buddha, dass mit ihm zusammen unter dem Baum der Bäume alle Wesen Erleuchtung erlangt haben. Die wahre Natur ist überall. Sie fehlt nie, und jeder Mensch besitzt diesen Dharma im Überfluss. Aber wenn man den Dharma nicht übt, kann er sich nicht offenbaren, und wenn der Mensch ihn nicht in sich selbst erfährt, kann er nicht verwirklicht werden. Wenn einer aber nur richtig sitzt, dann kommt er in den Zustand, in dem er Körper und Geist fallen lässt.

Wenn jedoch Fühlen und Denken diese unteilbare Erfahrung trüben, entspricht dies nicht mehr der direkten Erfahrung, die jenseits täuschender Gefühle und Gedanken ist. Das richtige Sitzen auch nur eines einzigen Menschen in einem einzigen Augenblick stellt unsichtbare Harmonie mit allen Dingen her und hallt wider und durchdringt alle Zeiten. So vollendet das Sitzen im grenzenlosen Universum das ewige Werk Buddhas in der Vergangenheit, Zukunft und Gegenwart. Für jeden ist es das gleiche Üben und die gleiche Erfahrung. Ihr, mein König, dürft nie vergessen, dass die höchste Wahrheit uns seit Anbeginn niemals fehlte; wir empfangen und benutzen sie fortwährend. Da wir aber nicht fähig sind, direkt zur höchsten Wahrheit vorzustoßen, neigen wir dazu, in Vorstellungen zu leben, denen wir nachjagen, als ob sie wirklich wären, und gehen so an der großen Wahrheit vorbei.»

«Und leben somit weiterhin in der Täuschung. Ist das so?», fragte der König.

«So ist es. Doch jene, die vollkommen aus der Täuschung erwachen, sind Buddhas. Jene, die sich ganz und gar täuschen, sind gewöhnliche Lebewesen. Den Buddha-Weg zu ergründen heißt, sich selbst zu ergründen. Sich selbst zu ergründen heißt, sich selbst zu vergessen. Sich selbst zu vergessen heißt, eins mit den zehntausend Dingen zu sein. Eins mit den zehntausend Dingen zu sein heißt, Körper und Geist von uns selbst und Körper und Geist der Welt um uns fallen zu lassen.

Ein Mensch, der das Erwachen erlangt hat, gleicht dem Mond, der sich im Wasser spiegelt: Der Mond und der ganze Himmel spiegeln sich in einem einzigen Tautropfen auf einem Grashalm. Leben ist ein Augenblick in der Zeit. Tod ist ein Augenblick in der Zeit.»

«So muss man also alle Vorstellungen über Vergangenheit, Gegenwart und Zukunft fahren lassen und erkennen, dass Erleuchtung immer da ist, gerade jetzt da ist und niemals endet?»

«An dieser Frage erkenne ich, dass Ihr mich richtig verstanden habt», antwortete Xuanzang, «es bleibt nichts als das, was der Buddha-Dharma genannt wird. Ich verbringe die Zeit, wie sie von selbst vergeht. Morgens geht die Sonne im Osten auf. Nachts geht der Mond im Westen unter. Wenn die Wolken verschwunden sind, zeigen sich die Berge klar. Nach dem Regen erscheinen die Gebirge in den vier Himmelsrichtungen näher. Und der Hahn kräht gegen Sonnenanbruch. Ihr dürft nie vergessen, dass die höchste Wahrheit uns seit Anbeginn niemals fehlte; wir empfangen und benutzen sie fortwährend. Aber wir neigen zu falschen Vorstellungen und gehen so an der großen Wahrheit vorbei. Wenn Ihr Euch dem Sitzen hingebt, Euch genau der gleichen Sitzhaltung wie Buddha anvertraut und die unzähligen persönlichen Dinge ablegt, dann geht Ihr weit über Täuschung und Erwachen, Fühlen und Denken hinaus, dann werden weltliche und heilige Wege bedeutungslos.

Mit einem Mal wandert Ihr gelassen in der Welt jenseits aller Grenzen, und Ihr könnt die große Wahrheit empfangen und benutzen.»

Héng-Li, der mit der größten Aufmerksamkeit gelauscht hatte, schaute jetzt mit leuchtenden Augen zum Meister auf. So hatte er ihn schon lange nicht mehr reden gehört. Seit sie die Hochschule in Nalanda verlassen und seit sie sich von König Harsha in Indien verabschiedet hatten, hatte es nie wieder eine Gelegenheit für den Meister des Dharma gegeben, seine auf tiefster Erfahrung beruhende Weisheit mitzuteilen. Und jetzt war es wieder geschehen. Es war wie Nahrung für eine hungernde Seele.

Auch dem König war bewusst, dass er Einblick in eine selten große Erfahrung bekommen hatte. Doch sein unruhiger Geist war bereits am Weiterwandern und bei der nächsten Frage, die nichts mit dem Dharma zu tun hatte. Er wollte jetzt, nach dieser schwierigen Darlegung, eine etwas leichtere Nachspeise, wollte an diesem schönen Spätsommernachmittag in seinem Garten auch unterhalten sein.

Und so fragte er denn ganz unvermittelt, ob Xuanzang auf seiner Reise in Indien auch die einstige Hauptstadt von König Ashoka, seinem königlichen Bruder, besucht habe, und was vom einstigen Glanz der mächtigen Maurya-Dynastie noch übrig geblieben sei.

Xuanzang lächelte. Wie leicht doch hüpfen die Gedanken! Wie Affen springen sie von Ast zu Ast und bleiben niemals ruhig, vom Dharma hin zu Ashoka, lustig her und hin. Und jetzt bemerkte er ein kleines Zwinkern in den Augen des Héng-Li. Wie gut, dass er sich gestern noch in seinen Aufzeichnungen über Pataliputra umgesehen hatte.

«So groß wie Eure Wissbegier über Pataliputra jetzt ist, war auch die meinige, und da ich die Schilderungen meines pilgernden Vorgängers und Landsmannes Faxian noch im Kopf hatte, hoffte ich, jene Herrlichkeiten so zu sehen, wie er sie vor über zweihundert Jahren geschildert hatte, nämlich so großartig und erhaben, dass er nicht glauben konnte, die prächtige Stadt sei von Menschenhand geschaffen worden. Doch damals, zu Beginn der Gupta-Dynastie, war die Stadt noch einmal für eine kurze Zeit die Hauptstadt Indiens, dann versank auch sie in die Schatten des Vergessens. Aber ich greife vor. Lasst mich den Gang meiner Reise nach Magadha, dem Heiligen Land des Buddhismus, der Reihe nach erzählen.

Nachdem wir Kushinagara, den Ort von Buddhas Verlöschen, verlassen hatten, begaben wir uns nach Südwesten, nach Varanasi am Ganges.

Es ist die heiligste Stadt für Hinduisten, dicht besiedelt von sehr reichen Familien. Doch die Leute sind sanft und menschlich und wissbegierig.

Nur wenige folgen dem Weg des Buddha, in etwa dreißig Gemeinschaften leben ungefähr dreitausend Mönche, die dem Kleinen Fahrzeug folgen.

Für die über zehntausend Anhänger verschiedenster Sekten gibt es Hunderte von brahmanischen Tempeln, alle überreich dekoriert und mit bildhauerischen Kunstwerken geschmückt; ihr Schnitzwerk aus Stein ist von einer strahlenden Vielfarbigkeit. Diese Tempel stehen in weiten Parkanlagen mit vielen Laubbäumen und sind von Becken mit klarem Wasser umgeben.

Die meisten Menschen aber verehren Shiva. Einige Asketen schneiden sich die Haare ab, andere knüpfen das Haar zu einem Knoten auf dem Scheitel, viele gehen nackt und ohne Kleider umher, wieder andere reiben ihren Körper mit Asche ein oder geben sich grausamen Kasteiungen hin, um der Seelenwanderung zu entkommen. Die täglichen Waschungen der Menschen im Ganges, die Tausende vornehmen, halte ich für reinen Aberglauben und völlig sinnlos. Doch großartig ist die über dreißig Meter hohe Statue des Shiva. Aus einheimischem

Kupfer gefertigt, ist sie von großer Erhabenheit und Majestät, und die Erscheinung des Gottes ist, als würde er lebendig vor einem stehen.

Etwa acht Kilometer nördlich der Stadt Varanasi liegt Sarnath, der Ort, wo Buddha im Gazellenhain seine erste Predigt gehalten und das Rad des Dharma in Bewegung gesetzt hatte.»

*

Sarnath

So wird es berichtet:
Als Siddhartha nach langer Meditation unter dem Pippala-Baum in Bodhgaya zum Buddha, dem Erwachten, wurde, entschloss er sich, seine Einsichten öffentlich darzulegen. Er begab sich nach Varanasi, wo sich außerhalb der Stadt in Sarnath fünf der Gefährten aus seiner Askesezeit in einem Gazellenpark aufhielten. Kondanna, Bhaddiya, Vappa, Mahanama und Assaji waren keineswegs erfreut, als sie Siddhartha Gautama, den abtrünnigen Asketen, herankommen sahen.

Doch ihre Ablehnung schwand, als sie die strahlende Würde des Buddha erkannten, und sie begrüßten ihn voll Ehrfurcht. Bald darauf hielt er vor ihnen seine erste Lehrrede. Es war das Sutra vom Ingangsetzen des Rades der Lehre:

«*Diese beiden Extreme, ihr Freunde, sollte ein in die Hauslosigkeit Hinausgezogener nicht verfolgen. Welche beiden?*

Einerseits: Hingegebenheit an Lustvergnügungen inmitten von Lustobjekten; sie ist gewöhnlich, dörfisch, banausisch, unedel und zwecklos. Andererseits: Hingegebenheit an Selbstquälerei; sie ist schmerzhaft, unedel und ebenfalls zwecklos.

Diese beiden Extreme, ihr Freunde, hat der Vollendete vermieden, denn er hat erkannt, dass es der Mittlere Weg ist, der sehend macht, Wissen erzeugt, zu Beruhigung der Leidenschaften, höherer Erkenntnis, Erleuchtung und Verlöschen führt.

Dies ist die Edle Wahrheit vom Leiden:

Geburt ist Leiden, Altern ist Leiden, Krankheit ist Leiden, Sterben ist Leiden, Kummer, Jammer, Gram, Verzweiflung sind Leiden, mit Unliebem vereint sein ist Leiden, von Liebem getrennt sein ist Leiden, Erwünschtes nicht zu erlangen ist Leiden; zusammengefasst: Die fünf Komponenten des Anhangens sind Leiden.

Dies ist die Edle Wahrheit von der Entstehung des Leidens:

Es ist dieser Durst, der Wieder-Werden erzeugende, der mit Vergnügen und Lustverlangen verbundene, der sich hier und dort ringsum erfreuende, nämlich: der Durst nach Sinnlichkeit, der Durst nach Werden, der Durst nach Entwerden.

Dies ist die Edle Wahrheit von der Aufhebung des Leidens:

Es ist dieses Durstes restlose Auflösung bis hin zur Abwesenheit von Lustverlangen, das Loslassen, das völlige Auswerfen, die Loslösung, das Ohne-Grundlage-Sein.

Dies ist die Edle Wahrheit vom Pfad zur Aufhebung des Leidens:

Es ist dieser edle achtgliedrige Weg, der den zur Leidensauflösung führenden Pfad bildet. Nämlich: rechte Sichtweise, rechte Absicht oder Gesinnung, rechte Rede, rechtes Handeln, rechter Lebenswandel, rechte Bemühung, rechte Achtsamkeit, rechte Sammlung.»

Die Belehrung des Buddha über den Mittleren Weg und die Vier Edlen Wahrheiten und den Achtfachen Pfad machte auf die fünf Asketen tiefen Eindruck. Als Erstem ging dem Kondanna die Erkenntnis des Dharma auf, und er bat den Buddha, ihn als Mönch anzuerkennen.

Mit der Formel «Komm, Mönch, gut erklärt ist die Lehre, führe ein Leben in Reinheit, um des Leidens Ende zu verwirklichen!» nahm Buddha den Bittenden als Mönch an. Bald baten auch die andern vier Asketen um Aufnahme. Damit war die Sangha, die Gemeinschaft der buddhistischen Mönche, begründet.

Einige Tage später gab der Buddha seine Lehrunterweisung über das Nicht-Ich.

*

«Ihr könnt Euch vorstellen», fuhr Xuanzang, zum König von Khotan gewandt, mit seinem Bericht fort, «dass Varanasi mit seinen Tausenden von Pilgern ein sehr lauter und auch ein sehr schmutziger Ort ist. Umso wohltuender war die Stille im benachbarten Sarnath. Im Gazellenhain, wo Buddha seinen fünf Asketenfreunden aus früheren Tagen die erste Lehrrede hielt, steht ein Kloster mit etwa tausendfünfhundert Mönchen, die den Weg des Kleinen Fahrzeuges gehen. Die weiträumige Klosteranlage ist für die tägliche Meditation sehr vorteilhaft eingerichtet, denn zwischen den vier Ecktürmen, die hoch aufragen und deren obere Räume fast in den Wolken liegen, sind gedeckte lange Galerien angebracht. In der Mitte dieser umfassenden Mauer liegt eine fast sechzig Meter hohe Tempelanlage aus Ziegelstein. Auf allen vier Seiten sind zahlreiche Nischen angebracht, in denen goldene Bildnisse des Buddha stehen.

Im großen Hauptschrein aber, den sie hier die ‹ursprüngliche Halle des Duftes› nennen, steht ein Bildnis des Buddha von einer fast überirdischen Schönheit. Es zeigt den Tathagata in vollendeter Yoga-Haltung, die Augen niedergeschlagen, den Blick nach innen gerichtet, und seine Hände drehen das Rad des Gesetzes. Das erhabene Haupt des Buddha ist im Zentrum einer hinter ihm angebrachten großen runden Scheibe, die kunstvoll verziert ist und von der zwei engelhafte Wesen links und rechts beschützend über dem Buddha zu schweben scheinen. Das Bildnis strahlt jene große Ruhe aus wie damals Buddha Gautama selbst, als er nach Sarnath kam und weithin ein göttliches Licht verbreitete. Seine Haare hatten den Glanz der Jade, und sein Leib war wie reines Gold. Mit ruhigen Schritten ging er vorwärts, alle Wesen durch seine Majestät ergreifend.»

Hier schwieg Xuanzang, als verlöre sich sein Geist in jenen fernen Tagen, als der Erwachte zur Erlösung der Welt das Rad der Lehre in Bewegung gesetzt hatte.

Dann aber fuhr er fort: «Von diesem einzigartigen Bildnis ließ ich eine Kopie aus Sandelholz anfertigen, die hoffentlich recht bald in einer Tempelhalle in Chang'an gezeigt werden kann. Natürlich hat auch hier in Sarnath König Ashoka einen Stupa errichten lassen und zwar genau an dem Ort, wo Buddha seine erste Predigt gehalten hatte. Daneben steht eine Inschriftensäule, wie wir sie schon in Kapilavastu und Lumbini vorgefunden hatten. Doch keines der Kapitelle dieser Säulen kann mit der Großartigkeit des Kapitells in Sarnath verglichen werden.

Es zeigt die Form eines umgestülpten Lotos mit einem runden, naturalistischen Fries mit vier Tieren: Elefant, Stier, Pferd und Löwe. Zwischen jedem Tier liegt ein Rad mit vierundzwanzig Speichen, das Rad der Lehre. Auf der Trommel dieses Rundfrieses befinden sich vier Rücken an Rücken gegeneinander sitzende Löwen, aus deren heute leeren Augenhöhlen einst Diamanten strahlten. Ihre Mäuler sind zum Gebrüll geöffnet, denn in alle vier Himmelsrichtungen sollen sie brüllen und so die Lehre des Buddha von Sarnath hinaus in die Welt erschallen lassen. Denn Buddha Gautama wurde von den Alten oft als der ‹Löwe der Shakya› und seine Predigt als ‹Löwengebrüll› bezeichnet. Staunend standen wir vor diesem meisterhaften Kunstwerk, das vor nunmehr über achthundert Jahren von Ashoka hier errichtet worden war. Angesichts dieses

Wunders in Stein hofften wir, in Pataliputra noch weitere Zeugen der hohen Kunstfertigkeit der Steinmetze aus der Zeit der Maurya-Dynastie anzutreffen.

Es war auffällig, dass alle Heiligen Stätten in Sarnath mit Sorgfalt und Liebe gepflegt wurden, was wohl dem Umstand zuzuschreiben ist, dass eine große Zahl von Mönchen in einem intakten Kloster dort lebt und noch immer viele Pilger nach Sarnath kommen. Im Osten des Gazellenparks besuchten wir den Teich, in dem Buddha sich beim Bad erfrischt, dann den Teich, in dem er seine Kleider gewaschen und jenen Wassertank, in dem er einst seine Bettelschale gereinigt hatte. Alle diese Teiche wurden von Nagas bewacht, damit niemand das Wasser verunreinige.

Wir hätten anschließend von Sarnath dem Ganges entlang nach Pataliputra weiterreisen können, doch wollten wir auch Vaishali einen Besuch abstatten, das im Nordosten am Fluss Gandak liegt.»

*

Vaishali

So wird es berichtet:
Buddha hat auf Bitten der Anwohner die Stadt Vaishali zum ersten Mal besucht. Da der Monsun ausgeblieben war, hofften sie, dass der Tathagata den Regen vom Himmel herabholen könne. Tatsächlich brach kurz nach seiner Ankunft der Monsum über Vaishali aus.

Buddha war wiederholt in der Stadt, doch für längere Zeit nur einmal, denn er bevorzugte die Spitzdachhalle außerhalb der Stadt, wo er die zahlreichen Bürger in der Lehre unterwies. In Vaishali erhielt er nach dem Tod seines Vaters, des Königs Suddhodana, Besuch von dessen Witwe, Mahapajapati Gotami, seiner Tante und einstigen Ziehmutter. Hier bat sie den Buddha, einen Orden für Nonnen zu gründen. Er lehnte dieses Ansinnen vorerst ab, wurde dann aber von Ananda umgestimmt, der ihn an seine eigenen Worte erinnerte, dass auch Frauen zur Erlösung fähig seien und er überdies seiner Stief- und Pflegemutter gegenüber eine gewisse Verpflichtung habe. Widerwillig gründete er den Frauenorden und ordinierte Mahapajapati zur ersten Nonne.

Bei seinem letzten Besuch wurden Buddha und seine Mönche von der schönen Stadtkurtisane Amrapali, die überwältigt war von der Ausstrahlung des Erleuchteten, zu einer Morgenmahlzeit in einen Mangohain eingeladen, den sie nach Aufnahme in den Nonnenorden der Sangha zum Geschenk machte. Darauf begab sich der Buddha zusammen mit Ananda zum Dorf Beluva vor dem südlichen Stadttor, wo er seinen letzten Regenzeitaufenthalt verbrachte. Hier wurde der beinahe Achtzigjährige schwer krank, kam jedoch durch Anandas Pflege wieder zu Kräften. Auf Anandas Hinweis, dass er noch keinen Nachfolger bestimmt habe, antwortete Buddha: «Ich bin jetzt alt, in der Neige meiner Jahre, ein Greis, meine Lebensreise geht zu Ende ... Darum, Ananda, seid von nun an euch selbst eine Insel, euch selbst eine Zuflucht; sucht keine andere Zuflucht.» Damit war verfügt, dass nicht ein Lehrer, sondern die Lehre selbst der Führer des Ordens sein solle.

Wenige Tage nach diesen Worten brach der Buddha nach Nordwesten auf in Richtung Kushinagara.

Keine hundert Jahre nach seinem Tod in Kushinagara fand in Vaishali das zweite buddhistische Konzil statt. Dort spaltete sich die Gemeinschaft der Mönche in die Gruppe der traditionalistischen Theravadins und in die Gruppe der modernistischen Mahasanghikas, den späteren Mahayanas. Es war die Spaltung in die zwei Hauptzweige des Buddhismus, das Kleine und das Große Fahrzeug.

*

«Die Umgebung von Vaishali ist außerordentlich fruchtbar, reich an Blumen und Früchten, vor allem Mango und Bananen gedeihen überreich in einem angenehmen Klima. Die Leute sind ehrlich und sittsam, lernwillig, und sie lieben die Religion, wobei Gläubige und Ungläubige friedlich zusammenleben. Weit in der Gegend verstreut sind Hunderte von zerfallenen Klöstern, und in den drei oder vier noch erhaltenen leben nur wenige Mönche. Die dem Gott Shiva geweihten Tempel werden von verschiedenen Sekten unterhalten. Doch die Stadt Vaishali selbst liegt in Ruinen; bloß in den Fundamenten des einstigen Königspalastes leben einige wenige Menschen.

Im Südosten der Stadt liegt der Stupa, den der König von Vaishali für jenen Anteil von Buddhas Asche errichten ließ, den er nach dessen Einäscherung zugeteilt bekommen hatte. König Ashoka ließ dann später diesen Stupa öffnen, entnahm neun Zehntel dieser Asche und ließ den einen Zehntel im Stupa. Später versuchte ein weiterer König, den Stupa zu öffnen, doch als er sich dazu anschickte, ereignete sich, so wird berichtet, ein gewaltiges Erdbeben. So ließ er von seinem Vorhaben ab.

Im Nordwesten der Stadt liegt der Stupa, den ebenfalls Ashoka errichtete, daneben steht eine Säule mit einem Löwenkapitell. Ein weiterer Stupa erinnert daran, wie die Affen die Bettelschale des Buddha entwendeten und sie ihm mit Honig gefüllt wieder zurückbrachten. Hier ist auch der Wassertank, der Affenteich, den die Affen für ihren erleuchteten Freund eigens gegraben hatten. Hier in Vaishali besuchten wir auch die Anhöhe, wo der Erhabene sich zum allerletzten Mal umwandte, um nochmals einen Blick zu werfen auf die Stadt, die er so geliebt hatte, bevor er sich zu seiner letzten Wanderung nach Kushinagara aufmachte, um zu sterben. Nicht weit von dieser

Anhöhe ist noch das Kloster zu sehen, das in jenem Mangohain steht, den Buddha von Amra zum Geschenk bekommen hatte. Unsere letzte Verehrung galt jenem Stupa, wo Buddha einst seinen nahen Tod vorausgesagt hatte. Für jeden buddhistischen Gelehrten wird aber Vaishali auch als der Ort verehrt, wo das zweite Konzil stattgefunden hatte. Hier versammelten sich gegen siebenhundert Mönche, um die Lehrtexte für den Dharma und die Mönchsregeln für den Vinaya wieder festzulegen.»

«Verzeiht, wenn ich Euch, verehrter Meister, hier unterbreche, doch diese Gesetze und Regeln wurden doch gleich nach dem Tod des Buddha in Rajgir bereits festgelegt. Warum dann diese erneute Zusammenkunft?»

«Diese Zusammenkunft der Mönche aus den verschiedensten Gegenden Indiens fand über hundert Jahre nach der Zusammenkunft in Rajgir statt. Und da in dieser Zeit die Lehren und Regeln bloß mündlich weitergegeben wurden, konnten sich leicht Fehler und Missdeutungen einschleichen. Es wird berichtet, dass Sambhonga, der seine rechte Schulter entblößt hatte, sich vor den versammelten Mönchen hinkniete und diese bat, ordentlich, gelassen und aufmerksam zu sein. Dann sagte er: ‹Obwohl Jahre vergangen sind, seitdem unser geistiger Herrscher in seiner weisen Diskretion von uns geschieden ist, haben seine mündlichen Anweisungen dennoch überlebt. Unbotmäßige Mönche in der Stadt Vaishali haben die Regeln gebrochen, sind in zehn Bereichen vom rechten Weg abgekommen und haben gegen die Lehre Buddhas verstoßen. Verehrte Mitbrüder, ihr wisst, was mit seiner Lehre übereinstimmt und was dagegen verstößt. Zeigt Dankbarkeit für die Güte Buddhas, wie euch Bhadanta Ajanta gelehrt hat, und schreitet zu einer zweiten Verkündigung seiner Lehre und seiner Regeln.›

So sprach der weise Sambhonga, und darauf wurden die Worte des Buddha nochmals erneuert und festgelegt. Doch die

Zusammenkunft wurde auch deswegen notwendig, weil sich deutlich zwei verschiedene Meinungsrichtungen in Bezug auf die Auslegung der Lehre abzeichneten. Wir sagen heute, die eine Richtung sei das Kleine Fahrzeug, das ist die Richtung der Alten, die glauben, die ursprüngliche und reine Lehre des Erwachten zu vertreten. Daneben aber gibt es seit Vaishali auch das sogenannte Große Fahrzeug, die Richtung jener Mönche, welche die Aussagen des Buddha etwas anders deuten, dem gegenwärtigen Geist angepasster auslegen, ohne aber den Kern der Aussagen zu verändern. Ohne dieses Große Fahrzeug hätten wir nicht die wunderbar tiefen Erkenntnisse, wie sie uns das Herz-Sutra verkündet.»

«Das ist jenes Sutra, das Ihr jeden Tag in der Großen Halle am Morgen und am Abend rezitiert?», fragte der König.

«So ist es.»

«Und wann denn endlich kamt Ihr nach Pataliputra? Von den vielen gesegneten Orten, die Ihr bislang besucht hattet, kann kein Ort meine Neugierde mehr beflügeln als der Ort, wo mein königlicher Bruder Ashoka gelebt hatte.»

«Wirklich? Ist Euer Herz so sehr mit diesem außergewöhnlichen Herrscher verbunden? Doch ich verstehe, Ihr seid ein Herrscher, und so ist König Ashoka der Maßstab für Euer Handeln als König. Ich bin Mönch, und mein Maßstab ist Buddha, der Erhabene, und meine Sehnsucht, das Ziel meiner Reise war die Heilige Stätte Bodhgaya, wo Siddhartha unter dem Baum zum Erleuchteten wurde.»

«So kann man es sagen, obwohl letztlich auch mir der Erleuchtete die Richtschnur meines Handelns ist. Denn indem ich Ashoka als Maß nehme, habe ich gleichzeitig auch an Buddha Maß genommen, war dieser doch das leuchtende Vorbild für Ashokas Handeln als König von Indien. Meine Verehrung dieses großen Fürsten rührt auch daher, dass er meine Vor-

Vorfahren, die für die Blendung seines Sohnes mitverantwortlich waren, vor vielen hundert Jahren nicht ermordet, sondern aus dem Land gewiesen und so ihr Leben geschont hatte. Und auf wundersame Weise wurde unser Geschlecht weitergeführt, denn es wird berichtet, dass der erste König von Khotan bis zur Erreichung seines Greisenalters von neunzig Jahren noch immer keinen Nachkommen hatte. In der Furcht, seine Familie könnte erlöschen, sei er in den Tempel des Gottes Bishamen gegangen und habe diesen inbrünstig angefleht, ihm doch einen Erben zu schenken. Plötzlich habe sich der Kopf der Statue oberhalb der Stirn aufgetan, und da sei ein Knabe hervorgekommen. Den habe der König bei der Hand genommen und sei mit ihm in seinen Palast zurückgekehrt.»

«Eine schöne Geschichte, sie gehört in meine Reisenotizen. Doch ich sehe, dass Héng-Li schon dabei ist, sie festzuhalten.»

«Die Geschichten über das Leben und die Taten des Königs Ashoka, der als der weiseste aller Herrscher in die Geschichte eingegangen ist, sind uns im Ashokavadana überliefert. Es ist so etwas wie das Handbuch für den vollkommenen Herrscher.»

«Und das Handbuch der Verhaltensregeln für uns Mönche ist der Dritte Korb, das Vinaya Pitaka. Doch verzeiht, ich habe Euch unterbrochen. Wo ich doch jetzt meinerseits ganz neugierig bin, von der Größe dieses indischen Königs zu hören.»

«Er nannte sich Devanampiya Piyadasi Raja, das meint ‹der Göttergeliebte›, der gütig schauende König. Und der Größe seines Reiches entsprach die Größe seines Charakters, seines Geistes und seiner Ideale. Kein indischer Herrscher vor und nach ihm regierte über ein größeres Territorium, das von Bengalen bis Kandahar in Afghanistan und vom Himalaya bis nach Mysore im Süden Indiens reichte. Er gilt bis heute als der weiseste und gütigste Herrscher unserer bekannten Welt. Sein Großvater Chandragupta Maurya hatte damals jene Gebiete um

Taxila im Panjab in Besitz genommen, welche nach dem Abzug der griechisch-persischen Truppen unter Alexander, den sie den Großen nannten, verwaist und ohne Führung waren. Er hinterließ seinem Sohn Bindusara und wiederum dessen Sohn Ashoka ein Staatswesen mit der besten Verwaltung der damaligen Zeit. Und alle drei Maurya-Herrscher hatten eines gemeinsam: ihre Liebe zur Philosophie und Mystik.

Chandragupta soll, so berichten die Geschichtsschreiber, aus Verzweiflung über seine Ohnmacht, als eine große Hungersnot sein Volk heimsuchte, auf den Thron verzichtet und die letzten Jahre seines Lebens als wandernder Jaina-Mönch zugebracht haben. Und sein Sohn Bindusara wiederum soll von Antiochos, dem König von Syrien, süßen Wein, trockene Feigen und einen richtigen griechischen Philosophen erbeten haben. Der sei leider, ließ der König aus dem fernen Westen ausrichten, nicht vorrätig, doch dafür wurde der Vater mit solch erlesenem Geschmack mit dem Sohn Ashoka überreich entschädigt.

Bevor Ashoka zum Regenten wurde, war er Statthalter seines Vaters in der Stadt Taxila im Nordwesten des Reiches. Diese Stadt war zu jener Zeit neben Pataliputra, der glänzenden Hauptstadt des Maurya-Reiches, die alles überragende kulturelle ‹Weltstadt› Asiens, die mit Alexandria und Antiochia in Syrien rivalisierte, ein Drehpunkt für den Handel und Ort einer blühenden Kultur mit buntem Völkergemisch. Ashoka hat hier, als er der König Indiens war, eine Universität gegründet, die schnell die höchste Berühmtheit aller Hochschulen Indiens erlangte.»

«Ihr einstiger Glanz wird jedoch heute von Nalanda mit seiner alles überragenden Hochschule übertroffen. Denn Taxila liegt in Ruinen, und nur verfallene Stupas und eine Säule Ashokas zeugen von der vergangenen Pracht.»

«So habt Ihr Taxila mit eigenen Augen gesehen?», fragte der König von Khotan.

«Ja, auf meiner Hinreise in den Westen und auf meiner Rückreise in den Osten war ich dort. Denn noch heute führt kein Weg an Taxila vorbei, so wenig wie an Pataliputra auf dem Weg nach Nalanda und Bodhgaya. Doch auch hier ist, wie in Taxila, nicht mehr viel zu sehen. Faxian hatte damals, und das sind jetzt mehr als zweihundert Jahre her, noch Pracht und Herrlichkeit angetroffen. Doch ich wiederhole mich, genug davon. Halten wir uns an das Gegenwärtige, und das ist im heutigen Pataliputra betrüblich genug, denn der noch am besten erhaltene Platz ist gleichzeitig auch der Ort eines der abscheulichsten Verbrechen, die Ashoka zu Beginn seiner Thronbesteigung begangen hat.»

«Ihr meint die Ermordung seiner neunundneunzig Brüder?»

«Ja, denn noch immer ist in Pataliputra, etwas außerhalb der einstigen Palastanlage, ein tiefer Brunnen mit gewaltigem Durchmesser zu sehen. Ashoka soll die Leichen in diesen Brunnen geworfen haben, den er eigens zu diesem Zwecke hat erbauen lassen. Noch heute pilgern Menschen hierher und zünden Butterlämpchen an, um den Seelen Ruhe zu geben.»

«Diese Ermordung seiner Brüder war gewiss von ungewöhnlicher Grausamkeit, doch sie beruhte auf einer Staatstheorie, die Ashoka gewiss bekannt war. Denn der leitende Staatsminister seines Großvaters Chandragupta, Kautalya oder Kautilya mit Name, verfasste ein Lehrbuch für Herrscher, das Arthashastra. Dieser Text soll später von einem gewissen Vishnugupta überarbeitet worden sein. Doch viel ist uns davon nicht überliefert. Nur so viel wird uns Herrschern eingeschärft, dass prinzipiell jeder Nachbar der natürliche Feind eines Staates sei, und dass der Herrscher zum Zweck der Wahrung seiner Macht jegliches Mittel einsetzen muss, auch die grausamsten, denn Macht ist die erste Voraussetzung für die erfolgreiche Sicherung eines Königreiches.»

«Also folgte Ashoka einem skrupellosen Machtgedanken.»

«Wollte er ein guter Herrscher sein, musste er dem folgen, was zu seiner Zeit die geltende Staatslehre war. Er hatte seinem Vater über viele Jahre treu und zuverlässig gedient und durfte hoffen, zum Nachfolger erwählt zu werden. Als er hörte, dass sein Vater im Sterben liege, eilte er sehr schnell herbei, um aus seiner Hand die Regentschaft zu erhalten, wohl ahnend, dass das nicht selbstverständlich sein könnte. Und so war es auch. Der Vater bestimmte einen abwesenden Bruder Ashokas zum Nachfolger, denn er soll Ashoka wegen dessen hässlichen Äußeren abgelehnt haben. Ashoka fühlte sich betrogen, aufgrund seiner Verdienste zur Nachfolge berechtigt und forderte seinen Bruder zum Zweikampf, den er gewann. Und um von irgendeinem seiner übrigen Brüder nicht vom Thron gestoßen zu werden, ließ er gleich alle 99 ermorden. Diese Skrupellosigkeit und Brutalität war, muss man wissen, durchaus üblich. Ein machtbewusster Herrscher musste so sein, wollte er sich vor anderen legitimieren. Dennoch: Von seinen Gegnern wurde er ‹Ashoka der Grausame› genannt.

Einmal bei einer blutigen Schlacht, so wird uns berichtet, soll er in einem Kloster von buddhistischen Mönchen gepflegt worden sein. Und kurz darauf sei er einer Nonne begegnet, die ihn darüber belehrte, dass Leben grundsätzlich Leiden sei. Jetzt erst ging er in sich, begann zu meditieren und zu wandern, von Kloster zu Kloster, von einer Unterweisung zur nächsten. Er hörte vom Karma, hörte, dass einzig die Taten unser Karma bestimmen, dass Karma das Gesetz von Ursache und Wirkung sei und also gutes Handeln Gutes bewirke. Alle diese neuen Einsichten konnten aber Ashoka nicht davon abhalten, das für einen neuen Herrscher Unumgängliche zu tun: den Nachbarstaat als Feind anzusehen und ihn demnach anzugreifen. So überrannte er acht Jahre nach seiner Thronbesteigung das an Elefanten reiche Kalinga. Er putschte seine Elefanten mit Opium auf und lieferte seinen Nachbarn eine derart grauenvolle

Schlacht, dass hunderttausend Tote und hundertfünfzigtausend Vertriebene zu beklagen waren.

Erst dieses ungeheuerliche Blutbad von Kalinga brachte Ashoka zur Besinnung. Er empfand tiefe Reue und scheute sich nicht, seine Untaten öffentlich zu beklagen. Ashokas Entsetzen über das von ihm verursachte Unheil und Leid war derart groß, dass er die Gefangenen freiließ, dem Volk von Kalinga eine Entschuldigung schickte, sich zum Buddhismus bekehrte und für einige Zeit die Mönchsrobe trug. Er wurde der erste radikale Friedensfürst auf einem Königsthron. Eine wahrhaft königliche Gestalt betrat jetzt das Licht der Geschichte.

Er verbot nicht nur das Töten von Menschen, sondern auch das Töten von Tieren, er richtete nicht nur für Menschen, sondern auch für Tiere Pflegestätten ein, untersagte seinen Untertanen jegliche Aggression und strebte fortan mit seinen Nachbarn freundschaftliche Beziehungen an. Die Prinzipien seiner auf den Lehren des Buddha beruhenden Politik ließ er im ganzen Lande verbreiten, eingemeißelt in Felsen oder dem Schaft der Säulen, die er an allen wichtigen Orten aufstellen ließ. Es wird berichtet, dass er während seiner langen Regierungszeit in seinem Riesenreich zudem über achtzigtausend Stupas errichtet habe.

Unter Ashoka wurde der Buddhismus zur Staatsreligion, bei gleichzeitiger Respektierung auch anderer Lehren. So berief er achtzehn Jahre nach seinem Regierungsantritt das dritte buddhistische Konzil in Pataliputra ein, wo Probleme der Mönchsgemeinde besprochen und die Entsendung von Mönchen in alle Welt beschlossen wurden. Doch darüber werdet Ihr, Meister des Gesetzes, wohl bestens informiert sein.»

«So ist es. Unter seiner Herrschaft gelangte die Lehre des Buddha in den fernen Westen an die Küsten des mittleren Meeres, nach Alexandria und Antiochia, und sie gelangte über die nördliche und die südliche Handelsstraße nach China.»

«Ashokas eigener Sohn Mahendra, so habe ich es gehört, soll als Mönch den Buddhismus nach Sri Lanka gebracht haben. Seine Gabe an König Tissa, den er in Mihintale zum Buddhismus bekehrte, war ein Zweig des Feigenbaumes von Bodhgaya, unter dem Buddha zum Erleuchteten wurde.»

«Dieses Ereignis war der Grund, warum auch ich die Absicht hegte, vom Süden Indiens aus nach Sri Lanka zu fahren. Ich nahm zudem an, dass die Mönche in Lanka sich in der Abhandlung über die Stufen der Yoga-Praxis gut auskannten. Doch als ich mich mit einem sinhalesischen Mönch unterhielt, musste ich feststellen, dass seine Erklärungen nicht besser waren als jene, die ich vom Abt von Nalanda, dem ehrwürdigen Silabhadra, erhalten hatte.»

«Ihr wart auch in Südindien? Das sind ja Überraschungen! Was denn trieb Euch an, in diese ferne Gegend zu reisen?»

«Aus dem Süden Indiens stammen berühmte Logiker und buddhistische Mönche von größter Gelehrsamkeit. So gibt es im Königreich Andhra zwanzig Klöster mit fünftausend Mönchen. Hier war die Heimat des großen Logikers Dignaga, dessen Schriften mir bekannt waren, denn ich hatte sie einst in Kashmir studiert. Noch erinnert ein Stupa aus Stein an den Ort, wo Dignaga seinen Klassiker ‹Abhandlung über die Logik› geschrieben hatte. Es wird auch berichtet, dass Dignaga, als er sich den Rat des Bodhisattvas der Weisheit, des Manjusri anhörte, das Kleine Fahrzeug aufgab und zum Großen Fahrzeug wechselte.

Doch nun zurück nach Pataliputra. Wir blieben etwa sieben Tage in diesem einst blühenden kulturellen und politischen Zentrum des ersten indischen Großreiches unter den Herrschern der Maurya. Und dass wir nicht länger hier blieben, mag Euch zeigen, dass es nichts Besonderes gab, das uns halten konnte. Die Stadt ist öde und verwaist. Man sieht überdies noch einige wenige der gegen hundert Säulen des einstigen Palastes mit seinen enormen Ausmaßen, und ich vermute, dass das dritte von Ashoka einberufene Konzil dort stattgefunden hatte.

Nördlich des Palastes und an den Ufern des Ganges befindet sich eine kleine Stadt mit etwa eintausend Häusern, alles ärmlich und ohne Glanz. Doch ein Ort ist hervorzuheben, ein Kloster, gleich neben einem Stupa, das eine große Kostbarkeit birgt, nämlich den Stein mit den Fußabdrücken Buddhas. Auf diesem Stein hat er gestanden, damals, am Ganges. Kurz vor der Überquerung des Flusses drehte er sich nochmals um und schaute nach Süden, hin zum Lande Magadha, wo er Erleuchtung gefunden hatte und seinen großen königlichen Freund Bimbisara in Rajgir. Buddha hat hier, wohl lange sinnend, gestanden in der Vorahnung seines nahen Eingehens ins Nirvana. Dann sagte er zu Ananda: ‹Nun lasse ich zum allerletzten Male meinen Fußabdruck hier, um bald Nirvana zu erlangen, und schaue zurück auf das Land Magadha mit dem Diamantthron und Rajgir. Etwa hundert Jahre von jetzt an wird hier ein König regieren, dessen Name Ashoka ist. Er wird hier seine Hauptstadt bauen und hier Hof halten. Er wird die drei Juwelen beschützen und sein Volk gut regieren.›

Als Buddha sich nach diesen Worten anschickte, in einem Boot den Ganges nordwärts zu überqueren, bemerkten die Umstehenden, dass in dem Stein, auf dem er gestanden hatte, die Abdrücke seiner Heiligen Füße eingegraben waren. Der Stein wird als kostbare Reliquie in diesem einen Kloster verehrt, das zu den wenigen von einst vielen Hunderten gehört, welche hier gewesen waren. Unter jedem der beiden Füße war ein Rad, das Rad der Lehre, und bei jedem der zehn Zehen war eine Swastika eingeprägt. Es war hier zum ersten Mal auf meiner langen Reise vom Reiche der Mitte in den Westen nach Indien, dass ich vor einer Reliquie stand, die direkt und unmittelbar mit dem Leben des Erwachten in Verbindung stand. Mit meinen eigenen Händen meißelte ich auf die noch freie Fläche unter den Fußspuren des Erleuchteten meine Worte der Verehrung und des Gedenkens an unseren Großen Meister.»

«König Ashoka war, so habe ich es gelesen, der Ur-Urenkel des Königs Bimbisara von Rajgir, der einstigen Hauptstadt von Magadha, wo Buddha seine wichtigsten Lehrreden gehalten hatte. Bimbisaras Sohn Ajatasattu, der Urgroßvater Ashokas, verlegte dann das politische Zentrum vom Landesinneren an den Ganges nach Patalitputra, wo die Handelswege zu Land und zu Schiff größeren Reichtum, mehr Macht und Einfluss versprachen. Unter Chandragupta, Ashokas Großvater, wurde die Stadt dann tatsächlich zum alles überstrahlenden Zentrum des ersten indischen Großreiches.»

«Es gab für mich», fuhr nach langem Schweigen Xuanzang fort, «von jetzt an noch drei Orte, die zu sehen mein Herz sich sehnte: Nalanda, das Zentrum höchster Gelehrsamkeit, Rajgir, diese einstige Hauptstadt mit dem Geierberg, wo Buddha seine wichtigsten Lehren vermittelt hatte, und natürlich Bodhgaya, der Ort seiner Erleuchtung unter dem Feigenbaum. Die Stadt Pataliputra verließen wir, wie schon gesagt, nach sieben Tagen.

Aber der Fußabdruck des Buddha war für uns wie der Eintritt ins Heilige Land des Buddhismus.»

*

In diesem Augenblick unterbrach der laute Klang einer Glocke die friedliche Stille, die selbst die im Gartenpavillon sich befindende Gruppe zu einem leisen Plauderton veranlasste, als wollten sie die Harmonie des Ortes nicht mit ihren Stimmen stören. Der König stand sofort auf, denn er kannte diesen Ton recht wohl. Er kündigte eine dringende Botschaft an. Und tatsächlich kam jetzt mit großen Schritten der Hofmeister des Palastes vom Tor zum Garten auf den Pavillon zu. Der König empfing ihn auf der obersten Stufe der kurzen Treppe, die vom Garten zur Terrasse des Pavillons hinaufführte. Der Hofmeister verneigte sich sehr tief vor dem König von Khotan und kam, auf einen Wink des Königs, die Stufen hoch zum Herrscher. Dann flüsterte er ihm, die beiden Hände verschränkt in seinen großen Ärmelöffnungen verbergend, etwas ins Ohr.

Xuanzang und Héng-Li verfolgten diesen Vorgang mit größter Aufmerksamkeit, sie sahen, wie der König beide Augenbrauen hoch nach oben zog und sich seine Augen weit öffneten. Jetzt huschte ein Lächeln über sein Gesicht, und mit der leisesten Stimme der Welt gab er dem Hofmeister offenbar eine Anweisung. Mit einer leichten Verbeugung seines Kopfes dankte er und hieß ihn mit kaum angedeuteter Handbewegung, sich wieder zurückzuziehen. Der Hofmeister ging rückwärts und mit gebeugtem Rücken die Stufen hinab und eilte mit hastigen Schritten durch den Garten hin zum Tor.

Dann wandte sich der König von Khotan mit einem großen Strahlen im Gesicht zu seinen beiden Gästen: «Ein Bote des Kaisers von China ist eingetroffen.»

6
Antwort des Kaisers von China

Der Bote des Kaisers von China hatte den strikten Befehl, die Botschaft seines Herrn niemals einem anderen Menschen, sondern nur dem Adressaten persönlich zu überreichen. Natürlich war diese Order und Gepflogenheit auch dem König von Khotan bekannt, weshalb er den Hofmeister des Palastes gebeten hatte, den Eilboten aus Chang'an sofort vorzulassen und in den Gartenpavillon zu bitten. Und nun kam er. Mit eiligen Schritten bewegte er sich vom Eingangstor des Gartens hin zum Pavillon, wo er vom König von Khotan, Xuanzang und Héng-Li auf der gedeckten, zu den Teichen hin ausgerichteten Terrasse erwartet wurde. Alle drei hatten den Raum verlassen und standen, einer neben dem anderen, am Geländer der Terrasse.

Der Bote zog, kaum angekommen, aus der linken Seitentasche seiner Reisekleidung ein in Leder gebundenes Beglaubigungsschreiben und überreichte es mit beiden Händen dem König, wobei er sich gleichzeitig auf die Knie warf. Das Schreiben trug das Siegel des kaiserlichen Hofes in Chang'an, das dem König von Khotan wohlbekannt war. Kein Zweifel, der Mann kam aus China und war der Abgesandte des Kaisers Taizong. Wortlos gab der König das Beglaubigungsschreiben dem Eilboten zurück und wies ihn an Xuanzang: «Dies ist der Meister des Gesetzes, Xuanzang, der hochgelehrte Mönch aus China. Er ist es, der eine Botschaft von Eurem Kaiser erwartet.»

Kaum hatte der König das letzte Wort gesprochen, warf sich der Bote vor Xuanzang auf die Knie, beugte seinen Rücken tief, berührte mit der Stirn den Boden und bewegte mit nach oben gerichteten Handflächen seine beiden Arme auf und nieder. Es war die Geste der Verehrung, wie sie nur in den Tempeln vor der Statue des Buddha üblich war. Der König nahm es erstaunt zur Kenntnis. Doch Xuanzang und auch Héng-Li zeigten nicht den leisesten Anflug von Erstaunen in ihren bewegungslosen Mienen. Xuanzang, aus Kenntnis über die Leerheit aller Dinge, wusste ohnehin, dass da niemand war, der verehrt werden konnte. Aus diesem Grund war es ein Gebot für alle Mönche, bei Gesten der Ehrbezeugung ruhig zu verharren, so, als ginge es sie in keiner Weise etwas an.

Jetzt hieß er den Boten aufstehen, indem er ihm zulächelte und mit einer fast zärtlichen Geste auf die Beine half. Das Glück, den Meister nach langer und beschwerlicher Reise endlich und wohlbehalten hier in Khotan anzutreffen, strahlte aus seinen Augen, und Héng-Li meinte, in den Augenwinkeln eine kleine Träne zu sehen. Dann griff der Bote zwischen die Falten seines Brustkleides und zog aus einer ledernen Tasche, die raffiniert und vollkommen unsichtbar in sein Unterhemd eingenäht war, einen weißen Umschlag, auf dem das große Staatssiegel des Kaisers Taizong rot und prächtig prangte. Mit beiden Händen überreichte er, sich verneigend, die Botschaft, und Xuanzang nahm sie, sich ebenfalls verneigend, mit beiden Händen entgegen. Sein Blick erkannte sofort die kunstvoll geschnittenen Zeichen des kaiserlichen Siegels. Endlich, nach langem Warten, hielt er die Botschaft des Kaisers von China in seinen Händen.

Hätten der Bote oder gar der König erwartet, Xuanzang würde nun eilig das Siegel erbrechen und voll Unruhe und Begierde die Antwort des Kaisers lesen wollen, dann sahen sie sich getäuscht. Xuanzang versorgte die Botschaft in der Tiefe der großen und langen, bis zu den Knien reichenden Ärmelöffnung seiner weiten Robe. Dann bat er den König und auch den Boten mit einer Handbewegung in den Pavillon, um hier bei Tee und Kuchen, die noch reichlich auf dem Tisch vorhanden waren, mit dem Boten aus seiner Heimat zu sprechen. Der König, obwohl der eigentliche Gastgeber im Palast, ließ es lächelnd geschehen, denn in diesem Augenblick war der Mönch und nicht er die Hauptperson. Und auch er anerkannte die unbestrittene Autorität seines chinesischen Gastes, den er jetzt, nach vielen Monaten und zahlreichen Gesprächen und Lehrveranstaltungen, wohl am Weiterziehen nicht hindern konnte. Doch noch blieb ihm eine kleine Hoffnung. Was wäre, wenn der Kaiser von China dem Mönch die Einreise verweigerte? Er wusste, dass Xuanzang vor fünfzehn Jahren gegen den ausdrücklichen Befehl des Kaisers Taizong China verlassen hatte. Die Macht des Kaisers war in der Zwischenzeit ins geradezu Unermessliche gewachsen. Er könnte den Mönch mit einer einzigen Handbewegung vernichten. Verwehrte er ihm die Rückkehr, dann, ja dann wäre die Möglichkeit gegeben, dass Xuanzang hier in Khotan den Rest seines Lebens verbringen und das Königreich dadurch in großem Glanz erstrahlen würde. Er hätte nicht nur einen klugen und hochgelehrten Ratgeber, sondern auch einen Weisen und Kenner der Schriften, der seine Oase zu einem Ort höchster Gelehrsamkeit machen könnte. Doch würden dann nicht die Begehrlichkeiten des chinesischen Kaisers nach seinem an Jade so überreichen Königeich noch größer werden, als sie es ohnehin schon waren?

«Ihr seid nachdenklich, Majestät», bemerkte jetzt Xuanzang.

«Gewiss, denn noch weiß ich nicht, ob ich durch die Botschaft des Kaisers von China einen mir inzwischen lieben Freund verliere oder ob ich ihn weiter in den Mauern dieser Stadt beherbergen kann, da er als Hausloser und vielleicht

Zurückgewiesener eine Bleibe notwendig hat. Doch die Wünsche meines Herzens sind jetzt nicht auf mein Wohl, sondern auf das Eurige gerichtet.»

Xuanzang lächelte fein. Sehr wohl bemerkte er, wie sich hinter den Worten des Königs eine große Neugierde verbarg. Selbst in den Augen seines Sekretärs Héng-Li konnte er einen fragenden Blick entdecken, war doch dessen Schicksal an das seines Meisters gebunden. Aber Héng-Li war nach vielen Jahren mönchischen Lebens gelassen genug, um nicht in eine sichtbare Unruhe zu verfallen.

Für Xuanzang lag die Sache ganz einfach: Von erster Wichtigkeit war jetzt, in diesem Augenblick, nicht die Botschaft, sondern der Bote. Und so fragte er denn, nachdem er Tee eingegossen und Gebäck angeboten hatte, nach dem Verlauf der Reise, nach den Schwierigkeiten, denen er begegnet sei und den Witterungs- und Wegverhältnissen am Südrande der Taklamakan. Den Fragen Xuanzangs war sehr leicht zu entnehmen, dass er sich nach den Bedingungen seiner eigenen, noch vor ihm liegenden Reise erkunden wollte, als sei für ihn die Rückkehr eine ausgemachte Sache. Schließlich wollte er wissen, was die Menschen in Chang'an zum Zeitpunkt der Abreise des Boten am meisten bewegte und beschäftigte.

«Was die Menschen in Chang'an berührt, möchtet Ihr wissen? Ihr, Meister des Gesetzes, Ihr selbst seid es, der die Menschen in Unruhe versetzt. Eure gute Heimkehr ist der Gegenstand ihrer Sorge und Hoffung. Eine Stadt erwartet Euch! Denn das Eintreffen Eures Briefes an den Kaiser war kein Staatsgeheimnis, und schon nach wenigen Tagen war, wohl durch gezielte Indiskretion eines Beamten am Hof, öffentlich bekannt, dass Ihr Euch auf der Heimreise befindet und wohl bald in Chang'an eintreffen werdet. Allerdings war niemandem der Ort Eures Aufenthaltes bekannt. Die einen wähnten Euch bereits auf chinesischem Boden, andere meinten, dass Ihr unmittelbar vor der Grenze auf ein Wort des Kaisers wartet. Alle aber wissen, dass ein großer Sohn Chinas, nachdem er lange Jahre im fernen Westen gereist war, jetzt wieder nach Hause zurückkehrt. Stolz und Freude erwarten Euch.»

Xuanzang lauschte und seine Augen öffneten sich weit, als wollte er den Bildern in seinem Inneren Raum geben. Die Worte des Boten berührten sein Herz. Zumindest die Menschen hatten ihn nicht vergessen. Doch was war mit dem Kaiser? Hieß auch der ihn willkommen? Xuanzang griff jetzt mit seiner Rechten in die linke Ärmeltasche, holte den Brief hervor und erbrach das kaiserliche Siegel. Dann las er die einzige, kleine und eng beschriebene Seite des Briefes von Kaiser Taizong unter den gespannt wartenden Augen des Königs, Héng-Lis und des Boten. Keiner wagte eine Bewegung, so angespannt waren sie. Dann gab Xuanzang mit einem Lächeln im Angesicht den Brief seinem Sekretär und bat ihn, die Antwort vorzulesen. Héng-Li überflog den Text, dann las er laut und mit ruhiger Stimme:

Als ich hörte, dass der Meister, der in fernen Ländern nach den Heiligen Büchern suchte, jetzt heimgekehrt ist, war ich von großer Freude erfüllt. Ich bitte Euch, kommt so schnell wie möglich, damit wir uns sehen können. Ihr mögt auch die Mönche aus Indien mitbringen, die das Sanskrit und die Bedeutung der Schriften verstehen. Ich habe die Ämter in Khotan und in anderen Regionen angewiesen, Euch eine Eskorte mit den besten Führern zur Verfügung zu stellen und alles Notwendige, das Ihr für die Reise nötig habt. Die Beamten von Dunhuang habe ich angewiesen, Euch auf der Reise durch die Wüste mit dem fliegenden Sand zu begleiten. Und ich wünsche, dass die Beamten von Shanshan Euch in Chemo empfangen.

So war die Antwort des Kaisers.

Kaum hatte Héng-Li geendet, teilte der Bote mit, dass alle im Brief erwähnten Beamten die Anweisungen des Kaisers bereits erhalten hätten. Er habe allerdings bis zu dieser Stunde nichts über den Inhalt der Briefe gewusst, die er an den besagten Stellen überbracht hatte. Der Meister könne sich unverzüglich auf die Heimreise begeben. Schon in wenigen Tagen werde der chinesische Repräsentant hier in Khotan die dazu notwendigen Vorkehrungen getroffen haben, dessen sei er sich sicher.

Jetzt bedeutete König dem Boten mit einem Handzeichen, dass er sich zurückziehen möge. Für seinen Geschmack hatte der sich schon lange genug im königlichen Pavillon aufgehalten. Einzig der Respekt vor dem Meister des Gesetzes ließ ihn über diesen Bruch der Etikette hinwegsehen. Außerdem wollte er sich mit Xuanzang über die nun zweifellos bevorstehende Abreise unterhalten, und bei diesem Gespräch wollte er keine ungebetenen Ohren.

«So werdet Ihr jetzt unsere schöne Oase Khotan, die Euch für fast sieben Monate, so hoffe ich, gut beherbergt hat, nun für immer verlassen. Wir bedauern Euren Wegzug, dessen könnt Ihr Euch gewiss sein, und Eure Belehrungen und Auslegungen des Gesetzes werden wir als kostbares Gut in unserem Geist und in unseren Herzen bewahren. Meine Dankbarkeit für Euer Hiersein kann ich so zum Ausdruck bringen, dass ich Euch mit Lasttieren und Führern ausstatten werde. In Loulan dann werden Euch wohl die vom Kaiser in Aussicht gestellten Helfer erwarten.»

«So wird es sein. Da ich jetzt am dringendsten genügend Lasttiere für meine zahlreichen, in Kisten und Kasten verpackten Schätze brauche, ist mir Euer großzügiges Angebot wie ein Geschenk des Erwachten, das ich gern, sehr gern annehme. Ich möchte mich auch unverzüglich an die Vorbereitungen zur

Abreise machen, denn ich verhehle nicht, dass es mich jetzt, wo ich die wohlwollende Antwort des Kaisers kenne und er mich gar dringend und möglichst schnell zu sehen wünscht, mit meinem ganzen Herzen nach Hause zieht. Über fünfzehn Jahre sind es her, seit ich China verlassen und im Heiligen Land des Buddha gereist, gelebt, studiert und viele Gefahren überstanden habe. Doch jetzt, wo ich wohlbehalten und gesund an Leib und Seele vor den Toren meines Landes stehe und man mich mit freundlicher Geste zum Eintreten auffordert, möchte ich gehen. Auch wenn die Kopien der verlorenen Manuskripte noch immer nicht eingetroffen sind, möchte ich weiterziehen. Wer weiß, vielleicht erreichen sie mich dann in China.»

Xuanzang gab jetzt dem König zu verstehen, dass er die Audienz beenden und sich in sein Kloster zurückziehen möchte. Denn er wusste wohl von allen seinen früheren Begegnungen mit den Mächtigen, dass sie ihn zu halten, ihn in ihrer Gegenwart zu wissen wünschten und zu diesem Behufe von einer Frage zur nächsten, von einem Problem zum anderen hüpften, Haken schlagend wie verfolgte junge Hasen. Diesem Spiel wollte Xuanzang jetzt ausweichen, und so erhob er sich und nickte Héng-Li zu, sich ebenfalls zu erheben. Dem König blieb nichs anderes übrig, als die beiden Gäste bis vor das hohe Eingangstor seines mit zahlreichen Wandbildern geschmückten Palastes zu begleiten, mit Bedauern zwar und mit der dringenden Bitte, sie vor der festgesetzten Abreise noch einmal, ein letztes Mal sehen zu dürfen.

*

Wenige Tage später war die Karawane zur Abreise bereit. Mehr als zwanzig Pferde und Kamele, alle hoch bepackt mit Kisten, Proviant und Wasserschläuchen, standen an einem kalten und frühen Herbstmorgen vor dem Osttor der Stadt Khotan und warteten auf den König. Denn der hatte Befehl gegeben, das Tor nicht vor seinem Eintreffen zu öffnen.

Von Ferne hörten sie jetzt die Muschelhörner, welche die Ankunft des Königs ankündigten. Mit großem Gefolge, Fackelträgern, Standartenträgern, der Leibgarde und einem Tross Kavallerie näherte sich der König, der unter einem von vier hohen Beamten getragenen Baldachin einherschritt. Vor ihm ging ein Diener, der mit beiden Händen eine Statue Buddhas vor sich her trug, auch er gemessenen Schrittes, wie es das Ritual forderte.

Und Xuanzang wusste um die Zeremonie des Abschieds, die jetzt folgte, denn unzählige Male hatte er sie in Indien an den Höfen der Könige erlebt. Es war, als seien diese Rituale den Mächtigen wie von unsichtbarer Hand auf der ganzen Welt ins Protokoll geschrieben, damit auch kein Jota ihrer Bedeutsamkeit und Herrlichkeit verloren gehe.

Xuanzang ging also auf den König zu und blieb in angemessenem Abstand vor ihm stehen. Wer geht jetzt zuerst auf den anderen zu? Das Protokoll sieht vor, dass der Herrscher den anderen auf sich zukommen lässt und wartet, bis er ihn gnädigst im letzten Augenblick mit einer kleinen Handbewegung vom vorgeschriebenen Kniefall entbindet. So durchgeführt, ist es sowohl eine Demonstration der Herrschaft und der königlichen Würde als auch ein huldvolles Gewähren der Gnade, dem anderen den Kniefall zu erlassen, ihn also fast auf die gleiche Stufe zu heben, jedoch nicht ganz.

Zwei gleichrangige Herrscher jedoch schreiten gleichzeitig aufeinander zu und verneigen sich in angemessenem Abstand voreinander. Wollte aber der Herrscher seine uneingeschränkte Bewunderung und Verehrung für einen Menschen zum Ausdruck bringen und zeigen, dass er sich ihm auf irgendeine Weise untergeordnet fühlt, dann hatte er den ersten Schritt zu tun und mit weit ausgestreckten und geöffneten Armen auf sein Gegenüber zuzugehen, als biete er ihm sozusagen die ungeschützte Brust und sein Herz zur Freundschaft an. Es war der Ausdruck höchster Verehrung und Wertschätzung. So hatte es Xuanzang vor fünfzehn Jahren in der Oase Turfan erlebt, als ihn König Ch'ü Wen-t'ai zur Weiterreise entließ. So war es bei König Harsha in Indien. Und so geschah es auch jetzt, wo er sich auf der Rückkehr vor seinem Eintreffen in China zum allerletzten Mal von einem König verabschiedete. Die Rituale waren die gleichen.

Xuanzang blieb einen kleinen, ganz kurzen Augenblick stehen. Und noch bevor er den ersten Schritt tun konnte, kam ihm der König mit weit geöffneten Armen entgegen. Wären sie beide Könige gewesen, hätten sie sich auf die Wangen geküsst, einmal links und einmal rechts, zwar ein Hauch nur von einem Kuss und dennoch ein Zeichen für Zuneigung und Verehrung. Da aber Xuanzang ein Mönch war, wusste der König sehr wohl, dass es ihm nicht gestattet war, ihn auf irgendeine Weise zu berühren.

So ging er auf ihn zu, schon das war eine große Geste des Respekts, blieb mit gefalteten Händen vor Xuanzang stehen und verneigte sich tief vor ihm, deutete eine leichte Beugung des rechten Knies an, so als wollte er sich vor dem Mönch zu Füßen werfen. Xuanzang beeilte sich, mit einer leichten Berührung des königlichen Armes, diese Demutsgeste zu verhindern. Und so standen sie sich jetzt gegenüber.

Jetzt griff der König in seine Brusttasche und übergab Xuanzang mit beiden Händen einen verschnürten Brief, an dem gut sichtbar das Siegel des Königs angebracht war.

«Ich bitte Euch, verehrter Meister des Gesetztes, diese Botschaft meinem königlichen Bruder, dem Kaiser Taizong in

Chang'an, zu überbringen. Ich preise in diesem Brief nicht nur Eure höchste Gelehrsamkeit und große Weisheit, sondern ich biete dem Kaiser auch künftig meine Freundschaft und friedliche Nachbarschaft an in der Hoffnung, dass dies für immer so bleiben möge. Ich weiß, nichts ist von immer währender Beständigkeit, der Erwachte aus dem Geschlecht der Shakya, Buddha Gautama, hat es uns so gelehrt. Und dennoch, mein Herz möchte Frieden, und es wünscht diesen Frieden auch für die Menschen in der schönen Oase Khotan.»

«Mit Freude überbringe ich die Botschaft meinem Herrscher, dem Kaiser. Nehmt meinen Dank für die mir und meinen Begleitern gewährte Gastfreundschaft und für die großmütige Hilfe, ohne die ich wohl meine Weiterreise mit Bangen und Furcht antreten würde. Mein Wort beim Kaiser sei Euch sicher.»

Mit einer Verbeugung nahm Xuanzang den Brief entgegen und steckte ihn in die Brustasche seiner Reisekleidung. Dann wurde ihm von Héng-Li ein weißes längliches Tuch gereicht, das er jetzt dem König um den Hals legte zum Zeichen seiner Verehrung und seines Dankes.

«Mögen die tausend Buddhas Euch und die Menschen in Khotan behüten und bewahren vor Unglück und Leid.»

Dann verneigten sich die beiden ein letztes Mal voreinander. Der König gab Anweisung, das Osttor zu öffnen, und Xuanzang bestieg den prächtigen Schimmel, den der König in seinem Marstall eigens für ihn ausgesucht hatte. Er schritt als erster durchs Tor, ihm folgten die über zwanzig Kamele und Maultiere mit ihren Treibern, die Mönche aus Indien und die Diener und Führer aus Khotan.

Vor ihnen lag die Taklamakan, die gefährlichste Strecke der südlichen Handelsstraße, von der die Leute sagen: ‹Gehst du hinein, kommst du nicht wieder heraus.› Gefährlich war sie nicht nur wegen der Winde und der Wanderdünen, welche es unmöglich machten, sich an Wegmarkierungen zu orientieren. Gefürchtet waren auch die extremen Schwankungen der Temperatur, die nur ein gesunder Körper überstehen konnte und das auch nur dann, wenn reichlich Proviant, feste Zelte und genügend warme Kleidung vorhanden waren.

Um ein Ausbrechen einzelner Tiere zu verhindern, wurden sie alle, die Kamele und Maultiere, mit langen Leinenseilen aneinandergebunden. Nur der Karawanenführer ging zu Fuß voran, die übrigen Menschen saßen auf ihren Tieren, umgeben von den Wolken des ununterbrochen wehenden Sandes. So saßen sie stundenlang, nickten zuweilen ein, hingegeben dem schaukelnden Gang auf den Rücken der Tiere, am Tag der glühenden Hitze und mit dem Verlöschen der Sonne innerhalb weniger Minuten der Eiseskälte der Nacht ausgesetzt. Bei allen Führern, auch den erfahrensten, war der Buran am meisten gefürchtet. Im Sommer war es ein Sandsturm mit solcher Heftigkeit, dass das nur wenige Schritte vorangehende Reittier nicht mehr zu sehen war. Im Winter dagegen ist der Buran eisig kalt und bringt aufwirbelnden Schnee mit sich. Weil der schwarze Sandsturm oft wochenlang wütete und so unendliche Sandmassen bewegte, fielen ihm nicht nur Karawanen, sondern auch ganze Städte zum Opfer.

Unterwegs wandte sich, als die Winde besonders heftig wehten, der Führer der Karawane zu Xuanzang: «Wisst Ihr, Meister, nachdem Gott die Wüste geschaffen hatte, sah er, dass es ein Irrtum war. Daraufhin schickte er das Kamel.»

*

Xuanzang hatte Khotan im späten Herbst verlassen, ein guter Zeitpunkt, denn jetzt war kaum mehr mit den gefürchteten Stürmen zu rechnen. Tatsächlich erreichten sie die Oase Niya ohne besondere Zwischenfälle und reisten von hier recht zügig zur Oase Loulan, wo Xuanzang seinem Sekretär den Bericht über die letzte Strecke seiner Reise durch die Taklamakan diktierte:

«Wenn wir von Khotan nach Osten gehen, betreten wir eine große, driftende Sandwüste. Dieser Sand erstreckt sich wie eine treibende Strömung über eine große Entfernung, die vom Wind zusammengestaucht oder zerstreut wird. Die Reisenden hinterlassen nicht die geringsten Spuren, und häufig ist der Weg verweht, und so wandern sie ziemlich bestürzt hierhin und dorthin, ohne jeden Führer noch Richtungshinweis. Die Reisenden betrachten daher die Knochen der Tiere als Wegmarken. Weder Wasser noch Gras und Kräuter lassen sich finden, und oft wehen heiße Winde. Sobald diese Winde aufkommen, werden Menschen wie Tiere verwirrt und vergesslich, und dann bleiben sie völlig unfähig, weil sie krank sind. Zuweilen vernimmt man traurige und klagende Laute und Mitleid erregende Schreie, sodass sich der Geist der Menschen wegen des Anblicks und der Geräusche dieser Wüste verwirrt und sie bald nicht mehr wissen, wohin sie gehen. Deshalb überleben so viele eine solche Reise nicht. Doch das alles ist nur das Werk von Dämonen und bösen Geistern.»

In Loulan hatte Xuanzang das Gefühl, jetzt in China angekommen zu sein, wenn auch noch weit entfernt von der Hauptstadt und im äußersten Westen des Reiches, doch immerhin, er war auf dem Boden seiner Heimat.

Nach einer kurzen Rast in Loulan drängten die Führer aus Khotan zum Aufbruch. Sie wollten die günstige Witterung ausnützen und so schnell wie nur möglich in Dunhuang ankommen. Denn waren sie einmal dort, hatten sie den gefährlichsten Teil der südlichen Route durch die Taklamakan hinter sich. Dunhuang war unzweifelhaft Teil des chinesischen Reiches.

Hier konnten sie die Führung der Karawane des berühmten Mönchs ihren chinesischen Kollegen übergeben, sich ausgiebig erholen und Einkäufe tätigen, bevor sie sich mit ihren Pferden und Kamelen wieder auf die gefährliche Rückreise zur Oase Khotan aufmachten. Xuanzang wollte sie für ihre Begleitung und Hilfe großzügig entschädigen, was sie aber energisch zurückwiesen.

*

In Dunhuang trennt sich die von Chang'an ausgehende Handelsstraße in die nördliche Route über Turfan nach Samarkand und in die südliche Route nach Khotan, Kashgar und über das Pamir-Gebirge nach Kunduz, wo sie in Samarkand wieder mit der Nordroute zusammentrifft.

Als Xuanzang vor sechzehn Jahren das Jadetor passiert und somit China endgültig verlassen hatte, hielt er sich über einen Monat in der kleinen Oase Anxi (Kuqa) auf, die unweit von Dunhuang liegt und von wo die eigentliche Verzweigung der nördlichen und südlichen Route ausging. In Anxi war es, wo der fromme buddhistische Beamte den kaiserlichen Erlass für seine Auslieferung zerrissen und er sein frisches Pferd gegen den alten Klepper eingetauscht hatte. Sein Führer hatte ihn damals auf die nördliche Route über Hami nach Turfan gewiesen und nicht nach Dunhuang. So war denn jetzt die Ankunft in der Oase Dunhuang für den Meister des Gesetzes das Ende einer langen Reise, die ihn von hier aus wie in einem weiten Kreis in die westliche Welt nun wieder zum Ausgangspunkt zurückführte. Von Anxi aus würde er auf bekannten Pfaden zurück nach Chang'an reisen. Der Kreis schloss sich hier in Dunhuang. Es war für ihn auf der Reise in den Westen und vor seiner Heimkehr zurück in den Osten der letzte Ort, der neu und unbekannt war.

Und dennoch, so ganz unbekannt war ihm der Ort nicht, denn aus dem Reisebericht des Faxian, der über zweihundert Jahre vor ihm in den Westen gezogen war, wusste er, dass der buddhistische Mönch Luocun etwa fünfzig Jahre, bevor Faxian nach Dunhuang kam, mit dem Bau von Höhlen begonnen hatte. Faxian berichtete von Dutzenden herrlich ausgemalter Höhlen, in denen auch Bildnisse des Buddha verehrt wurden.

Jetzt, viele Generationen später, traf Xuanzang gar auf mehrere Hundert Grotten und Tausende farbige Skulpturen. Entsprechend war die Anzahl der Mönche, die hier den Weg der Erleuchtung gingen und noch immer weitere Grotten ausbauten, sie kunstvoll bemalten und mit Skulpturen bereicherten. Die Höhlen mit besonders wertvollen Statuen des Erwachten wurden zum Schutz vor der Witterung und den Sandstürmen mit einer Fassade verschlossen, die fünf oder mehr Stockwerke hoch und auf jeder Etage mit gedeckten Terrassen oder einer Loggia versehen war. Die meisten dieser Grotten befanden sich südlich der Stadt, und der Weg dorthin zog sich durch eine Steinwüste entlang eines Berges.

Dort angelangt, wurde sichtbar, wie steil alles zum Tal hin abfällt. Im Osten lagen die ‹Berge der drei Gefahren› und im Westen die ‹Berge des singenden Sandes›. Zwischen beiden fließt, von Süden kommend, ein Fluss, den sie ‹Quelle der Höhlen› nannten. Hier gab es Tempel und Höhlen in großer Zahl mit zum Teil riesigen Glocken. An den beiden äußersten Enden dieses Tales, also im Norden und im Süden, gab es Tempel des Himmlischen Königs Tian Wang und anderer Gottheiten. Deren Wände waren zu Ehren des Königs von Tibet, Songtsen Gampo, und seines Gefolges bunt bemalt. Auf der ganzen Vorderseite des westlichen Berges hatten die Mönche hohe und geräumige Grotten gebaut und bemalte Bildnisse des Buddha modelliert. In einem der Säle stand ein über fünfzig Meter hoher Buddha. Alle diese Grotten waren durch Balustraden miteinander verbunden, so konnten Mönche, Pilger und Besucher leicht Zugang erhalten.

Die ‹Berge des singenden Sandes› sind vollständig von Sand überdeckt, doch in der Mitte befindet sich ein Wasserloch, das der Sand nicht hat zudecken können. Wenn der Sommer seinen Höhepunkt erreicht, dann dringt Gesang aus dem Sand, und Menschen und Pferde hören diesen Klang über viele *li* entfernt.

Als Xuanzang diese überwältigende Pracht der vielen Hundert Höhlen und Grotten nun tatsächlich vor sich sah, war er überzeugt, dass das Ursprungsland der Grotten nur Indien sein konnte.

«Erinnern dich die Grotten nicht an Ajanta?», fragte er Héng-Li.

«Ja, das auch, doch mich erinnern sie zuallererst an das schöne Bamiyan. Ihr habt recht, die Idee stammt aus Indien, und es könnte durchaus sein, dass die ersten Höhlen von den aus Indien nach China wandernden Mönchen errichtet worden sind.»

«Die Art der Malerei ist hingegen einzigartig, nirgendwo auf unserer Reise haben wir nur annähernd eine so große Pracht gesehen – höchstens die Malerei in den Nischen der großen Statuen im Fels von Bamiyan zeigt eine gewisse Ähnlichkeit.»

«Doch nur, was die Dekorationsmalerei, die Abbildungen Buddhas und seiner früheren Leben, der Bodhisattvas und der buddhistischen Legenden und Bildergeschichten betrifft. Da scheint es eine allgemeine Übereinstimmung zu geben, einen Kanon für Maler sozusagen. Hier aber sehen wir weit mehr, Porträts von weltlichen Persönlichkeiten, Szenen aus dem Alltagsleben verschiedener Gesellschaftsschichten, ihre Sitten und Gebräuche.»

«Es wird die Welt geschildert und abgebildet, wie sie sich hier in der Oase Dunhuang zeigt, es ist ein Geschichtsbuch und erzählt vom Handels- und Kulturaustausch zwischen China und den Ländern des Westens, vom harmonischen Verschmelzen von Ost und West.»

«Einige Gesichter erinnern an Perser und an Griechen.»

Xuanzang lächelte: «Das heißt, sie gleichen dir, da hast du genau hingeschaut! Und die badenden Frauen sind Inderinnen, das können wir mit unseren Indienkenntnissen sofort sehen. Ich als Chinese erkenne leicht die chinesischen Mythen sowie die daoistischen und konfuzianischen Episoden.»

«Die Apsaras, die geflügelten Gottheiten, sind eindeutig ein Schmuckelement aus den westlichen Regionen, die wir besucht haben. Auch hier fliegen sie wie die Maulbeerspinner, die Seidenfäden spucken, wie sanfte Frühlingswolken am Himmel, wie Wasser, das leicht über den Boden fließt.»

«Halt an dich, Héng-Li, du kommst ins Schwärmen!»

So unterhielten sich die beiden, als sie von einer Grotte zur nächsten gingen, fast jede schöner und größer als die vorangegangene. Und wie sie so einherschritten und sich in Bewunderung und Begeisterung über diese einzigartigen Kunstwerke ergingen, kam ihnen ein junger Mönch entgegen. Seinem Aussehen nach musste er aus Tibet kommen, zudem trug er eine dunkle, fast blutrote Robe, welche in den übrigen buddhistischen Ländern ganz unüblich war.

Der junge Mönch war mit einem Kasten unterwegs, der voll von Malutensilien war, mit verschiedenen Pinseln, kleinen Tonschälchen, bunten Steinen, Ölpasten und einem Reibstein. Er sei unterwegs zu seinem Meister, der dabei sei, eine neu erstellte Grotte auszumalen, und da er schon in Tibet eine kurze Ausbildung als Maler bekommen habe, sei er von seinem Meister zur weiteren und vertieften Ausbildung angenommen worden.

Ob sie ihn begleiten dürften, und ob der Meister wohl einverstanden sei, wenn sie ihnen beim Handwerk zuschauen würden, fragte Xuanzang. Das gewiss, meinte der junge Mönch, denn der Meister des Pinsels sei großzügig, sehr belesen auch und menschenfreundlich.

So war es denn auch. Der alte Maler mit weißem Bart und kahlem Schädel empfing sie freundlich in einer großen Grotte, deren Wände bereits mit einer weißen Gipsschicht überzogen und also für das Anbringen der Malerei hergerichtet waren. An gewissen Stellen waren bereits die feinen schwarzen Konturen von Gestalten und Landschaften zu erkennen. Der Alte musterte die beiden Besucher mit seinen wachen Augen, sah sie lange an und sagte schließlich:

«Ihr müsst der Pilger aus China sein, der die westlichen Länder besucht hat und mit einem weißen Elefanten nach China zurückreist. Euer Ruf ist Euch weit vorausgeeilt. Denn vor vielen Monaten, es mag sogar fast ein Jahr her sein, ist eine kleine Gruppe von Mönchen hier eingetroffen. Sie kamen aus Indien und berichteten von einem großen chinesischen Meister, der auf einem weißen Elefanten auf der Heimreise nach China unterwegs sei. Er sei an seiner ungewöhnlichen Körpergröße leicht zu erkennen.»

«Der bin ich, doch den weißen Elefanten habe ich zu meinem großen Leidwesen unterwegs verloren.»

«Wie das? Wie kann ein Elefant, und dazu noch ein weißer Elefant, verloren gehen?»

«Ja, von einem mächtigen König habe ich ihn zum Geschenk bekommen. Er sollte mich sicher heim in mein Land führen und Glück bringen. Und für uns Buddhisten ist er, wie Ihr wohl wisst, heilig, denn ein weißer Elefant war einst der Königin Maya im Traum erschienen, um ihr die Geburt eines königlichen Weltenherrschers anzukündigen.»

«Und seither ist er ein Kleinod der Lehre des Buddha, das Sinnbild für Mitleid, Liebe und Güte, ich weiß. Doch sagt mir, wie kann man so ein Kleinod, ein so großes Kleinod überdies, verlieren?»

«Den Elefanten habe ich von König Harsha, dem mächtigsten Herrscher Indiens, bekommen. Und ich wusste selbstverständlich, dass dies nicht nur ein kostbares Geschenk war, sondern auch eine hohe Auszeichnung für einen Meister des Gesetzes bedeutete. Entsprechend umsorgte und pflegte ich das Reittier, das überall, wohin wir auch kamen, große Bewunderung und Respekt auslöste. Es geleitete mich denn auch sicher nach Taxila und über den Khyber-Pass und die Berge des Hindukush bis nach Kunduz. Vor uns lag die lange und äußerst beschwerliche Reise über das Pamir-Gebirge bis zu Tashkurghan.

Während sich unsere Karawane langsam auf dem Weg von Tashkurghan nach Kashgar weiterbewegte, hatten wir eine enge Schlucht zwischen überhängendem Felsgestein zu passieren, als plötzlich eine Räuberbande von einem Hohlweg auf uns zustürmte. Meine Begleiter und die Händler gerieten in Panik und flohen verängstigt die Berghänge hinauf, nur der Elefant von König Harsha trampelte wild und unruhig, sodass die Räuber sich an ihn heranmachten, ihn vor sich her jagten und derart erschreckten, dass er völlig kopflos in den reißenden Fluss stürzte und ertrank.»

«Und es gab keine Möglichkeit, den Elefanten zu retten?»

«Gewiss nicht. Die Schlucht war eng und entsprechend gefährlich das reißende Wasser. Außerdem hatten wir für unser eigenes Überleben besorgt zu sein. Als jedoch die Räuber sahen, dass der kostbare weiße Elefant in den Fluten ertrunken war, kehrten sie in hellem Entsetzen um, denn sie fürchteten die Rache der Götter. Es war ihnen wohl bewusst, dass sich ein weißer Elefant seiner Seltenheit wegen der besonderen Gunst der Götter erfreute.»

«So hat euch in gewisser Weise der Elefant das Leben gerettet und vor der Unbill mit den Räubern bewahrt. Ich denke», wandte sich der Meister des Pinsels an seinen jungen Malergehilfen, der mit staunenden Augen der Geschichte gefolgt war, «dass wir diesem klugen Tier unsere Verehrung erweisen und den Elefanten auf einem Bild festhalten sollten.»

«Es wäre das schönste Geschenk», erwiderte Xuanzang, «wenn er in einem Bildnis weiterleben könnte. Doch ist diese dunkle Grotte auch der richtige Ort?»

Statt einer Antwort führte der Meister des Pinsels die Besucher nach draußen auf die Loggia. Hier stellte er sich vor die große leere Wand. Er verharrte eine Weile in Stille, griff dann zu einem Kohlestift und skizzierte mit sicherer Hand die Umrisse der Karawane mit dem weißen Elefanten. Ein Führer ging dem Tier voran, auf dessen Rücken eine Decke lag, die ihm fast den ganzen Leib bedeckte und vorn unter den Stoßzähnen und hinten unter dem Schwanz von einem mit vielen Glocken behangenen Gurt zusammengehalten wurde. Das Tier war voll bepackt mit Waren. Hinter dem Elefanten sah man Xuanzang auf einem Pferde reitend, gefolgt von Begleitern. Die Karawane zog durch eine Landschaft mit zahlreichen Bergen, die wie die Wellen eines wilden Meeres sich unterhalb und oberhalb der Reisenden in weite Fernen erstreckte.

Xuanzang und Héng-Li sahen, dass sie einen wahrhaftigen Meister vor sich hatten. «Und in welchen Farben wird das Bild am Ende ausgemalt?», fragte Héng-Li den jungen Gehilfen.

«Ich denke, dass die Wüste und die Berge sandfarben sein werden, jedoch durchsetzt mit dem hier so gern verwendeten zarten hellen Grün, das mit viel Weiß gemischt wird. Die Decke des Elefanten sehe ich bunt, die Kleider der Pilger in dunklem Braun und Schwarz. Der Elefant jedoch leuchtet in strahlendem Weiß, denn er soll der Mittelpunkt des Bildes sein.»

Inzwischen war die Dämmerung eingebrochen und die Luft wurde merklich kühler. Bevor Xuanzang sich in seinen Raum im Kloster zurückzog, mahnte er Héng-Li, sich am folgenden Tag recht früh bei ihm einzufinden. Xuanzang hatte sehr wohl verstanden, dass der Kaiser ihn so schnell als möglich bei sich zu sehen wünschte. Um diesen Kontakt nicht abbrechen zu lassen, der mit der Botschaft des Kaisers entstanden war, schickte Xuanzang von der Oase Dunhuang einen weiteren Brief an den Hof in Chang'an, um seine baldige Ankunft zu bestätigen.

Héng-Li hatte noch in der Nacht errechnet, dass sie mit ihrem gewohnten Reisetempo im Frühjahr in Chang'an eintreffen würden. Das war möglich, da ihnen jetzt auf chinesischem Territorium und unter dem Begleitschutz der kaiserlichen Soldaten keine weiteren Überfälle und anderes Ungemach mehr zustoßen konnten. Kaum war der Bote mit dem Brief an den Kaiser abgereist, drängte Xuanzang zum Aufbruch. Es zog ihn jetzt mit allen Kräften seines Herzens nach Hause.

7
Audienz beim Kaiser von China

Im Frühling des Jahres der Holzschlange im 55. Zyklus[1] erreichte Xuanzang mit seinen Begleitern, mit zwanzig Pferden und den in fünfhundertzwanzig Kisten verpackten Waren wohlbehalten die Stadt Chang'an, die Hauptstadt des chinesischen Kaiserreiches, das er vor sechzehn Jahren ohne die Einwilligung des Kaisers heimlich verlassen hatte.

Da Kaiser Taizong eine militärische Operation im Nordosten des Reiches anführte, hatte er zuvor alles Notwendige veranlasst, um dem Meister des Gesetzes einen würdigen Empfang zu bereiten und damit den General Mo Chén-Shih, den Kommandanten der Kavallerie, Li Shu-Shen, und den Präfekten von Chang'an, Li Ch'ein-Yu, beauftragt.

Die Ankunft des berühmten Pilgers und Gelehrten hatte sich im Nu in der ganzen Stadt herumgesprochen, und Zehntausende strömten in die Innenstadt, um den ungewöhnlichen Mann und seine Begleiter zu sehen. Die Straßen und Plätze waren derart mit Menschen überfüllt, dass Xuanzang gezwungen war, die Nacht vor seinem Betreten der Stadt an einem Kanal in der westlichen Vorstadt zu verbringen. Da die Ordnungshüter der Stadt befürchteten, die Menschen könnten sich gegenseitig zu Tode trampeln und so eine Panik auslösen, gaben sie Befehl, dass alle an ihrem Platz ruhig verharren, Weihrauch

---
[1] 645 n. Chr.

abbrennen und Blumen streuen sollten. In den Tagen zuvor hatten die Bewohner bunte Fahnen und Teppiche, Zeremonialschirme und Prunkkarren hergestellt, um so ihrer Freude und Verehrung Ausdruck zu geben.

Aus den zahlreichen Klöstern in Chang'an waren alle Mönche und Nonnen, gekleidet in ihren prächtigen und kostbaren Zeremonialroben, entsandt worden, um Xuanzang bei dessen Einzug in die Stadt in einer würdevollen Prozession voranzuschreiten. Eine Gruppe von jungen und kräftigen Mönchen war dazu ausersehen, die Bücher, Reliquien, die zahlreichen Statuen aus Gold, Silber und Sandelholz im feierlichen Zug voranzutragen.

Am nächsten Tag also, in der Morgendämmerung, kamen die Mönche und Nonnen zur Straße des ‹Roten Vogels›. An ihren Gürteln baumelten Perlen und Jade, die beim Einherschreiten einen so hellen Klag erzeugten, dass die ganze Luft davon erfüllt war. Auf der mit Blumen übersäten Straße bewegte sich der Zug langsam vorwärts, an der Spitze angeführt von Mönchen, welche religiöse Hymnen sangen, und von Nonnen, die Krüge trugen, denen der Duft edlen Parfüms entströmte. Dann folgte die gewaltige Schar der Mönche, welche die zahlreichen Statuen und Kostbarkeiten vor sich her trugen, andere wieder hielten Fahnen und die Schirme hoch zum Zeichen, dass einem außergewöhnlich hohen Gelehrten die Reverenz erwiesen werde. Die größten und kostbarsten Statuen jedoch wurden auf den Prunkwagen dem Volke vorgeführt, das zusammen mit den Gelehrten der Stadt und den Beamten des Hofes am Rand des Prozessionsweges Spalier stand und in lauten Jubel ausbrach, wenn ganz am Schluss die Reisegruppe selbst und schließlich Xuanzang an ihnen vorbeizog.

Und mit Erstaunen bemerkten die Menschen, dass über den Schriften und den Statuen aus Gold und Silber und Sandelholz eine fünffarbige Wolke am Himmel zu schweben schien, als würde sie die Heiligen Gegenstände in China willkommen heißen.

So hielten sie diesen Tag für das prächtigste Ereignis seit dem Ableben des Buddha.

Angekommen im Kloster ‹Große Glückseligkeit›, wurden alle aus dem Westen mitgebrachten Schätze und Kostbarkeiten in der großen Buddhahalle aufgestellt:

– einhundertfünfzig Kügelchen von Buddhas Fleisch und eine Schachtel mit Knochenreliquien;
– eine goldene Statue des Buddha, auf einem glitzernden Sockel festgemacht, die in der Drachenhöhle des Pragbodhi-Berges im Königreich Magadha einen Schatten hinterließ. Diese Statue glich dem Bilde des Buddha im Gazellenhain von Sarnath, wie er das Rad der Lehre in Bewegung setzte;
– eine Figur des Buddha aus Sandelholz, auch sie auf einem glänzenden Sockel, angefertigt nach dem Bildnis aus Sandelholz, das seinerseits nach jener Zeichnung gefertigt war, die auf Wunsch von Udayana, dem König von Kausambhi, von einem Maler gemacht wurde, weil er Sehnsucht hatte nach der Wiederkunft des Tathagata;
– eine Statue des Buddha auf einem Podest, nachgebildet jenem Bildnis des Tathagata, das ihn zeigt, wie er auf einer Juwelenleiter von seinem himmlischen Palast in das Land von Kapitha niedersteigt;
– eine Figur des Buddha aus Silber auf einem durchscheinenden Sockel, gebildet nach den Umrissen seines Schattens, den er im Land von Nagarahara hinterließ, jenem Platz, wo er den giftigen Drachen besiegte;
– eine Sandelholzfigur, ebenfalls auf einem durchscheinenden Sockel, einer Statue nachgebildet, welche Buddha zeigt, wie er in der Umgebung der Stadt Vaishali lehrte.

- Xuanzang legte auch die insgesamt 657 Manuskripte nieder, die in 520 Kästen aufbewahrt waren, Schriften, die auf Birkenrinde oder auf den länglich zugeschnittenen und übereinander geschichteten Palmblättern aufgezeichnet waren. Die gesamte Schriftsammlung enthielt 224 Mahayana-Sutren; 92 Shastras (also Textkommentare zu Sutren); 15 Werke der Shavira-Schule, eingeschlossen Sutras, Shastras und Vinaya, das sind die Ordensregeln; eine gleiche Anzahl Schriften aus der Sammatiya-Schule; 22 Werke, ebenfalls Sutren und Shastras, aus der Mahisasaka-Schule; 67 Werke, Sutren und Shastras aus der Sarvastivadin-Schule; 17 Werke aus der Kasyapiya-Schule; 42 Texte, Sutren und Shastras aus der Dharmagupta-Schule; schließlich 36 Werke zur Logik, Kopien aus der Hetuvidya-Schule; 13 Werke befassten sich mit Grammatik, dies waren Kopien der Sabdavidya-Textkommentare.
- eine Bildrolle aus Seide, die der Meister des Pinsels und sein Schüler aus Tibet in Dunhuang gemalt hatten: Sie stellte zwanzig Pferde dar, welche alle diese Schriften befördern und in einen Tempel mit elegant gekleideten Mönchen und Beamten einziehen.

Mit welcher Klarsicht hatten die beiden Künstler die Ereignisse vorausgesehen, die sich nun genau so abgespielt hatten: der Einzug der Kostbarkeiten aus dem Westen in das Kloster ‹Große Glückseligkeit› in Chang'an. Xuanzang stand in der Mitte der Halle, umgeben von der Schar seiner Begleiter, die ihm zum Teil aus dem fernen Indien und dem Hindukusch bis hierher nach China gefolgt waren. Er warf einen Blick auf Héng-Li, seinen treuen Sekretär aus Bamiyan, und ein Lächeln ging über beider Gesicht, als wollten sie sagen: Es ist vollbracht!

Xuanzang schloss seine Augen, und ein Gefühl unendlicher

Dankbarkeit erfüllte sein Herz. Dann kniete er nieder und setzte sich zum Lotossitz. Unverzüglich folgten ihm seine Begleiter, sie wussten, was jetzt folgte: Als alle in Meditationshaltung ruhig saßen, begann Xuanzang mit tiefer und fester Stimme die Rezitation des Herz-Sutras. Alle fielen in den Gesang ein, und zum ersten Mal wurde in China, in der Halle des Klosters ‹Große Glückseligkeit›, das Herz-Sutra, das Juwel des Mahayana, das Vermächtnis des großen Nagarjuna, in Sanskrit gesungen, so wie es Xuanzang von jenem alten indischen Meister überliefert worden war. Und Staunen ergriff die vielen Hundert Nonnen und Mönche, die sich unvermittelt ebenfalls hingesetzt hatten. Zwar verstanden sie kein Wort, doch die Gewalt der Worte berührte ihr Herz.

«Ich muss das Herz-Sutra übersetzen. Ich muss alle Texte ins Chinesische übersetzen. Das soll fortan meine Lebensaufgabe sein. Ich muss den Kaiser dafür gewinnen.»

Mit diesem Entschluss stand Xuanzang auf. Noch einmal verneigte er sich vor den zahlreichen Bildnissen des Buddha und den anderen Kostbarkeiten. Dann besprach er sich kurz und im Flüsterton mit Héng-Li über den folgenden Tag, bevor er sich in das Prunkzimmer des Klosters zurückzog, das ihm vom Abt als Zeichen der höchsten Verehrung zur Verfügung gestellt worden war.

*

Am folgenden Tag schon erreichte ihn eine Botschaft vom kaiserlichen Hof: Er möge sich unverzüglich in Luoyang einfinden, der Kaiser wünsche ihn dringend zu sehen. Xuanzang und Héng-Li verließen, ohne in unnötige Hast zu verfallen, noch bevor die große Tempelglocke die Mittagszeit anschlug, das Kloster in Chang'an. Der Kaiser hatte ihm nicht nur einen bequemen Reisewagen geschickt, sondern zu seiner Freude auch einen ranghohen Staatsbeamten, der für sein Wohl besorgt zu sein hatte.

So blieb Xuanzang bis zur Ankunft in Luoyang genügend Zeit, sich mit dem Beamten über den Wandel im Lande, der seit seiner Abreise offenkundig stattgefunden hatte, ausführlich zu unterhalten. Außerdem wollte er Näheres über den Charakter und die Persönlichkeit des Kaisers erfahren, den er, genau besehen, kaum kannte, hatte er doch nur die ersten drei Jahre nach Taizongs Regierungsantritt in China verbracht.

China war nicht mehr das China, das er vor sechzehn Jahren verlassen hatte. Und die Veränderungen gingen alle durchwegs vom Kaiser aus. Er war die treibende Kraft, und sein Charakter, seine Klugheit und Weitsicht wurden ohne Einschränkung hoch gelobt. Es war nicht schmeichlerische Lobhudelei der Untertanen oder ängstliches Verschweigen von Missbehagen, das konnte Xuanzang bereits in den ersten Tagen nach seinem Betreten chinesischen Bodens erkennen, sondern da war ein stolzes Rühmen der kaiserlichen Größe und Gerechtigkeit.

Schon bei seinem Einzug in Chang'an waren ihm die Veränderungen der Stadt aufgefallen. Reichtum, Überfluss und Eleganz waren ganz offensichtlich. Und all das war darauf zurückzuführen, dass es dem Kaiser in den ersten Jahren seiner Regierungszeit gelungen war, die nördliche Handelsstraße mit der Unterwerfung des Königreichs Turfan unter seine Kontrolle zu bringen und damit den Warenverkehr zu sichern. Gegen Osten weitete sich der Einfluss auf die Halbinsel Korea aus und von dort weiter nach Japan. Im Süden wurde Vietnam zurückerobert, und unter Taizong erreichten chinesische Dschunken die Küsten Afrikas, was bedeutete, dass die Handelsschiffe auch in Indonesien anlegten.

Dass es das Bestreben des Kaisers war, auch die südliche Route der Handelsstraße in den Westen unter seine Kontrolle zu bekommen, hatte er den nicht unbegründeten Befürchtungen des Königs von Khotan ganz deutlich entnehmen können. Diese außenpolitische Strategie des kaiserlichen Machtstrebens war Xuanzang auf seiner Reise nach Indien selbstverständlich nicht entgangen, konnte er doch immer wieder bei Begegnungen mit ausländischen Reisenden feststellen, wieviel Bewunderung und Respekt dem großen China und vor allem seinem Kaiser und dessen effizientem Regierungssystem gegenüber gezollt wurde.

Umso neugieriger also war Xuanzang, jetzt zu hören, wer denn der Mann auf dem Drachenthron eigentlich war, und wie er es angestellt hatte, China zu einer derartigen Größe zu bringen, denn zweifelsohne war China unter Kaiser Taizong die dominierende politische, wirtschaftliche und kulturelle Großmacht Asiens.

*

«Während der ersten drei Regierungsjahre unserer Majestät war ich noch in China», begann Xuanzang schon bald, nachdem sie die Stadt Chang'an hinter sich hatten, das Gespräch, «und ich erinnere mich, mit welchem Mut und welcher Tollkühnheit er sich dem Turk-Khan Xieli bei der Bian-Brücke am Wei-Fluss entgegenstellte und ihn mit einem Bluff zum Rückzug veranlasste. Hat er sich in der Folge als der große Feldherr und Militär bestätigt?»

Der Beamte, an den die Worte gerichtet waren, wiegte seinen Kopf schweigend hin und her und sagte: «Das ist eine Sache des Standpunktes. Für jeden Herrscher sind das Militär und seine Generäle ein Problem und eine Herausforderung zugleich. Entweder er ist es, der sie kontrolliert, oder dann wird er von ihnen beherrscht. Nachdem Taizong zumindest gegen außen seine Macht abgesichert hatte, musste er das Militär sozusagen ruhigstellen, indem er es gleichzeitig beschäftigte, um sich so dem dringenderen Problem der Verwaltung zuwenden zu können. So befriedigte er den Ehrgeiz seiner adeligen Truppenführer durch ständige Manöver in allen Gegenden des Reiches. Außerdem ernannte er mit Vorliebe Offiziere niedriger Herkunft und übertrug ihnen bloß zeitlich beschränkte Kommandos, um sie dann an weit entfernten anderen Orten wieder einzusetzen, besonders an den nördlichen Grenzen. Damit folgte er einem Prinzip unseres ersten erhabenen Kaisers Qin Shi Huang Di und verhinderte so das Anwachsen einer lokalen Hausmacht durch seine Militärs.»

«Das heißt also, dass ständig irgendwo Kleinkriege stattfinden, nur um das Militär bei Laune zu halten.»

«Das ist jetzt sehr dezidiert ausgedrückt, doch es gibt unter den Ratgebern des Kaisers welche, die das genau so und mit Missfallen so sehen. In Wirklichkeit aber liegt dem Kaiser weit mehr an einer gerechten und effizienten Staatsverwaltung. Sein Vater und Begründer der Tang-Dynastie, Kaiser Tang Gaozu, hatte die Verwaltung in unverhältnismäßiger Weise aufgebläht und damit fast zum Stillstand gebracht. Und das aus dem einzigen Grunde, um die ehemaligen Rebellenführer und Militärs ruhig- und zufriedenzustellen, indem er aus ihnen Beamte machte, korrupte Beamte, um genau zu sein. Sein Sohn Tang Taizong löste das im Grunde gleiche Problem mit dem Militär auf seine eigene Weise und hatte dann freie Hand, eine neue Staatsverwaltung zu schaffen, wie sie in der Geschichte unseres Landes noch nie da gewesen ist.»

«Er verfeinerte und verschärfte die schon unter der Sui-Dynastie eingeführten Staatsexamen für Beamte.»

«Genau. Das Prüfungssystem ist jetzt derart streng, dass höchstens drei von zehn Bewerbern die Prüfung bestehen und als Mandarine zugelassen sind. Damit will der Kaiser eine bürokratische Elite heranziehen, um die alteingesessenen Familien mit ihren angestammten Privilegien auszuschalten. Um die Prüfungen zu bestehen, benötigt der Kandidat eine klassische, das heißt konfuzianische Erziehung und Bildung, die darin besteht, Entscheidungen nach ethischen Prinzipien zu fällen sowie Autorität und Tradition anzuerkennen. Er ließ dazu von Wissenschaftlern das Buch ‹Fünf Klassiker des Konfuzianismus› zusammenstellen, welches als Standardlehrbuch für Studenten und als Vorbereitung für die kaiserlichen Examen dient. Da der Kaiser überdies großen Wert auf die Schreibkunst legt, richtete er den Hongwen-Palast ein, wo bekannte Kalligrafen wie Wang Xizhi unterrichten. Alle höheren Beamten sind verpflichtet, im Hongwen-Palast die Kalligrafie zu erlernen.»

«Hat dieses System aber nicht auch Nachteile? Es spaltet die chinesische Gesellschaft auf eine andere, neue Weise. In früherer Zeit war es die Trennung durch Geburt, jetzt ist es die Trennung durch Bildung, Bildungsadel statt Geburtsadel.»

«Das mag stimmen. Doch nach allgemeiner Ansicht überwiegen die Vorteile. Denn ein Staatsdienst, der nur den Begabtesten offen steht, also auch fleißigen, ehrgeizigen und talentierten Söhnen von Bauern oder andern Unterschichten, bürgt für eine hochqualifizierte und ergebene Verwaltung. Das Prüfungssystem selbst ist so angelegt, dass im Verfahren selbst kaum Korruption möglich ist. Jeder Kandidat sitzt in einer eigens angefertigten Prüfungskabine, die nur eine Sitzbank mit einer Tischfläche aufweist. Alle Arbeiten der Prüfenden werden von einer anderen Person nochmals Wort für Wort abgeschrieben und erst dann dem Zensor vorgelegt. Damit wird vermieden, dass ein Kandidat auf Grund der Handschrift eventuell erkannt und damit bevorzugt werden könnte. Und die Prüfung für die allerhöchsten Staatsämter ist dem Kaiser selbst vorbehalten.»

«Und wer kontrolliert die Beamten? Eine solche Kontrolle muss notwendig sein, damit nicht ein korrupter Staat im Staat entsteht.»

«Auch dafür hat der Kaiser vorgesorgt und eigens das sogenannte Zensorat eingerichtet, dessen Aufgabe es ist, die Verwaltung zu kontrollieren und Korruption und Misswirtschaft aufzudecken. Die Verwaltung selbst ist jetzt eingeteilt in die Staatskanzlei mit sechs Ministerien für Beamte, Finanzen, Riten, Heer, Justiz und Arbeit. Dazu gibt es die Kaiserliche Kanzlei, das Sekretariat des Kaisers und den Staatsrat, welcher das eigentliche beratende Organ des Kaisers ist.»

«Und mit diesem Staatsrat steht und fällt die Qualität der Politik des Kaisers.»

«Ja und nein, denn am Schluss ist es immer der Kaiser, der das Mandat des Himmels trägt. Und es ist ihm unbenommen, den Rat seiner Ratgeber in den Wind zu schlagen. Ich würde sagen, dass laut unserer geltenden Staatstheorie letztlich alles beim Kaiser liegt. Er entscheidet abschließend und allein.»

«Das ist die Einsamkeit des Mächtigen. Doch Ihr sagt, laut der Theorie, wie aber ist es in der gelebten Wirklichkeit? Hört der Kaiser auf den Rat seiner Ratgeber?»

«Was das anbetrifft, leben wir in einer goldenen Zeit. Der vor wenigen Jahren verstorbene Premierminister, also der Vorsitzende des Staatsrates, Wei Zheng, war für seine ehrliche und frank geäußerte Meinung berühmt und unser Kaiser dafür, dass er jegliche konstruktive Kritik anerkennt und akzeptiert. Sowohl der Kaiser als auch seine höchsten Beamten folgen der einen Vision, nämlich das Land rechtschaffen zu regieren und sich dabei gegenseitig zu helfen. Ihr müsst wissen, dass die Menschen heute in China nachts ihre Türen nicht verschließen müssen, und belässt man Gegenstände auf der Straße, werden sie von anderen nicht angerührt. So wie der Kaiser versucht, rechtschaffen zu sein, erwartet er das auch von seinem Volk und seinen Beamten. In der täglichen Arbeit geschieht das so, dass der Kaiser und sein Staatsrat alle wichtigen Themen besprechen und eine gemeinsame Lösung suchen, bevor sie Entscheidungen treffen.

Nur wenige Jahre nach Eurer Reise in den Westen zeigte dieses System von vertrauensvoller Zusammenarbeit und hochgebildeten Beamten seine ersten Früchte. Die Führungsqualität des Kaisers setzte sich bis in die untersten Ränge der Beamtenhierarchie durch und garantiert bis heute eine reibungslose und vertrauensvolle Verwaltung. Und die Integrität seines Ministers Wei Zheng ist bis heute noch nie in Zweifel gezogen worden. Sogar wenn der Kaiser durch seine Kritik beleidigt war, zeigte Wei Zheng keine Angst, und er zog sich nicht zurück. Schließlich beruhigte sich der Kaiser immer und hörte die Kommentare mit offenem Geist an, denn er hat sich entschieden, vernünftigen Argumenten immer zuzuhören. Und Wei Zheng hat sich entschieden, immer ehrlich und offen zu sein. Denn Ihr müsst wissen, Meister des Gesetzes, dieser Kaiser und sein erster Minister waren ein mustergültiges Paar für einen Monarchen und seinen Berater, wie es in der Geschichte von Staaten wohl ganz selten vorkommt.»

«Tatsächlich habe ich viele Herrscher kennengelernt, doch sie alle schienen ohne solche Berater das Land zu regieren. Selbst König Harsha in Indien regiert sein Land aus eigener Machtfülle heraus. Doch sein Charakter ist dem unseres Kaisers nicht ganz unähnlich.»

«Kaiser Taizong ist ein sehr ehrgeiziger und gewissenhafter Herrscher. Oft rief er Wei Zheng zu sich, um wichtige Themen persönlich mit ihm zu besprechen, da er ein weiser und kluger

Mann war. Obwohl der Kaiser einen offenen Geist besitzt, fiel es ihm nicht immer leicht, die harschen Bemerkungen von Wei Zheng anzuhören. Eines Tages, so wird es hinter vorgehaltener Hand am Hofe berichtet, kam er wütend und außer sich von einem Treffen mit seinem ersten Ratgeber zurück und sagte aufgebracht zur Kaiserin Changsun: ‹Früher oder später werde ich diesen Bauerntölpel umbringen.› Die Herrscherin habe besorgt gefragt, über wen seine Majestät denn spreche. ‹Wei Zheng! Er widerspricht mir ständig und stellt mich vor jedermann bloß!›

Nachdem sie dies von ihrem Gemahl vernommen hatte, habe sie den Raum verlassen. Dann sei Kaiserin Changsun zurückgekehrt, gekleidet in die formelle Staatsrobe. Sie gratulierte dem Kaiser zu seiner Entscheidung, es nicht zu tun, und gab ihm folgende Gründe dazu an: ‹Ein Untergebener wird seine ehrliche Meinung dem Kaiser nur dann vorbringen, wenn der Kaiser weise ist und einen offenen Geist hat. Ich möchte Seiner Majestät gratulieren, jemanden in seinem Staatsrat zu haben, der sich vor Widerspruch nicht fürchtet, da dies ein Zeichen der Aufgeschlossenheit seiner Majestät ist.› Nach diesen Worten habe sich der Kaiser nach und nach beruhigt und sich an Wei Zhengs Integrität und moralischen Charakter erinnert. Sein Herz füllte sich mit Respekt für ihn, und später hat er über ihn gesagt: ‹Viele Menschen denken, Wei Zheng sei ein direkter und taktloser Charakter, ich aber denke, das gehört zu seinem Charme.› Möchtet Ihr eine andere Geschichte über die beiden hören?»

«Gewiss, nichts ist schöner als in einem rollenden Wagen unterwegs zu sein und sich Geschichten zu erzählen. Ich glaube, das ist auf der ganzen Welt so.»

«Gut, aber dann müsst Ihr Gegenrecht halten und mir eine Geschichte von Eurer langen Reise in den Westen erzählen.»

Héng-Li sah den Meister mit einem verschmitzen Lächeln

an: Er kam ums Erzählen nicht herum! «Der Meister wird gewiss etwas zu erzählen wissen», sagte er, zum Beamten gewandt, «doch jetzt habt Ihr das Wort.»

«Also denn: Ihr müsst wissen, dass Wei Zheng ein sehr ernster Mann war und es nicht liebte, herumzuscherzen oder gar zu blödeln, was den Kaiser wiederum verlockte, ihn zu necken und kleine Scherze mit ihm zu treiben. Da der Kaiser wusste, dass Wei Zheng in Essig eingelegter Sellerie sehr zugetan war, entschloss er sich, ihn damit zu necken. Er lud ihn zu einem Bankett ein und servierte als eine unter den vielen Speisen in Essig eingelegten Sellerie. Und tatsächlich, die Gerüchte waren wahr, denn es war offensichtlich, wie Wei Zhengs Augen sich weiteten und aufleuchteten, als er den eingelegten Sellerie sah. Dann aß er ihn auf der Stelle auf. Kaiser Taizong sah ihm genüsslich zu und sagte: ‹Du hast einmal gesagt, dass du keine Bindungen habest und frei seiest von Begierden. Jetzt aber habe ich deine tiefe Bindung zu eingelegtem Sellerie gesehen!› Wei Zheng sagte: ‹Wenn Eure Majestät keinen größeren Ehrgeiz haben als derart einfache Dinge bei seinen Untertanen zu erforschen, habe ich keine andere Wahl, als eine tiefe Bindung zu eingelegtem Sellerie einzugehen, um Euch zufriedenzustellen.› Eine würdige Antwort, gepaart mit dem leisen Vorwurf, dass er vom Kaiser Größeres erwartet hätte. Doch die Antwort saß, denn der Kaiser saß für lange Zeit ganz still da, sah wiederholt zum Himmel auf und seufzte tief auf, da er die große Erwartung an ihn sehr wohl herausgehört hatte. Und es waren der Mut, die Weitsicht, die Weisheit und die kompromisslose Integrität, die das Herz des Kaisers berührten.

Als Wei Zheng vor zwei Jahren im Alter von dreiundsechzig Jahren starb, wohnte Kaiser Taizong dem Begräbnis bei, und er brach in Tränen aus. Für fünf Tage unterbrach er die täglichen Staatsratssitzungen, um den Verlust seines besten Ratgebers zu betrauern, der ihm während insgesamt dreizehn Jahren als Kanzler gedient hatte. Später dann, als er die täglichen Sitzungen wieder aufgenommen hatte, sagte er vor dem gesamten Staatsrat: ‹Haltet eine Kupferplatte vor mich, und ich kann meine Kleidung zurechtrücken. Stellt die Geschichte als Spiegel vor mich, und ich kann die alarmierenden Signale des Aufstiegs und Untergangs der Gesellschaft sehen. Lasst einen Mann den Spiegel für meine Fehler sein, und ich kann sie berichtigen. Ich bewahre diese drei Spiegel ständig, um mich vor Fehlern zu bewahren. Jetzt, wo Wei Zheng gestorben ist, habe ich einen Spiegel verloren.› Doch Ihr müsst wissen, dass auch die übrigen Mitglieder im Staatsrat und die Leiter der sechs Ministerien herausragende Persönlichkeiten sind. Aber alle sind der Meinung, dass Wei Zheng der beste Minister war, den die chinesische Geschichte bis jetzt gehabt hat.»

«Glücklich das Land, das von solchen Talenten mit derart hoher Tugend geführt wird!», rief jetzt Xuanzang aus.

«Vor vier Jahren musste Kaiser Taizong seine Tochter Wencheng an den König von Tibet vermählen, eine typisch dynastische Heirat mit dem Ziel, das Königreich auf dem Dach der Welt näher an China zu binden. Das Mädchen war noch sehr jung, und Kaiser Taizong konnte nicht erwarten, seine Tochter jemals wieder zu sehen. Deshalb versorgte er sie mit guten Ratschlägen, die nach meiner Meinung sehr viel über den Charakter des Kaisers aussagen. Die Ratschläge wurden bekannt, weil die Tochter selbst sie verbreitete, um so das Ansehen ihres geliebten Vaters zu mehren. Ich gebe sie nur sinngemäss wieder:

– ‹Bemüht Euch vor allem, gerecht zu sein, seid aber auch gut, beherrscht vor allem Euch selbst. Wer vollendete Herrschaft über seine Leidenschaften erlangt hat, der wird mit leichter Hand über die Herzen seiner Untertanen herrschen. Euer gutes Beispiel wird sie mehr als alle Lehren zur Erfüllung ihrer Pflichten antreiben.

– Straft selten und mit Mäßigung. Teilt aber Wohltaten mit voller Hand aus. Verschiebt nie die Erfüllung einer Gnade auf den nächsten Tag, wohl aber die Ausführung einer Strafe oder eines Tadels.
– Nehmt Euch ein Beispiel an den großen Kaisern oder an guten Menschen, wie Eurer verehrungswürdigen Mutter, die Euch in der Erziehung alles mitgegeben hat. Mich dürft Ihr nicht zum Vorbild nehmen, denn der gute Ruf, dessen ich mich erfreue, dürfte leicht auf einer Täuschung beruhen.
– Hört dort, wo Ihr hinkommt, erst einmal hin, beobachtet, bildet Euch eine Meinung, aber seid zurückhaltend. Seid niemals hochmütig Eurem Volk gegenüber. Siebt das Nutzlose aus Eurer eigenen Kultur aus, und übernehmt das Sinnvolle der neuen Kultur. Dann werden Euch die Menschen in Eurer neuen Heimat achten, und Ihr könnt eine nützliche Helferin und Beraterin Eures Ehemannes werden.
– Erzieht Euch, wie Meister Kong es empfahl: Wer wirklich gütig ist, kann nie unglücklich sein; wer wirklich weise ist, kann nie verwirrt werden; wer wirklich tapfer ist, fürchtet sich nie.›

So waren die Ratschläge unseres großen Kaisers an seine Tochter, die heute Königin von Tibet ist und die, so wird es erzählt, von den Menschen dort als die ‹Weiße Tara› verehrt wird.»

«Und der Kaiser selbst, hält er sich an die Ratschläge, die er seiner Tochter erteilte?»

«Unser Rechtssystem wurde unter dem gegenwärtigen Kaiser etwas humaner. So werden zweiundneunzig Verbrechen, für die bisher die Todesstrafe verhängt wurde, nun mit Verbannung bestraft. Der schreckliche Tod durch Erdrosseln wird zwar nicht durchwegs, aber doch häufig durch das Abschlagen des rechten

Fußes ersetzt, dieses wiederum durch Verurteilung zum Militärdienst. Als der Kaiser einmal ein Gefängnis besichtigte, gab er dreihundertneunzig zum Tode Verurteilten auf deren Ehrenwort einen mehrtägigen Urlaub. Als sich alle wieder pünktlich einfanden, wurden sie begnadigt.»

«Diese Worte offenbaren mir mehr als alles andere, was ich bislang über den Kaiser gehört habe. Und so kann ich mit ruhigem Geist unserer Unterredung entgegensehen, denn es erwartet mich ein wahrhaft großes Herz.»

«Das Gleiche erwartet unseren Kaiser!», erwiderte jetzt lächelnd der Beamte, «denn der Ruf über die Tiefe Eures Wissens und die Größe Eures Geistes ist längst vor Euch selbst in China angekommen. Natürlich wissen wir Beamten vom Hof, dass Ihr damals ohne Erlaubnis das Land verlassen habt, doch das großmütige Herz des Kaisers wird die Ereignisse um Euer Leben schon richtig zu gewichten wissen, dessen bin ich mir ganz gewiss.»

«Von dieser Sorge ist mein Herz nicht berührt. Vielmehr aber ist es unsicher darüber, welche Haltung der Kaiser in der Zwischenzeit den Lehren des Buddha gegenüber einnimmt, denn zu meiner Jugendzeit war es noch unsicher, ob die zahlreichen Klöster und ihre Mönche und Nonnen unter dem neuen Kaiser auch die wohlwollende Unterstützung erhalten würden, die sie damals dringend benötigten.»

«In seinem Herzen ist der Kaiser ein Daoist, in der Staatsverwaltung und für die Beamten gelten die Lehren des Meisters Kong; dass er die Lehren des Erwachten hoch schätzt, zeigen seine außergewöhnlichen Aufwendungen für die Gründung neuer Klöster. Insgesamt ist seine große Toleranz anderen Weltsichten und Religionen gegenüber hervorzuheben. In Chang'an gibt es Anhänger des nestorianischen Christentums und Juden und sogar einige Anhänger einer ganz neuen Religion, die sie

Islam nennen. Neulich wurde ein islamisches Gebetshaus im Viertel der arabischen Händler eingerichtet. Der Handel mit fernen Ländern brachte uns nicht nur deren Waren, sondern auch deren Ideen und Weltauffassungen. Doch jetzt habe ich viel geredet, verzeiht.»

«Durchaus nicht, wenn man nach sechzehn Jahren wieder in die Heimat zurückkehrt, ist man ganz begierig nach Neuigkeiten. Es ist, als würde man einen Mantel überziehen, um sich wohlig und warm zu fühlen im heimischen Klima. Doch will ich Euch gerne von jenem Ort berichten, wo unser großer Meister, Buddha Gautama, nach der Erleuchtung seinen großen königlichen Freund und Gönner gefunden hat.»

«Ihr meint Rajgir?»

*

Rajgir

So wird es berichtet:
Rajgir war die Hauptstadt des Königreiches Magadha und Residenzstadt des Königs Bimbisara. Sie war der Schauplatz der frühen Missionserfolge des Buddha und später der Intrigen des Devadatta. Nach dem Tod Buddhas wurde hier das erste Konzil abgehalten.

Bei seinem ersten Aufenthalt hatte Siddhartha Gautama dem fünf Jahre jüngeren König versprochen wiederzukommen und ihm die Wahrheit zu verkünden, sobald er sie gefunden habe. Nach seiner Erleuchtung in Bodhgaya kehrte er, nachdem er vorher in Sarnath die ersten Anhänger um sich geschart hatte, in die Stadt zurück. Er wurde vom König empfangen und anderntags in den Palast zum Essen eingeladen. Nach einer Predigt bekehrten sich nebst dem König zahlreiche Zuhörer zu Buddhas Lehre. Die beiden bedeutendsten Jünger waren Shariputra und der Brahmane Maha-

kashyapa. Der König stellte dem Buddha und seiner Gemeinde den Bambushain Venuvana zur Verfügung, wo das erste Kloster entstand und in dem Buddha in den kommenden Jahren häufig die Regenzeit zubrachte. König Bimbisara wurde zur treuesten Stütze Buddhas und seiner Gemeinde. Auf Weisung des Königs übernahm dessen Leibarzt Jivaka die ärztliche Betreuung des Buddha und seiner Ordensgemeinschaft. Zur Behandlung gehörten unter anderem Bäder in den heißen Quellen von Rajgir. Trotz anfänglicher Skepsis wurde der Arzt ein begeisterter Laienbekenner. Er schenkte dem Buddha seinen am Weg zum Geierberg liegenden Mangohain als zweites Klostergelände, wo sich Buddha öfter und gern aufhielt.

Da die Rajgir umgebenden Berge die Stadt im Sommer drückend heiß machten, zog sich Buddha wenn immer möglich auf den Geiergipfel zurück. Auf dieser hoch gelegenen Felsenplattform am Chattha-Berg hielt er zahlreiche Lehrreden; unter anderem lehrte er hier das Lotos-Sutra und das Maha-prajna-paramita-Sutra.

Der Mönch Devadatta, ein Cousin des Buddha, legte dem inzwischen Siebzigjährigen nahe, ihm die Leitung der Ordensgemeinschaft zu übertragen. Als Buddha dies ablehnte, verbündete er sich mit dem Prinzen Ajatasattu, dem Sohn von König Bimbisara, um den Erwachten zu ermorden. Drei Attentatsversuche schlugen fehl. Angestiftet von Devadatta, versuchte Ajatasattu seinen Vater zu ermorden, wurde aber gefasst.

Der König vergab seinem Sohn und dankte zu dessen Gunsten ab. Der neue Raja setzte den Vater gefangen und ließ ihn in einem Verließ des Palastes verhungern. Später verlegte er die Hauptstadt des Magadha-Reiches an den Ganges nach Patna. Unter seinem Ur-Enkel, König Ashoka, wird die Stadt politisches und kulturelles Zentrum des ersten indischen Großreiches der Maurya-Dynastie.

Nach dem Tode Buddhas in Kushinagara wurde während der folgenden Regenzeit das erste Konzil in einer Höhle des Berges Vaihara in Rajgir abgehalten. Diese sieben Monate dauernde Ver-

sammlung sollte Fragen zur Ordensdisziplin und zur Lehre klären. Zur Disziplin wurde Upali, der ehemalige Barbier des Buddha befragt, und die Ausführungen Anandas wurden die Grundlage der Lehrreden. Erst Jahrhunderte später wurde unter König Kanishka anlässlich des vierten Konzils in Kashmir alles bisher nur mündlich Überlieferte schriftlich festgehalten.

*

«Über ein Jahr weilten Héng-Li und ich bereits an der Klosteruniverstiät in Nalanda, als ich den tiefen Drang verspürte, endlich Rajgir zu besuchen, das in der Nähe lag. Es war uns vergönnt, in der mit einem Baldachin überdachten Howdah auf einem Elefanten nach Rajgir zu reiten, der uns für alle unsere Ausflüge zu näheren und entfernteren Zielen außerhalb der Universität zur Verfügung stand.»

«So bequem kann man in Indien von einem Ort zum andern reisen?», fragte der Beamte ganz erstaunt.

Xuanzang stockte, als scheute er sich, dem Beamten den wahren Sachverhalt zu erläutern, und so antwortete Héng-Li, wohl wissend, dass dem Meister eine Erklärung peinlich war.

«Das Reiten auf einem Elefanten gehört in Indien zu den größten Auszeichnungen und ist nur Königen und großen Gelehrten vorbehalten. In Nalanda, wo Tausende Gäste und studierende Gastmönche sich aufhalten, wird dieses Privileg nur etwa zehn Personen zugestanden.»

Und fast sich entschuldigend, fügte Xuanzang an: «Meistens aber benützten wir auf unseren Ausflügen bloß eine einfache Sänfte oder dann einen Palankin, die uns auf Anweisung des Königs von Magadha zur Verfügung standen.»

Dennoch war der Beamte beeindruckt. Auch wenn schon der überaus aufwendige Empfang Xuanzangs am gestrigen Tag jeden

Zweifel über dessen außergewöhnliche Bedeutung ausgeräumt hatte, so wurde ihm jetzt endgültig klar, welche Auszeichnung es war, diesen offensichtlich außerordentlichen Mann nach Luoyang und an den Hof des Kaisers begleiten zu dürfen.

«Zur Zeit Buddhas», fuhr Xuanzang fort, «war Rajgir der politische Mittelpunkt des Königreiches Magadha. Hohe Berge, als wären sie die Außenmauern, umgaben die einstige Stadt auf allen Seiten. Im Westen gelangt man durch einen engen Zugang zu ihr. Doch im Norden gibt ein breites Tor den Weg frei, das zwischen den Bergen liegt, auf denen sich eine gewaltige Zyklopenmauer hinzieht. Die alte Stadt breitete sich von Ost nach West aus und war schmal von Nord nach Süd. Sie umschloss in ihrem Inneren eine ältere kleine Stadt, deren Fundamente noch zu sehen sind. Überall sieht man Gehölz von Kanaka-Bäumen, die das ganze Jahr über blühen und deren Blütenblätter von goldener Farbe sind. Wir besuchten den Stupa, welcher an jenem Ort steht, wo Buddha den rasenden Elefanten besänftigte, der ihn hätte töten sollen.»

«Ich habe davon gehört, kenne aber die Einzelheiten nicht.»

«Devadatta, der Vetter des Buddha, war auf ihn neidisch, und seit seinem Erwachen hasste er ihn gar. Zwei Mordanschläge waren bereits gescheitert, da beschloss er zusammen mit Prinz Ajatasattu, Buddha von einem Elefanten töten zu lassen. Sie brachten den Kriegselefanten Nalagiri mittels Opium zur Raserei und ließen ihn während des Bettelganges der Mönche in berauschtem Zustand frei in der Stadt herumlaufen. Inmitten des allgemeinen Entsetzens ging Buddha unerschrocken auf ihn zu, und das Tier ließ sich vom Wohlwollen des Erleuchteten besänftigen und kniete sich vor ihm nieder. Nordöstlich von dieser Stelle ist ein anderer Stupa, der an jenen Ort erinnert, wo Shariputra vom Mönch Ashvajita die Lehre des Buddha vernahm und zum Erwachten wurde.

Im Nordosten der Stadt liegt ein tiefer und breiter Graben, in dessen Nähe steht ebenfalls ein Stupa, welcher an die Predigthalle erinnert, die der Arzt Jivaka für Buddha hatte erbauen lassen. Noch heute sind die Überreste sichtbar. Hier geht der Weg lang, der zum Geierberg führt, jenem Ort, wo Buddha das Lotos-Sutra und das Maha-prajna-paramita-Sutra gelehrt hatte. Zu Füßen des Berges liegt der Beginn der von König Bimbisara angelegten Straße. Der König wollte sich das Gesetz anhören und berief mehrere Männer zu sich, die ihn vom Fuß des Berges bis zum Gipfel begleiten sollten. Sie stiegen den Berg hoch, gingen über Abgründe und bauten aus Steinen einen zehn Schritt breiten Treppenaufgang.

In der Mitte dieses Weges stehen zwei Stupas, der eine heißt ‹Absteigen vom Karren› und steht an der Stelle, wo der König zu Fuß weiterging. Der andere heißt ‹Die Menge zurück schicken›, weil der König dem Volk nicht erlaubte, von hier an mit ihm weiterzugehen. Es ist einer der schönsten, malerischsten und auch erinnerungsreichsten Orte in Rajgir. Dieser Berg hat frische Quellen, ungewöhnliche Felsen und Bäume, die mit reichem Laubwerk bedeckt sind. Der oberste Teil des Berges hat die Form eines hohen Turmes, und die Plattform ist umgeben von schroffen Steinen, welche die Form von Geiern haben, von daher der Name Geierberg. Zu seinen Lebzeiten pflegte der Tathagata häufig hierherzukommen, um der stickigen Luft der Stadt im Talkessel zu entkommen und in luftiger Höhe vor den Mönchen seine Lehre zu verkünden.

Vor mir hat hier der Mönch Faxian eine Nacht auf dem Gipfel meditierend verbracht. Zur Erinnerung an meinen Besuch erhielt ich eine goldene Statue des Buddha, wie er auf dem Geierberg das Lotos-Sutra predigt, es ist eine der sechs großen Statuen, die ich jetzt nach China gebracht habe.

Schweigend verließen wir dann den Heiligen Ort und stiegen hinab auf jenem Weg, den Buddha mit seinen Mönchen ebenfalls gegangen war, wenn er in sein Kloster im Bambushain Venuvana zurückging. König Bimbisara hatte ihn einst Buddha zum Geschenk gemacht, und er wurde einer der Lieblingsaufenthalte des Erwachten, nicht zu weit von der Stadt entfernt, noch ihr zu nahe, leicht zugänglich, nicht zu sehr belebt am Tage, ruhig in der Nacht, fernab vom Getöse und dem Gedränge der Menschen. Es ist ein Ort der Abgeschiedenheit und des Verweilens, dazu angetan, in der Einsamkeit zu meditieren.

Nicht weit davon entfernt, gegen Osten gelegen, steht der Stupa, den König Ajatasattu für jenen Anteil der Asche des Buddha hatte errichten lassen, der ihm und sechs anderen Königen nach dem Verlöschen in Kushinagara zugeteilt worden war. Diesen Stupa ließ später König Ashoka öffnen und der Reliquienurne einen Teil der Asche entnehmen, um sie auf zahlreiche andere Stupas zu verteilen, die er in seinem Reich errichten ließ. Doch einen Teil beließ er, und dieser Teil wird noch immer im Stupa verehrt und verbreitet bei gewissen Gelegenheiten ein strahlendes Licht.

Jeder Verehrer des Buddha und noch viel mehr jeder Mönch und Gelehrte ist aber begierig, in Rajgir jenen Ort zu besuchen, wo nach dem Tod des Buddha das erste Konzil der Mönche stattgefunden hat. Es ist dies eine große Höhle in der Nähe eines weiteren Bambuswaldes. Der Mönch Kasyapa versammelte fünfhundert der ältesten Mönche, um festzuhalten, was Buddha gelehrt und gesagt hatte. Er verweigerte aber Ananda, dem Vetter und Lieblingsschüler des Buddha, den Zutritt, weil dieser sich einer schwerwiegenden Gedankenlosigkeit schuldig gemacht hatte, denn er habe es unterlassen, Buddha zum Weiterleben zu ermuntern. Kasyapa sagte: ‹Eure Fehler, Ananda, sind nicht ausgelöscht. Befleckt durch Eure Anwesenheit nicht die Reinheit dieser Versammlung.› Ananda zog sich voller

Scham zurück. Während der Nacht bemühte er sich mit allen Kräften seiner Seele, die Bande zu zerreißen, die ihn an die Welt fesselten, um den Grad eines Weisen zu erlangen. Dann kehrte er zurück und klopfte an die Tür. Kasyapa fragte ihn: ‹Sind alle Eure Bande zerrissen?› Ananda antwortete: ‹Sie sind es.› Darauf Kasyapa: ‹Wenn dem so ist, besteht keine Notwendigkeit, Euch die Tür zu öffnen. Tretet ein, wo immer ihr wollt.› Ananda trat daraufhin durch einen Riss im Holz der Türe ein, grüßte den Mönch und küsste ihm die Füße. Kasyapa nahm ihn bei der Hand und sprach zu ihm: ‹Ich wünschte, Euch alle Eure Fehler auslöschen und die Frucht der *bodhi* erlangen zu sehen. Deshalb, müsst Ihr wissen, habe ich Euch von der Versammlung ferngehalten. Hegt darob keinen Groll.› Ananda entgegnete: ‹Wenn ich in meinem Herzen Groll hege, wie könnte ich da sagen, dass ich alle meine Bande zerrissen habe?› Er bezeugte Kasyapa erneut seine Dankbarkeit und nahm in der Versammlung Platz. Dann berichtete Kasyapa der Versammlung, dass der Tathagata einst Ananda unter den jungen Mönchen gelobt habe, indem er sagte, dass er der Gebildetste unter den Jüngern sei und alle Lehren verstehe. Nun solle er den Vorsitz übernehmen, um die Sutras des Meisters vor der Versammlung zu rezitieren. Darauf bestieg Ananda das Podium und rezitierte die Reden des Buddha. Dies ist das Sutra-Pitaka.

Nachdem das geschehen war, forderte Kasyapa den einstigen Barbier des Buddha, den Mönch Upali auf, die Regeln zur Klosterdisziplin zu rezitieren. Dies ist das Vinaya-Pitaka. Nachdem auch das geschehen war, referierte Kasyapa selbst über die Interpretation der Sutras. Das ist das Abhidharma-Pitaka. Nach drei Monaten war die Sammlung der drei Pitakas rezitiert und ihr Wortlaut verbindlich festgelegt.

Dann sagten die heiligen Männer zueinander: ‹Unsere Sammlung wird zu Recht als das ‹Ergebnis der Güte und

Freundlichkeit des Buddha› bezeichnet werden, denn von ihm geht aus, was wir nun den Vorzug hatten zu hören.›

Westlich vom Versammlungsort des ersten Konzils steht ein weiterer, von Ashoka errichteter Stupa, und zwar an jenem Ort, wo zur gleichen Zeit die Große Versammlung der Mahasanghikas stattfand, jener vielen tausend Mönche, die nicht zum Konzil unter der Leitung von Kasyapa zugelassen waren. Mit Bedauern sagten sie: ‹Zu Lebzeiten des Tathagata hatten wir alle einen Meister, doch jetzt, wo Buddha tot ist, haben sie uns ausgeschlossen. Warum sollen wir nicht ebenfalls eine Sammlung der Lehren veranstalten, zum Dank für Buddhas Güte?› Und so erstellten sie ebenfalls ein Sutra-Pitaka, ein Vinaya-Pitaka, ein Abhidharma-Pitaka und zudem noch ein Pitaka mit vermischten Aussagen und ein Dharani-Pitaka, insgesamt also fünf. An dieser Versammlung nahmen sowohl heilige Männer als auch gewöhnliche Personen teil.»

«Wenn ich Euch so erzählen höre, kommt es mir vor, als sei Rajgir voll von Mönchen und Klöstern und überstellt von Stupas. Ist dem tatsächlich so?»

«Nein, Rajgir ist leer und verlassen. Von den einstigen Klöstern im Bambushain von Venuvana und im Mangogarten des Arztes Jivaka sind bloß noch einige klägliche Mauerreste zu sehen. An die alte und einst blühende Stadt Rajgir erinnert nichts, und wo einst Paläste und Häuser standen, wachsen Bäume und Sträucher. Selbst die außerhalb der alten Stadtgrenzen und auf einem entfernten Hügel erbaute Stadt Neu-Rajgir ist zerstört und verlassen. So liegt der ganze Ort schweigend in drückender Hitze. Niemand lebt hier, nicht einmal Mönche haben sich hier niedergelassen. Viele der zahlreichen Stupas sind verfallen. Doch es geht ein lieblicher Zauber aus von jenen beiden Orten, wo Buddha sich häufig aufgehalten hat, vom Geierberg und der Höhle des Konzils. Nachdem wir allen wichtigen Orten unsere Reverenz erwiesen hatten, kehrten wir zurück nach Nalanda.»

Unter diesen Gesprächen erreichte der kaiserliche Wagen die Drachentor-Grotten in Longmen, und Xuanzang wusste, dass die zweite Hauptstadt des Reiches nicht mehr fern war. Hier hatten zahlreiche Künstler und Handwerker im Auftrag von buddhistischen Mäzenen Hunderte von Höhlen und Nischen geschaffen, in denen Tausende von Skulpturen standen. Auch Kaiser Yuan Ke von der nördlichen Wei-Dynastie hatte vor hundert Jahren die Bin-Yang-Höhle mit drei Einzelräumen anlegen lassen. Im mittleren Raum ist Buddha Shakyamuni im Lotossitz, die Hand in der Geste der Schutzgewährung aufgerichtet.

Zehn Bodhisattvas, die auf Lotosblumen stehen, umgeben den Meister, und ein Lotos-Baldachin, den himmlische Musikanten und Apsaras umschweben, ziert die Decke. Auch die südliche der drei Höhlen zeigt Apsaras, die himmlischen Wesen.

Xuanzang erinnerte sich sehr wohl an die Pracht dieser recht bunt bemalten Figuren und fragte, ob in der Zwischenzeit weitere Höhlen und Skulpturen entstanden seien. Der Beamte des Kaisers berichtete mit sichtlichem Stolz, dass auch die Tang-Kaiser kurz nach der Übernahme des Mandates des Himmels die ‹Höhle des verborgenen Baches› hatten errichten lassen, in der, wunderbar gestaltet, Buddha sitze, flankiert von seinen Schülern und zwei Bodhisattvas, alle beschützt von zwei Himmelswächtern. Wie oft hatte Xuanzang diese Grotten besucht, als er noch als junger Mönch in Luoyang lebte!

*

Schließlich traf der kaiserliche Wagen in Luoyang ein, dem Ort, wo Xuanzang vor einunddreißig Jahren und als etwa dreizehnjähriger Knabe im Ching-t'uszu-Kloster als junger Mönch aufgenommen worden war, wo er seinen Stempel «Leere ist Form» geschnitten und von wo das Sehnen seines Herzens nach den Heiligen Stätten des Buddha im Westen seinen Ausgang genommen hatte. Er wurde aber nicht in diesem Kloster, sondern in der vornehmen Kaiserlichen Herberge untergebracht, die ausschließlich Staatsgästen vorbehalten war, während Héng-Li zu seiner großen Freude im Kloster Weißes Pferd Aufnahme fand, das einige *li* östlich der Stadt lag. Der Meister hatte ihm viel über dieses Kloster und dessen Geschichte berichtet, wonach der Han-Kaiser Liu Zhuang bereits vor fünfhundert Jahren Sendboten in den Westen ausgeschickt hatte, um ihm die Schriften der damals neuen Lehre des Buddhismus zu bringen. Tatsächlich kehrten die Boten mit zwei indischen Mönchen und buddhistischen Schriften zurück, die von zwei weißen Pferden getragen wurden. Sie gaben dem ersten und damit ältesten buddhistischen Kloster in China den Namen, das der Kaiser noch während seiner Regierungszeit genau dort errichten ließ, wo die Pferde schließlich zum Stehen kamen.

Noch heute sind die Gräber der beiden indischen Mönche, welche die Texte aus dem Sanskrit ins Chinesische übersetzten, an den Mauern in den Seitenhöfen zu sehen, die gleich rechts und links vom Haupteingang des Klosters angelegt sind.

*

Es war ein strahlender Frühlingstag, als Xuanzang von einem Beamten des Hofes die Aufforderung überbracht wurde, sich unverzüglich zum Phönix-Palast, der Residenz des Kaisers in Luoyang zu begeben. Obwohl sie sich wenige Tage zuvor beim offiziellen Staatsempfang mit den dazu vorgegebenen Ritualen bereits ein erstes Mal begegnet waren, ging es jetzt darum, sich zu einem persönlichen Gespräch zu treffen.

Xuanzang ahnte sehr wohl, welche Fragen der Kaiser ihm stellen würde, und er hatte sich die Antwort gründlich überlegt. Dabei kam ihm zugute, dass er auf seiner Reise in den Westen zahlreiche Potentaten, beeindruckende Herrscher und hochgebildete Staatenlenker getroffen hatte, die sich wohl in ihrem Charakter und entsprechend der Kultur ihres Landes unterschieden, dennoch alle in einem glichen: Sie waren machtbewusst und wollten in ihrer Bedeutung und Wichtigkeit bestätigt werden. Und wenn einer unter den zahlreichen Herrschern der Zeit alle anderen an Macht und Bedeutung übertraf, dann war es Kaiser Taizong. Sie würden sich finden, dessen war sich Xuanzang sicher, denn was er unterwegs im Wagen vom Beamten über den Kaiser erfahren hatte, gab ihm die Gewissheit, dass er einem großen Charakter und bedeutenden Menschen begegnen würde.

Doch auch der Kaiser hatte sich vor dem entscheidenden ersten Gespräch mit dem Mönch, von dem er nur Gutes und Rühmenswertes gehört hatte, über dessen eigentlichen Charakter erkundigt. Von den Geheimdiensten lag ihm folgende Notiz vor: «Wenn Xuanzang kommt, so ist es, als sei der Frühling an einem dunklen Wintertag gekommen. Sein Wesen ist rein, und er ist ohne jede Verstellung und Falschheit. Er strahlt Wärme und Mitgefühl aus. Er wird nie ärgerlich. Die bloße Begegnung mit ihm weckt das Gute in den Menschen. Er kennt der Dinge wahres Wesen und vermag die Wurzel zu wahren. Darum ist er jenseits von Himmel und Erde und lässt alle Wesen hinter sich. Er passt sich in Freiheit der Welt an und verhüllt doch sein wahres Wesen. Seine Gelehrsamkeit und seine Weisheit scheinen keine Grenzen zu haben.»

Der Kaiser hatte für die Audienz mit diesem offenbar bemerkenswerten Mönch dennoch bloß einige wenige Minuten vorgesehen. Wie schon in früheren Dynastien üblich, waren auch unter den Tang die buddhistischen Mönche als einzige Menschen nicht verpflichtet, vor dem Kaiser einen Kotau zu machen. So begnügte sich Xuanzang mit einer knappen Verneigung des Kopfes. Der Kaiser kam, nachdem er Xuanzang einen Platz angewiesen hatte, auch gleich zur Sache: «Weshalb seid Ihr, ohne es mir mitzuteilen, weg und außer Landes gegangen?»

Da war sie also, die Frage, die er erwartet hatte, dass sie aber so unverstellt und direkt an ihn gerichtet werden würde, damit hatte er nicht gerechnet. Doch war Xuanzang sofort klar, dass, wer so klar fragt, auch eine klare Antwort erwartet.

«Zu jener Zeit habe ich mehrere Petitionen an den Hof geschickt mit der Bitte um eine Genehmigung zur Ausreise. Doch ohne Zweifel habe ich auf Grund der völligen Bedeutungslosigkeit meines Namens nicht das Gehör gefunden, das ich zu meiner Ausreise gebraucht hätte. Es war mir aber nicht länger möglich, meine leidenschaftliche und aufrichtige Suche nach der Lehre des Buddha weiter zurückzuhalten. So ging ich insgeheim weg und auf meine eigene Verantwortung.»

Der Kaiser war tatsächlich in keiner Weise gesonnen, ihn dafür anzuklagen, er gratulierte ihm vielmehr dafür, dass er sein Leben für das Wohl und das Glück der gesamten Bevölkerung eingesetzt habe und zeigte sich erstaunt darüber, dass er mit Blick auf die Schwierigkeiten, welche Berge und Flüsse, die weite Distanz zwischen den Städten und die unterschiedlichen Gebräuche, die er vor sich gehabt hatte, zum Schluss glücklich am Ziel seiner Reise angelangt sei.

Xuanzang, weit davon entfernt, dies als sein eigenes Verdienst anzusehen, gab eine Antwort, die klug das Verdienst dem Kaiser selbst zuschob:

«Der himmlische See liegt für jene nicht weit entfernt, die auf einem schnellen Wind dahinzureiten vermögen, und es fällt nicht schwer, einen aufgewühlten Fluss zu überqueren, wenn man ein Drachenboot segelt. Seit Eure Majestät das Mandat des Himmels trägt, um über das Land zu herrschen, waren Eure Tugend und Mildtätigkeit in allen Gegenden verbreitet, wobei der Wind der Sittlichkeit bis in die heißen Länder des Südens blies und Euer politischer Einfluss bis weit jenseits des Pamir reicht. Deshalb war es mir vergönnt, da ich beschützt war durch die Macht des Himmels und damit das Mandat Eurer Majestät, wegzugehen und unbeschadet wieder zurückzukehren.»

Der Kaiser nahm zwar diese Lobesworte mit Genugtuung zur Kenntnis, doch schienen sie ihn nicht sonderlich zu beeindrucken, denn er kam direkt zur nächsten Sache: «Berichtet mir von den Ländern des Westens, kurz und knapp das Wesentliche über die gesellschaftlichen Verhältnisse, den Buddhismus, die Gepflogenheiten, die Produkte und den Handel, Politik und Militär all der Länder südlich der Schneeberge, den alten Gedenkstätten der acht Könige, das heißt der acht Bodhisattvas, und den Heiligen Pfaden der vier früheren Buddhas. All das sind Dinge, worüber Chang Ch'ien und die Historiker Pan Ku und Ssu-ma Ch'ien nicht berichten könnten.»

Für Xuanzang war es ein Leichtes, der Aufforderung des Kaisers nachzukommen und die Fragen klar und systematisch zu beantworten, und er wusste, dass ihm jetzt, mit dieser Aufforderung, der Weg zum Herzen des Kaisers bereitet war und er ihn nur noch mit Erfolg zu begehen hatte.

«Ich beginne mit den gesellschaftlichen Klassen, den Kasten, wie sie in Indien heißen, denn sie sind im ganzen großen Land, überall und ohne Ausnahme das auffälligste Merkmal. Die Gesetze der Kaste sind stärker als die Gesetze der Herrscher. Es gibt vier große Kasten. Die erste Kaste ist jene der *brahmana*, das heißt ‹reine Lebensführung›. Treu den Gesetzen der Wahrheit verpflichtet, wir würden sagen, dem Dao, sind sie die geistigen Führer des Landes.

Die zweite Kaste sind die *kshatriya*, die Kriegerkaste und somit die Herrscherklasse, die seit Generationen das Land mit Wohlwollen und Großzügigkeit als Teil ihrer Natur regiert.

Die dritte Kaste sind die *vaishya*, die Krämer und Händler, die Angebot und Nachfrage regeln; orientiert am Gewinn, reisen sie in nahe und ferne Gegenden.

Die vierte Kaste sind die *shudra*, die Bauern. Sie arbeiten hart, indem sie den Boden bebauen und fleißig im Säen und Ernten sind. Diese vier Kasten unterscheiden sich in ihrer jeweiligen Reinheit. Hochzeiten gibt es somit nur innerhalb der Kaste, jedoch sind Verbindungen innerhalb der Familien untersagt, also zwischen Vettern und Basen, von der väterlichen Linie bis zur siebten und von der mütterlichen Linie bis zur fünften Generation rückwärts. Ist eine Frau einmal verheiratet, verbindet sie sich nie mehr. Die Mischungen innerhalb der Kasten sind sehr zahlreich, und sie verbinden sich auf ihre eigene Art. Hier ist es schwierig, über Einzelheiten zu berichten.»

«Mich interessiert auch weit mehr die Herrscherkaste, sie liegt mir auch näher.»

«Über Generationen wurde die Herrschaft nur durch die *kshatriyas* ausgeübt. Gewaltsame Usurpation des Throns oder Königsmorde hat es gelegentlich gegeben, sodass der Thron auf eine andere Kaste überging. Die Tapferen werden durch die Krieger auserwählt, und Ehrenmänner werden zu Kriegern. Da der Kriegerstand erblich ist, sind sie Meister der Kriegskunst. Sind sie in der Kaserne, beschützen sie den Palast, in Kriegszeiten handeln sie als tapfere Vorhut. In der Armee gibt es vier Abteilungen: Infanterie, Kavallerie, Bogenschützen und Elefanten.

Der Kriegselefant ist mit einer Stoffdecke geschützt, und an seinen Stoßzähnen sind scharfe Dornen angebracht. Der auf einem Elefanten reitende General wird links und rechts von einem Soldaten begleitet, um den Elefanten im Zaum zu halten. Die Kriegswagen der Offiziere werden von vier Pferden gezogen, begleitet von Infanterie auf beiden Seiten. Die Kavallerie reitet oder wehrt Attacken ab. Sie verfolgen die Feinde bei einer Niederlage. Die Infanterie ist leicht und scharf, nur die Tapfersten sind dafür ausersehen. Sie tragen einen großen Schild und halten einen langen Speer.

Einige sind bewaffnet mit einem Schwert oder einem Säbel und stürzen in die vorderste Frontlinie der Schlacht. Alle Waffen sind sehr scharf und spitz. Da sie seit Generationen darin gedrillt wurden, sind sie Experten im Gebrauch von Speeren, Schilden, Bogen, Pfeilen, Säbeln, Schwertern, Kriegsbeilen, Lanzen, Hellebarden, langen Speeren und verschiedener Arten von Wurfgegenständen.

Ich möchte von diesen kriegerischen Dingen wegkommen, obwohl ich sehe, dass sie den obersten Kriegsherrn Chinas sehr interessieren. Lasst mich jetzt vielmehr auf einige soziale Eigenheiten und Verhaltensweisen hinweisen, die das gesellschaftliche Leben regeln.

Die Inder sind in ihrem Sozialverhalten, allgemein gesprochen, aufrichtig und freundlich, obwohl sie eher ein heißes Temperament haben. In Geldangelegenheiten sind sie nicht falsch, aber sie verlangen mehr Zinsen, als die Aufrichtigkeit es erfordert. Sie fürchten sich vor Strafen im Jenseits und haben ein distanziertes Verhältnis zum Leben und zur Karriere. Sie begehen keine Betrügereien, sie schwören einen Eid und halten ihr Versprechen. Ihre Regierung und die Erziehung fördern Reinheit, und ihr Verhalten ist harmonisch.

Wenn bei einer Gelegenheit Rebellen und Bösartige die Regeln oder Gesetze des Landes brechen und sie gegen Herrscher und Vorgesetzte handeln, werden sie ins Gefängnis geworfen, nachdem die Fakten festgehalten sind. Sie erleiden zwar keine Art von Körperstrafe, aber lebend oder tot sind sie nicht mehr Glieder der Gemeinschaft. Wenn Menschen gegen die gesellschaftliche Moral verstoßen, wenn sie illoyal sind und keinen Respekt vor den Eltern zeigen, dann werden ihnen Nasen und Ohren, Hände und Füße abgeschlagen, oder sie werden außer Landes abgeschoben oder in den Dschungel geschickt. Andere Vergehen können mit Bezahlung einer Geldstrafe gesühnt werden. In Verbrechertribunalen wird nur wenig Folter angewendet. Sie geben Antworten auf Fragen und werden aufgrund der Fakten verurteilt. Wenn sie das Verfehlen abstreiten und sich aus der Sache herauszuziehen versuchen, dann werden vier Arten von Tortur angewendet, um die Wahrheit herauszufinden, nämlich Wasser, Feuer, Gewicht und Gift.

Bei der Wasserprobe wird der Verbrecher in einen Sack gesteckt und ein Stein in einen anderen Sack, beide sind miteinander verbunden und werden in ein tiefes Wasser geworfen. Wenn der Körper sinkt und der Stein schwimmt, ist der Mann schuldig, sinkt aber der Stein und schwimmt der Mann, dann ist er unschuldig.

Bei der Feuerprobe hat der Verbrecher zuerst auf ein rotglühendes Eisen zu knien und dann auf ihm zu gehen. Er kann auch aufgefordert werden, die Handfläche auf das Eisen zu legen oder es mit der Zunge zu lecken. Ist er unschuldig, tut es ihm nichts an, verbrennt er sich, ist er schuldig. Kann eine schwache Person diese Torturen nicht aushalten, müssen sie Knospen halten, welche dann ins Feuer geworfen werden.

Ist die Person unschuldig, öffnen sich die Knospen, ist sie schuldig, dann schrumpfen die Knospen.

Bei der Gewichtsprobe wird eine Person gegen einen Stein aufgewogen und entsprechend beurteilt. Ist er unschuldig, geht seine Seite nach unten und der Stein nach oben, ist er schuldig, ist der Stein schwerer und der Mann leichter. Bei der Giftprobe wird der rechte Oberschenkel eines Schafsbocks aufgeschnitten. Eine Menge Gift, die der Verurteilte zu essen hat, wird dem Schafbock zugefügt. Ist die Person schuldig, wirkt das Gift und das Schaf stirbt. Ist sie unschuldig, wirkt das Gift für eine kurze Zeit und der Schafsbock wird rundlich, nachdem das Gift nachgelassen hat. Diese vier Torturen sind ein Beispiel dafür, wie alle Arten von Fehlverhalten verhindert werden sollen.

Einen weiteren Bereich will ich noch hinzufügen: Rituale und Grußformeln, die ja auch in unserem Land eine nicht unbedeutende Rolle spielen. In den westlichen Ländern gibt es neun unterschiedliche Grade, um Respekt auszudrücken:

- erstens, sich beim anderen mit wohlgesetzten Worten nach dem Befinden erkundigen;
- zweitens, den Kopf respektvoll neigen;
- drittens, die Arme hochheben;
- viertens, die Handflächen auf Brusthöhe gegeneinander legen und sich verneigen;
- fünftens, in stehender Position die Knie beugen;
- sechstens, verlängertes Knien;
- siebtens, sich mit Händen und Knien auf den Boden werfen;
- achtens, sich auf die Knie werfen und mit Ellbogen und Stirn den Boden berühren;
- neuntens, sich mit ausgestrecktem Körper auf den Boden werfen.

Diese neun zeremoniellen Formen sind der Ausdruck von Anerkennung. Zu knien und die andere Person zu loben, gilt als das äußerste Zeichen von Respekt. Ist der andere entfernt von einem selbst, beugt man den Kopf und legt die Handflächen ineinander. Ist er aber nahe, küsst man seine Füße und reibt hörbar an seiner Ferse. Will man eine Nachricht übermitteln oder von Älteren einen Befehl entgegennehmen, hebt man seinen Rock und kniet über längere Zeit. Wird jemandem so Reverenz erwiesen, hat diese Person immer ein freundliches Wort parat oder berührt den Kopf, oder gibt einen freundlichen Klaps auf den Rücken der Respekt zeigenden Person und weist sie mit guten Worten an, ihre Zuneigung zu zeigen. Erhält ein Mönch eine respektvolle Begrüßung, äußert er bloß einen guten Wunsch gegenüber dem anderen und heißt ihn nicht, das Knien zu beenden.»

Der Kaiser war mit großer Aufmerksamkeit den Ausführungen Xuanzangs gefolgt, jetzt aber unterbrach er ihn, denn er wollte eine Thema berühren, das ihn beschäftigte, seit er das Mandat des Himmels trug:

«Und wie wird das Land verwaltet?»

«Wie die Regierung großmütig ist, so klein sind ihre offiziellen Forderungen. Da gibt es keine Registrierung der Haushalte und Leistungen in Form von Frondienst. Die Krongüter werden auf vierfältige Weise aufgeteilt: ein Teil ist für die Staatsausgaben und religiöse Zeremonien, ein zweiter für die Stiftungen der Minister und Höflinge, der dritte Teil wird als Belohnung für die Klugen und verdiente Männer, die Gebildeten und Talentierten, eingesetzt, und der vierte Teil wird aufgewendet, um Verdienste anzusammeln durch Unterstützung religiöser Gemeinschaften. Die Menschen sind zufrieden mit ihren ererbten Berufen, und alle pflegen ihren kleinen Besitz. Das gemeinsame Bebauen von Kronland schließt die Abgabe von einem Sechstel der Ernte als Leihgebühr ein. Händler, die mit ihren Waren kommen und gehen, um sie irgendwo einzutauschen, haben eine kleine Taxe zu Land und zu Wasser zu bezahlen.

Die Regierung erhebt keinen Anspruch auf Frondienst – auch nicht für Arbeiten an öffentlichen Bauten. Die Arbeiter werden entsprechend ihrer Leistung bezahlt. Soldaten werden für die Stationierung an weit entfernten Plätzen und für Expeditionen rekrutiert und für die Garnison des Palastes. Sie werden ausgehoben nach Maßgabe der Aufgabe, für die sie gebraucht werden, dazu werden Preise ausgeschrieben, und die Teilnahme ist ehrenamtlich. Es gibt weder Zwangsarbeit noch Sklaven, wenn für öffentliche oder militärische Angelegenheiten Leute gebraucht werden.»

«Das widerspricht allen unseren seit Jahrhunderten ausgeübten Gepflogenheiten!», rief jetzt der Kaiser bewundernd.

«So ist es. Es gibt keine Sklaven. Und Menschen zu verkaufen, ist das gleiche Verbrechen wie das eines Mörders. Minister und Beamte haben ihren eigenen Landbesitz und entsprechend ein zusätzliches Einkommen.

Auch die buddhistischen Klöster sind frei. Anders als hier in China gibt es sozusagen eine Trennung von weltlicher Herrschaft und religiösen Bereichen. Es ist keinem Herrscher erlaubt, sich in Angelegenheiten der Klöster einzumischen und irgendwelche Befehle zu erteilen oder Anweisungen zu geben. Vielmehr unterstützen sie die Klöster mit großzügigen Donationen wie Ländereien, Bauwerken, Arbeitskräften, um so die Unabhängigkeit der Klöster zu wahren. Zum Buddhismus ist zu sagen, dass es verschiedene Schulen gibt, die wie Berggipfel herausragen, und die Debatten und Streitgespräche zwischen ihnen sind wie Brandungswellen. Sie verteidigen ihre Theorien, doch nach verschiedenen Umwegen erreichen sie dasselbe Ziel. Kurz nach Buddhas Tod bildeten sich achtzehn Schulen, die alle ihre eigenen Verdienste verteidigen. Doch es gibt zwei Fahrzeuge, das Große Fahrzeug unter dem Namen Mahayana und das Kleine Fahrzeug unter dem Namen Hinayana, beide mit sehr unterschiedlichen monastischen Regeln. Und beide denken sie über die Wahrheit und das Leben nach und bewegen sich auf frommen Wegen, sie meditieren und ziehen sich selbst von der

Gesellschaft oder lärmigen Debatten zurück. Sie haben, wie gesagt, ihre eigenen Regeln.

Oft aber kommen die Mönche für öffentliche Debatten zusammen, um die Qualität der Argumente zu begutachten, Gut von Böse zu unterscheiden oder möglicherweise über Beförderungen oder Absetzungen innerhalb des Ordens zu befinden. Wem es gelingt, die Feinheit von Ideen und die Verworrenheit einer philosophischen Ansicht darzulegen, und wer über die Eleganz der Rede und Debattierkunst verfügt, dem wird die Ehre zuteil, auf einem speziell geschmückten Elefanten zu reiten, umgeben von einer Schar von Dienern.»

«Jetzt erst vermag ich Euren Hinweis im Brief aus Khotan richtig zu würdigen, in dem Ihr wohl den Verlust des Elefanten erwähntet, was mir aber nicht viel sagte.»

«Es war ein besonders kostbares Tier, denn es war ein weißer Elefant, den ich von König Harsha als Reittier für meine Heimreise zum Geschenk bekommen habe.»

«Also in jeder Hinsicht ein königliches Geschenk, das mir nicht nur viel über Euch und Eure Bedeutung, sondern auch über diesen König Harsha aussagt. Von ihm möchte ich bei anderer Gelegenheit mehr erfahren.»

«Mit Vergnügen, er war mir zum Schluss wie ein Freund, und er ist zurzeit der weitaus bedeutendste Herrscher Indiens, mit dem Eure Majestät in Verbindung sein sollte, wenn ich mir diesen Hinweis gestatten darf.»

«Das dürft Ihr, Meister des Gesetzes, denn ich liebe ein offenes und kluges Wort, doch wie gesagt, darüber später. Jetzt aber: Wie ergeht es dem Verlierer der Debatte?»

«Jene, deren Theorien hohl und deren Argumente stumpf sind, die mangelhaft in der Begründung und redundant im Sprechen sind, die also das Gegenteil von Wahrheit und geschmeidiger Sprache vorlegen, deren Gesichter werden mit roter und weißer

Paste bestrichen und der Körper mit Schmutz, sie werden in die Wildnis gejagt oder in die Gosse gestoßen. Auf diese Weise werden nicht nur das Gute und das Böse sichtbar, sondern auch Weisheit und Dummheit. Wenn die Menschen weise sind und Freude haben an der Wahrheit, wenn sie fleißig sind in der Ausübung der häuslichen Pflichten und sich den Studien widmen, dann sind sie frei, die Laienwelt zu verlassen oder in ihr zu bleiben. Noch ein Wort über die Strafen in der Sangha, der Mönchsgemeinschaft: Wenn die Übertretung der Regeln leicht ist, wird der Fehlbare von seinen Mitmönchen entschuldigt. Ist es aber ein schweres Vergehen, und weigern sich die Mönche, mit ihm zu leben, dann hat das seinen Ausschluss zur Folge. Da er von jetzt an nirgendwo mehr leben kann, wandert er in den Straßen im Elend, oder er legt seine Robe ab und kehrt zu seinem ursprünglichen Laienberuf zurück.

Ein Brahmane, welcher die vier Vedas lehrt, muss eine gründliche Kenntnis und tiefes Verständnis haben, um all das Abstruse zu erkennen, das in ihnen auch zu finden ist. Er fördert die Schüler mit edlen Prinzipien und komplizierten Ideen, indem er sie ermahnt, rügt oder sie überzeugend anleitet. Er weckt so Weisheit und Fähigkeiten für die Trägen und die weniger Begabten. Sollte ein Schüler klug sein, doch die Arbeit vor sich herschieben, dann zeigt der Lehrer so lange Ausdauer in seinen Erklärungen, bis der Schüler die Übung begriffen hat. Im Allgemeinen zeigt ein Student Reife in seinem Charakter und erreicht die Vollendung seiner Ausbildung im Alter von dreißig Jahren. Jetzt erhält er einen ehrenvollen Posten und findet so die erste Gelegenheit, mit Geschenken an den Lehrer seine Anerkennung und Schuldigkeit zu erweisen.

Einige Schüler aber, die hochgebildet sind in traditionellem Wissen, führen ein Leben in Abgeschiedenheit und Strenge. Fern von weltlichen Dingen, sind sie zu allerletzt berührt von

Ehre und Bewunderung. Doch ihr Ansehen reicht bis in ferne Gegenden, sogar Könige bewundern sie, schaffen es aber nicht, sie an ihren Hof zu holen. Trotzdem hält der Staat diese Genies in hohen Ehren, und die Gesellschaft respektiert die Weisen und Erleuchteten. Sie erhalten Ehre und Auszeichnung in hohem Maße. Deren Verhalten ermuntert die Menschen, sich selbst dem Lernen zu verschreiben, die Müdigkeit zu vergessen beim Ausüben von Kunst, dem Forschen nach Wahrheit und der Vervollkommnung der Tugend. Sie begeben sich auf die Suche nach Wahrheit, ungeachtet der Distanzen; auch jene, die aus reichen Familien kommen, sind keine Ausnahme.

Auf ihren Reisen leben sie von Almosen. Sie bewerten die Tiefe der erkannten Wahrheit und sind nicht herablassend wegen mangelnden Reichtums. Jene, die sich dem Vergnügen und dem Nichtstun hingeben, ein Weiterkommen also zurückweisen, sich gute Speisen und Kleidung leisten, ernten weder Tugendhaftigkeit, noch sind sie darauf vorbereitet, sie zu üben. Sie haben einen schlechten Ruf.

Die Städte und Residenzstädte mit ihren großen Toren sind auf allen Seiten von Wällen umgeben. Im Stadtinnern winden sich Straßen und Wege. An den Kreuzungen sind Verkaufsläden und Wirtshäuser auf beiden Straßenseiten. Die Wohnungen der Metzger, Fischer, Sänger und Tänzer, Scharfrichter und Müllmänner sind mit einer Flagge gekennzeichnet, und sie müssen außerhalb der Stadt leben. Wenn sie auf der Straße gehen, halten sie sich ganz am Rande, um den Weg andern frei zu geben. Was die Konstruktion der Städte, der Ringmauern und Häuser betrifft, so sind sie, da das Land flach und feucht ist, aus Ziegelsteinen errichtet. Allerdings werden Hauswände auch mit Bambus und Holz errichtet. Die Decken der Räume, Hallen, Terrassen und Flachdächer bestehen aus Holzbalken, die mit Zement überzogen und dann mit Ziegln bedeckt werden.

Die Konstruktion von hohen Gebäuden ist gleich wie bei uns in China. Die gewöhnlichen indischen Wohnhäuser hingegen sind, verglichen mit den chinesischen, weder mit Stroh noch mit Ziegeln oder Planken errichtet. Ihre Wände sind weiß getüncht, und der Fußboden ist mit Kuhdung gepflastert, welcher für sauber und rein gehalten wird. Außerdem werden, enstprechend der Jahreszeit, Blumen auf den Boden gestreut.

Die Klöster sind von wunderbarer architektonischer Struktur. Hohe Gebäude mit dreistöckigen Türmen erheben sich an den jeweils vier Ecken. Die Pfeiler und Balken sind mit wunderbar geschnitzten Figuren verziert. Türen, Fensterläden und Wände sind farbig bemalt. Die Häuser der gewöhnlichen Leute sind im Inneren aufwendig und außen karg. Die inneren Räume und zentralen Hallen unterscheiden sich in Höhe und Breite. Mehrstöckige Gebäude und Pavillons haben kein festes Muster. Tore öffnen sich gegen Osten, auch der Thron ist nach Osten ausgerichtet.

Zum Sitzen und Schlafen benützen alle ein aus einem Schnurgeflecht hergestelltes Bett. Königliche Familien, Vornehme und Minister, die Adeligen, die Gewöhnlichen und die Reichen verzieren es in unterschiedlicher Weise, doch die Sitzweise ist bei allen gleich. Der Thron des Königs ist hoch und breit, dekoriert mit Perlen und Edelsteinen, er wird auch *simhasana*, Löwensitz, genannt und ist mit edlen Decken bezogen. Zum Thron gehört ein Fußschemel, der mit Juwelen besetzt ist. Die Minister haben unterschiedlich geschnitzte und dekorierte Sitze, entsprechend ihrem eigenen Geschmack.

Die Kleider sind alle aus einem einzigen Stück Stoff und nicht geschneidert. Makelloses Weiß gebietet Respekt, bunte Stoffe sind minderwertig. Die Männer winden die Stoffbahn um ihre Hüfte und legen sie seitwärts unter dem Arm über die linke Schulter, jedoch die rechte Schulter ist frei. Bei den

Frauen reicht das Kleid bis zum Boden und die Schultern sind bedeckt. Die Männer machen einen kleinen Haarknoten auf dem Kopf, der Rest der Haare fällt nach unten. Einige tragen keinen Oberlippenbart, andere haben sonderbare Bartmoden. Die Frauen tragen Girlanden aus Blumen im Haar und um den Hals eine Kette.

Die Kleiderstoffe sind aus Seide, aus feiner Baumwolle oder dann aus einer Art Flachs. Andere Stoffe wiederum sind aus der feinen Wolle des Ziegenhaares oder vom Haar wilder Tiere. Diese Letzteren sind fein und weich gesponnen und ein begehrtes Material für Kleider. In Nordindien, wo das Klima sehr kalt ist, tragen die Leute eng anliegende Jacken wie die Tataren.

Die Kleider der nichtbuddhistischen Religiosen sind unterschiedlich und außergewöhnlich. Einige tragen Vogelfedern und Schwanzfedern des Pfaus, andere tragen aus Schädelknochen gefertigte Anhänger. Einige sind nackt und völlig kleiderlos, andere bedecken ihren Körper mit geflochtenem Gras, einige rupfen ihr Haar aus und schneiden ihren Oberlippenbart, einige andere lassen ihr Haar zur Seite wachsen und machen einen Knoten auf dem Kopf. Es gibt keine Gleichheit in der Kleidermode und der Farbe der Stoffe, die Menschen tragen weiß, rot und andere Farben. Die Mönche der verschiedenen Schulen falten ihre Robe in unterschiedlicher Weise, doch die linke Schulter und die beiden Arme sind jeweils bedeckt, und die Farben sind entweder gelb oder rot.

Die Leute der Herrscherkaste und die Brahmanen leben bescheiden, sauber, einfach und tragen reines Weiß. Die Kleider der Könige und der Minister sind allerdings verschieden. Sie tragen mit Blumen und Juwelen geschmückte Kopfbedeckungen und zudem Ringe, Armbänder und Anhänger. Die reichen Kaufleute aber tragen bloß Armreifen.

Die Leute gehen meist barfuß, nur einige wenige tragen

Schuhwerk. Sie färben ihre Zähne rot oder schwarz, dressieren ihr Haar und tragen Ohrringe. Sie haben lange Nasen und weite Augen. So ist ihr Aussehen.

Reinheit ist ein Aspekt des Bewusstseins und nicht das Ergebnis von Zwanghaftigkeit. Sie waschen sich vor jeder Mahlzeit und essen keine Reste des vorangegangenen Tages. Sie gestatten anderen nicht, ihre persönlichen Essutensilien zu gebrauchen. Irdene und hölzerne Essschalen werden nach Gebrauch weggeworfen. Schüsseln aus Gold, Silber, Kupfer oder Eisen werden jederzeit poliert. Nach dem Essen benützen sie einen Zahnstocher zum Reinigen der Zähne, und sie berühren sich erst, nachdem sie sich fertig gewaschen haben. Sie waschen sich jedes Mal, nachdem sie Wasser abgeschlagen oder den Darm entleert haben. Sie parfümieren ihren Körper mit Essenzen aus Sandelholz und Turmerik. Der König badet unter Musikbegleitung, und die Menschen müssen vor religiösen Zeremonien oder dem Gebet ebenfalls ein Bad nehmen.»

«Mir scheint, dass sich diese Menschen unablässig waschen und reinigen. Reinheit muss einen großen Stellenwert haben in Indien», unterbrach jetzt der Kaiser. «Und wovon leben sie? Was pflanzen sie an? Sind ihre Essgewohnheiten von den unseren unterschieden?»

«Wie das Klima und der Boden sich unterscheiden, so unterscheiden sich entsprechend die Produkte des Landes. Unterschiedlich sind die Blumen und Fruchtbäume und ihre Namen. Was die Früchte zum Beispiel betrifft, so gibt es Mangos, Tamarinde, Beeren, Holzäpfel, Kirschpflaumen, Kaki, Feigen, Kakipflaume, Kokosnuss und Jackfrucht. Es ist unmöglich, alle Fruchtarten aufzuzählen. Ich habe nur wenige Beispiele aufgezählt von jenen, die vom Volk am meisten geschätzt werden. Unbekannt in Indien sind hingegen Datteln, Chestnüsse, grüne und rote Dattelpflaumen. Von Kashmir abwärts wachsen

Birnen, Pflaumen, Pfirsiche, Aprikosen, Trauben und so fort an verschiedenen Orten. Granatäpfel und Orangen werden überall in Indien angepflanzt.

Um den Boden zu bebauen, pflanzen und jäten, pflügen und eggen sie, entsprechend der Jahreszeiten und ihrem Fleiß oder Müßiggang. Die Erde ist fruchtbar, die Reisfelder und der Weizen sind teilweise im Überfluss vorhanden. An Gemüse gibt es Ingwer, Senf, Kürbis, Gurken und anderes mehr. Zwiebeln und Knoblauch sind nicht ausreichend vorhanden und werden selten gegessen. Isst ein Familienmitglied davon, wird es außer Haus gewiesen. Milch, Butter, Sahne, Grießzucker, Honig, Senföl und Fladenbrot gehören zur alltäglichen Ernährung. Fisch, Hammelfleisch, Gazelle und Reh werden auch als Speise serviert. Jedoch Ochs, Esel, Elefanten, Pferde, Schweine, Hunde, Füchse, Wolf, Löwen und Affen, ebenso behaarte Tiere werden in der Regel nicht gegessen. Isst jemand davon, schaut man auf ihn herab, und er gilt als unrein. Sie werden von der Gesellschaft ausgeschlossen und sind selten zu sehen.»

«Das ist ein großer Unterschied zu unseren Gepflogenheiten. Denn der Chinese isst alles, was mit dem Rücken zum Himmel geht. Merkwürdig, sehr merkwürdig», unterbrach der Kaiser, «und wie ist es mit dem Trinken? Sind sie da auch so wählerisch?»

«Der Gebrauch von Wein und anderen Getränken hängt von der Kaste und ihrem Status ab. Wein und Zuckerrohrschnaps sind das Getränk der Kaste der *kshatriya*, also der Herrscherklasse. Fermentiertes und destilliertes Getränk aus Getreide wird von den *vaishya*, den Händlern und Bauern getrunken. Die *shramana* und die *brahmana*, also die Bettelmönche und die Priesterkaste, trinken den Sirup von Zuckerrohr und Trauben, jedoch keinen Wein. Die gemischten Kasten und die untersten Stammesangehörigen haben keine speziellen Getränke.

Es gibt Gefäße und Geräte mit unterschiedlichen Funktionen, und sie sind überall erhältlich. Obwohl sie den Kessel kennen, wissen sie ihn nicht als Dampfkessel zu benützen, wie das bei uns üblich ist. Ihre Gefäße sind meist aus Ton gefertigt und ganz selten aus Messing oder Kupfer. Sie benützen nur ein Gefäß zum Essen, worin sie alle verschiedenen Zutaten mischen. Sie essen die Speisen mit ihren Händen und gebrauchen weder Löffel noch Essstäbchen. Selbst Könige essen mit den Händen. Einzig wenn eine Person krank ist, braucht sie einen Kupferlöffel.

Gold, Silber und gelber Topas, weiße Jade und Perlen werden in diesem Land abgebaut und sind sehr ergiebig. Es gibt viele merkwürdige Steine und Juwelen mit fremdartigen Namen. Sie kommen von der Küste und werden gehandelt. Sie gebrauchen Gold- und Silbermünzen, Kaurimuscheln, große und kleine Perlen als Zahlungsmittel.

So also ist Indien, so sind die allgemeinen Grundzüge innerhalb seiner Grenzen. Ich habe sie nur ungefähr und grob hervorgehoben unter verschiedenen Schwerpunkten.»

Xuanzang lehnte sich in seinem Stuhl zurück und schwieg. Es schien, als sei sein Geist für kurze Zeit weg und in dem fernen Land, das er so viele lange Jahre bereist hatte.

Der Kaiser war Xuanzangs Ausführungen mit sichtbarem Vergnügen gefolgt, denn jetzt pries er dessen erzählerisches Talent, die Eleganz seiner Rede, die Energie und Aufrichtigkeit seines Charakters und stufte ihn schließlich höher ein als so berühmte Mönche wie Shih-dao-an und Siu-an.

«Ich möchte, dass Ihr einen Bericht schreibt über Eure Reise in den Westen. Diese buddhistischen Königreiche sind so weit entfernt, dass wir bisher nur unvollkommene Berichte haben über die Heiligen Stätten und die religiöse Lehre. Außerdem wünsche ich, da ich beeindruckt bin von Euren außergewöhnlichen Talenten, dass Ihr Eure Mönchsrobe auszieht und mein Minister und politischer Ratgeber werdet.»

Xuanzang nahm den Wunsch des Kaisers entgegen, ohne mit einer geringsten Regung seines Äußeren zu zeigen, wie diese ohne Zweifel ungewöhnliche Ehrung auf ihn wirkte. Ruhig und mit unbeweglicher Miene saß er da. Noch einmal wiederholte sich ein altes Muster, dem er auf seiner Reise in den Westen mehrmals begegnet war: Man wollte ihn halten und haben und begriff nicht, dass er nur Buddha und dem Dharma gehörte und niemandem sonst, nicht einmal sich selbst. Und alte Bilder tauchten in seinem Geiste auf, wie einst als erster König Ch'ü Wen-t'ai von Turfan ihn zum Bleiben zwingen wollte, dann die guten Mönche in Nalanda, die nicht begreifen wollten, dass er den wahren Dharma, nachdem er ihn in Nalanda gefunden und viele Jahre studiert hatte, zurück nach China bringen musste, wie es von Anfang an seine Absicht gewesen war. Dann schließlich König Harsha, auch er wollte ihn nicht ziehen lassen, und hier wurde ihm der Abschied schwer, war ihm doch der König wie zu einem Freund geworden. Und jetzt wünschte der Kaiser von China von ihm, nach so vielen Jahren die Robe, das Kleid Buddhas, auszuziehen. Auch wenn der Kaiser das Mandat des Himmels hielt, hatte er dennoch keine Gewalt über ihn.

So antwortete er denn: «In jungen Jahren und noch fast ein Kind, bin ich durch das schwarze Tor gegangen und habe um Aufnahme in die Gemeinschaft der Mönche gebeten, hier in Luoyang. Mein Herz war voll Begierde nach dem Gesetz des Buddha, und ich habe die geheimnisvolle Lehre mit redlichem Eifer studiert. Doch ich habe nie die Lehren des Meisters Kong studiert, welche die Grundlage sind und die Seele der staatlichen Verwaltung. Wenn Eure Majestät mir befehlen, in ein weltliches Leben zurückzukehren, dann wäre dies, als zöge man ein Schiff mit vollen Segeln vom offenen Meer ans trockene

Land in der Hoffnung, es würde dort weitersegeln. Ich würde nicht bloß erfolglos sein, sondern auch mich selbst zerstören und zugrunde gehen. Ich möchte die Jahre, die mir bleiben, weiterhin als Mönch leben und mich bei Eurer Majestät für die mir zugedachte ungewöhnliche Ehre bedanken.»

Jetzt erinnerte der durch eine Seitentür eintretende Schwager den Kaiser daran, dass die Audienz schon sehr lange andauere und Xuanzang noch vor dem späten Abend in die staatliche Herberge zurückkehren müsse, um nicht für die Nacht dort ausgesperrt zu werden. Doch der Kaiser protestierte energisch: «Ich habe noch nicht alles gesagt, was ich in unserer hastigen und kurzen Unterredung habe sagen wollen.»

Und zu Xuanzang gewandt, fuhr er fort: «Ich bitte Euch, mich auf meinem Feldzug in den Osten des Reiches zu begleiten, wo ich einige Rebellen zu bestrafen habe. Während meiner Tätigkeit als Kommandant des Heeres könnte ich mich weiterhin mit Euch unterhalten. Was haltet Ihr davon?»

Xuanzang versuchte, mit dem Hinweis auf seine Erschöpfung nach der langen Reise, dieses Ansinnen abzulehnen. Doch der Kaiser erinnerte ihn daran, dass er in fremden Ländern sehr wohl habe allein reisen können und dass dies ohnehin eher ein Ausflug zu einem nicht allzu fernen Ziel sei.

Jetzt aber widersprach Xuanzang energisch: «Ich habe keinen Zweifel, dass Eure Majestät einen glänzenden Sieg erringen wird, vergleichbar den berühmten Erfolgen von Mu-yeh und K'un-yang. Doch muss ich anfügen, dass ich gar nichts dazu beitragen könnte, ich wäre höchstens der Grund für unnötige Ausgaben und Unannehmlichkeiten. Zudem bestimmen die Klosterregeln auf Grund des Mitgefühls für alle lebenden Wesen, dass es einem Mönch untersagt ist, auch bloß als Beobachter an einem Kriegszug teilzunehmen. Da dies ein Gebot Buddhas ist, muss ich es Eurer Majestät mitteilen. Es wäre für mich ein Glücksfall, wenn Eure Majestät Erbarmen mit mir hätte.»

Als der Kaiser von seinem Ansinnen Abstand nahm, erinnerte ihn Xuanzang daran, dass er von den über sechshundert Manuskripten, die er aus dem Westen mit nach China gebrachte habe, noch kein einziges aus dem Sanskrit ins Chinesische habe übersetzen können.

«Hier in der Nähe von Luoyang, südlich des Sung-yüeh-Berges und nördlich des Shao-Shih-Berges in einer kleinen Waldlichtung liegt das Kloster Shao-lin, weg vom Lärm der Marktplätze und Städte, und wo sich stille Grotten und klare Quellen befinden. Dieses Kloster war unter Kaiser Hsiao-wen-ti von der zweiten Wei-Dynastie von einem indischen Mönch namens Batuo errichtet worden. Das sind jetzt bald hundertfünfzig Jahre her. Und hier hat der indische Mönch Bodhidharma uns den Königsyoga gelehrt, das Sitzen mit verschränkten Beinen vor der leeren Wand. Ihm fühle ich mich wie keinem andern verwandt, denn er brachte die ursprüngliche, wirklich auf Buddha zurückgehende Meditationsweise nach China, und ich brachte die Heiligen Schriften der Lehre von Indien nach China. Und so bitte ich Eure Majestät, mir durch einen kaiserlichen Erlass zu gestatten, in dieses Kloster zu gehen und dort die Heiligen Texte zu übersetzen.»

«Ich habe allen Grund, diesem Kloster meine höchste Verehrung und Dankbarkeit zu erweisen. Denn vor vierundzwanzig Jahren errang ich in der Schlacht von Qianglingkou einen großen Sieg gegen die Sui-Dynastie, vor allem dank der Hilfe der trainierten und hochdisziplinierten Mönche aus dem Shaolin-Kloster. Ich aber möchte Euch in meiner Nähe haben und weise Euch an, in Chang'an im Kloster ‹Große Glückseligkeit› Wohnsitz zu nehmen, dort also, wo ohnehin alle Schätze untergebracht sind, die Ihr aus dem Westen mitgebracht habt.»

«Ich unterziehe mich dem weisen Beschluss Eurer Majestät, bitte aber inständig und dringend um eine Wächtergarde, um strikt alle Neugierigen mit ihren tausend Fragen zurückhalten zu können, die einen Blick werfen wollen auf jenen Mönch, der vom Heiligen Land des Buddha zurückgekehrt ist.»

Der Kaiser versprach ihm, für alles besorgt zu sein, was er für seine Übersetzungsarbeit nötig habe. Damit war die ungewöhnlich lange dauernde Audienz beendet.

*

Als Xuanzang auf der Rückreise von Luoyang nach Chang'an mit Héng-Li im Reisewagen saß, hatten sie erstmals die Muße, sich über den Aufenthalt in Luoyang zu unterhalten. Da sie an verschiedenen Orten untergebracht waren, hatten sie kaum Gelegenheit, sich zu sehen.

Héng-Li war erfreut zu hören, dass der Meister einen Bericht über die Reise in den Westen zu verfassen habe und dass der Kaiser ihn bei der Übersetzung der Manuskripte unterstützen werde.

«Ist es nicht das, was schon immer Euer Wunsch war?»

«Gewiss, darum auch habe ich die Manuskripte gesammelt und nach China gebracht. Und jetzt habe ich die Unterstützung selbst des Kaisers bekommen, mehr als ich je zu hoffen wagte. Doch für die Abfassung meines Berichtes nach Indien werde ich ohne deine Hilfe nicht auskommen. Außer mir kennt niemand die Notizen besser als du. Ich denke, dass ich dir das Erstellen der Chronologie der Reisenotizen vorerst übertragen kann, das soll mir dann als Grundlage für die Ausarbeitung der Einzelheiten dienen. Und wie war dein Aufenthalt im Kloster ‹Weißes Pferd›?»

«Natürlich war ich ganz beglückt, an jenem Ort zu sein.

Ich wurde auch mit einigen sehr alten Mönchen bekannt, die sich noch an Euch zu erinnern vermochten, vor allem an Euren Eifer und die außerordentliche Begabung im Aufnehmen und Deuten der Heiligen Texte. Und als sie hörten, dass wir zumindest von Bamiyan weg gemeinsam die Reise in den Westen unternommen hatten, wurden sie nicht müde, davon zu hören. Schließlich fragte ich, nachdem ich ihres Vertrauens gewiss sein konnte, einen der ältesten Mönche, ob ich mir das Archiv des Klosters mit dem Mönchsregister anschauen könne. Zwar gab ich vor, den Eintrag Eures Namens im Original sehen zu wollen, doch insgeheim hoffte ich herauszufinden, ob der Kaiserliche Geheimdienst Euer Siegel unter dem Brief, den Ihr von Khotan an den Kaiser geschickt hattet, mit dem Originalstempel verglichen und so die Echtheit des Briefes überprüft hatte.»

«Eine kleine Schlaumeierei also, doch es interessiert auch mich. Was hast du herausgefunden?»

«Es war wohl einer der ältesten Mönche, der mich ins Archiv führte. Auf dem Weg dorthin sagte er, dass die Stadt Luoyang beim Wechsel von der Sui- zur Tang-Dynastie schrecklichem Chaos und marodierenden Plünderern ausgesetzt gewesen sei und das Archiv damals nur von der allgemeinen Plünderung verschont blieb, weil es unüblicherweise abseits untergebracht sei. Wir passierten den Haupthof vor der Großen Buddha-Halle, kamen dann zu einem langen Korridor, in dem auf der einen Längswand unzählige Statuen des Buddha aufgestellt waren, bestimmt bis an die zwanzig und die meisten vergoldet oder überreich bemalt.»

«Da standen zu meiner Jugendzeit bloß deren drei. Und gleich anschließend folgt die Kleine Buddha-Halle, wo die Novizen das Sitzen in Meditation übten, damals.»

«Das scheint heute noch so zu sein, jedenfalls war der Raum mit still in Versenkung sitzenden jungen Mönchen gefüllt. Der alte Mönch bedeutete mir, indem er mit dem ausgestreckten Zeigefinger die Lippen berührte, ruhig zu sein, und mit der anderen Hand winkte er mich hastig zu sich heran und deutete auf eine kleine Türe, die fast nicht zu erkennen war. Er öffnete sie vorsichtig, und zu meiner Überraschung standen wir in einem kleinen Innenhof, dessen vier Seiten alle genau gleich aussahen: vier Wände mir vier gleichen Türen, und über jeder Tür hing eine Holztafel mit der in klassischer Kalligraphie geschriebenen Aufschrift ‹Archiv›. Selbst über der Tür, die zur Kleinen Buddha-Halle führte, und aus der wir eben getreten waren, hing diese Tafel.»

Xuanzang lächelte, als er Héng-Li den Ort schildern hörte, den er als Mönch so oft betreten hatte, denn ihm war damals für einige Zeit die Führung des Archivs anvertraut.

«Ich stand ziemlich ratlos vor diesen Türen. Eine der drei musste zum Archiv führen. Der alte Mönch schien meine Stutzigkeit zu genießen. ‹Offensichtlich funktioniert die Falle noch immer›, sagte er, ‹denn das Öffnen der falschen Tür löst ein Glockenzeichen aus und ist der Hinweis für den Archivar, die eigentlichen Archivräume von innen abzuriegeln und zu sichern.› Dann schritt er zur südlichen Türe und öffnete sie mit einem ungewöhnlich kleinen Bronzeschlüssel, das ebenso winzige Schlüsselloch war für ein ungeübtes Auge unmöglich zu sehen. Dann standen wir im Archiv.»

«Zwei Wände links und rechts des Einganges sind vollständig mit Schubladen bestückt, von denen jede mit einer Nummer versehen ist. In diesen Schubladen liegen die Blätter mit dem persönlichen Siegel jedes Mönchs von Anbeginn des Klosters, dazu die Bestätigung des jeweiligen Abtes. Doch um das richtige Blatt in der richtigen Schublade zu finden, muss man die Namensliste finden und hier wiederum die hinter jedem Namen stehende Ziffernfolge entschlüsseln können.»

«In diese Geheimnisse hat mich der alte Mönch natürlich nicht eingeweiht. Er fragte bloß, welches Siegel ich denn zu sehen wünsche, was mich ziemlich erstaunte, musste er doch annehmen, dass ich nur Euch als einstigen Mönch des Klosters kenne. Überdies hatte ich es ihm vorher bereits gesagt.»

«Das ist Teil des Rituals, das jeder Archivar zu befolgen hat. Auch wenn er weiß, was der Suchende sehen möchte, muss er diese Frage stellen.»

«Diese Feinheiten waren mir nicht bekannt. Doch als ich Euren Namen nannte, sagte er zu meiner Überraschung, es sei merkwürdig, dass innerhalb eines knappen halben Jahres nach diesem Siegel jetzt zum zweiten Mal gefragt werde.»

«Das hätte er nicht sagen dürfen! Es widerspricht der Vorschrift zur Verschwiegenheit.»

«Immerhin, mir bedeutete es, dass ich bei meinen Nachforschungen einen Schritt weiter war. Ich denke, sagte ich zu ihm, dass die letzte Person jemand vom kaiserlichen Hof oder ein Beamter in geheimer Mission gewesen sein könnte.

Er schaute mich halb entsetzt, halb erstaunt an und sagte: ‹Ihr seid ein kluger Kopf. Und wenn Ihr schon so weit denken könnt und Euch auf halber Strecke zur Wahrheit befindet, will ich nur so viel sagen: Es ging bloß um das Abgleichen eines Siegels auf einem Brief, dessen Inhalt, Adressat und Absender ich nicht kenne, mit dem Original, das hier liegt. Das ist eine Angelegenheit, die ziemlich häufig vorkommt.› Dann wandte er sich von mir ab, öffnete einen Schrank und entnahm ein Bündel mit zahlreichen Blättern, auf denen offensichtlich die Namen aufgelistet waren. Dann griff er zum Pinsel und schien etwas auszurechnen, jedenfalls stand am Ende unter einem Strich eine Zahl. ‹Es ist Schublade sieben›, sagte er. In der Schublade sieben befanden sich nur einige wenige Blätter, und nach kurzen Augenblicken hielt ich Euren originalen Siegelabdruck in den Händen. Glaubt mir,

Meister, es war ein großer Augenblick für mich, und ich konnte meine Bewegung nur schwer unterdrücken.

Der alte Mönch musste es bemerkt haben, denn er sagte: ‹Meister Xuanzang bedeutet Euch wohl sehr viel.› Was hätte ich darauf antworten sollen! Worte sind in solchen Augenblicken zerstörerisch und vermögen ohnehin nicht zu fassen, was das Herz fühlt. So schwieg ich. Doch unterhalb des Siegels sah ich auch das Urteil des damaligen Abtes, der für Eure Aufnahme verantwortlich war: meisterhaft.»

«Von meinem Vater hatte ich das Schneiden von Siegeln schon in früher Kindheit gelernt, so war es für mich keine große Herausforderung. Doch ich erinnere mich, das Urteil des Abtes machte mich glücklich.»

«Dann griff der alte Mönch wieder zum Pinsel und schrieb unter das Siegel die Worte: ‹Reiste ins Heilige Land des Buddha in den Westen vom Jahr des Erde-Büffels während des 55. Zyklus bis zum Jahr der Holz-Schlange.›[1] ‹Jetzt ist es vollständig›, sagte er und verschloss das Papier wieder. Und dann verriet ich ihm, an wen der damalige Brief gerichtet war. Da der Mönch mir fast zu viel verraten hatte, wollte auch ich mich mit einer kleinen Indiskretion bedanken. Doch er lachte bloß und sagte: ‹Das sind meistens an den Kaiser gerichtete Briefe, ich konnte mit fast vollständiger Sicherheit davon ausgehen, aber es freut mich, dass ich mich nicht getäuscht habe.›

Dann verließen wir das Archiv durch eine andere Türe und befanden uns wieder im langen Korridor mit den vielen Bildnissen des Erwachten. Was ich aber nicht verstehen kann: Warum ist dieses Archiv so wichtig, dass man es unbedingt schützen muss, sind es doch bloß die Namen der Mönche, die dort aufbewahrt werden? Wir alle sind sterblich, wie viel mehr ist es unser Name – Name ist nichts!»

---

[1] 629–645 n. Chr.

«Das ist alles richtig. Doch ist es im Buddhismus zu einer Tradition geworden, dass die Klöster Register über die aufgenommenen Novizen und Mönche führen. Diese sind tatsächlich allen möglichen Vorkommnissen ausgesetzt, sei es eine Feuersbrunst, ein starkes Beben der Erde oder eben kriegerische Ereignisse. Ich denke, dass die meisten je geführten Register zerstört und verloren sind. Was aber bis zum heutigen Tag die vielen Jahrhunderte überlebt hat, ist die Liste der buddhistischen Patriarchen. Und das ist einzig dem Umstand zu verdanken, dass sie in den Köpfen der Mönche haften geblieben und so weiter überliefert worden ist. Du erinnerst dich, wie ich damals, als wir auf dem Hinweg nach Luoyang dem Beamten über unsere Erlebnisse in Rajgir berichteten, darauf hinwies, dass Buddha auf dem Geierberg die Lehre des Dharma an seinen Schüler Kayapa weiter gegeben hatte.

Jetzt will ich dir sagen, wie es genau geschah: Der Erwachte saß, als er alt geworden war, eines Tages schweigend vor den Mönchen und hielt in seiner Hand eine Lotosblüte, die er mit den Fingern sanft drehte. Da lächelte Kayapa voll Verständnis, und Buddha wusste, dass er die tiefste Erkenntnis gewonnen hatte. Denn nur jemand, der erwacht ist, kann einen anderen, ebenfalls Erleuchteten erkennen. Durch diese wortlose Geste geschah die Übertragung des Dharma auf Kayapa, und er wurde zum ersten Patriarchen des Buddhismus in Indien. Später gab Kayapa den Dharma weiter an Ananda, der Shakyamuni bis zu seinem Tode umsorgt hatte, mit einem herausragenden Gedächtnis ausgestattet war und die Lehre so Wort für Wort weitergeben konnte.

Für uns, die chinesischen Buddhisten, ist Bodhidharma der erste Patriarch des Buddhismus in China, den wir Ch'an-Buddhismus nennen. Für die indischen Buddhisten jedoch ist er der achtundzwanzigste Patriarch nach Buddha Shakyamuni.

Bevor er nach China kam, gab es hier niemanden, der das rechte Dharma übermitteln konnte, und keinen Patriarchen, um es weiterzugeben. Und so sind wir denn gewiss, dass wir hier die direkte Linie des Dharma überliefert bekommen haben.»

«Zwar den Dharma, doch nicht die authentischen Texte!»

«Texte hatten wir schon, zahlreiche sogar, die sich jedoch oft widersprachen. Heute weiß ich, dass es vor allem auch an den schlechten Übersetzungen lag. So war es meine Aufgabe und Pflicht, die ursprünglichen Heiligen Texte aus Indien nach China zu bringen. Denn Bodhidharma kam ohne Texte nach China, ohne die zahlreichen Sutren und Shastras, die wir in unserem Gepäck hatten. Doch Bodhidharma lehrte uns das rechte Sitzen in Versenkung vor der leeren Wand. Und da ich mich zumindest in einer Sache, dem Überbringen von Buddhas Lehre nach China, mit ihm verwandt fühle, legte ich dem Kaiser bei der Audienz den Wunsch vor, im Shao-lin-Kloster, wo Bodhidharma gelebt hatte, die Übersetzungen anzufertigen. Doch der Kaiser will uns in seiner Nähe haben, und so reisen wir jetzt zurück nach Chang'an.»

«Jetzt verstehe ich, warum ich im Kloster Weißes Pferd mehrmals gefragt wurde, ob wir anschließend im Kloster Shaolin um Aufnahme bitten würden. Es muss ein ganz besonderer Ort sein.»

«Ja. Und ein ungewöhnlicher Mönch war auch Bodhidharma. Er kam vor etwas über hundert Jahren auf Geheiß seines Meisters Hannyatara nach China, und er sei, so wird es berichtet, drei Jahre mit dem Schiff unterwegs gewesen, da Nebel, stürmische Winde, Frost und Schnee die Navigation und Sichtweite behindert hätten.

Als sie einen Hafen in China erreichten, kannten sie niemanden. Doch als Shoku, der Gouverneur von Koshu, von den Fremden hörte, schickte er eine Gesandtschaft, um sie willkommen zu heißen. Einen anderen Brief schickte er an Wu-Di, den Herrscher von Liang, welcher Bodhidharma sofort und hochbeglückt zu einem Treffen einlud, denn er hatte sich große Verdienste um den Buddhismus erworben, indem er Klöster gegründet, Mönche ernannt und ganze Bibliotheken mit Sutren und anderen Schriften hatte übersetzen lassen. Wu-Di soll sogar selbst in Klöstern Lehrreden gehalten haben, derart war sein Bemühen um den Dharma.»

«Also trafen sich zwei auf gleicher Augenhöhe, zwei wahre Lehrer des Dharma.»

«Das könnte man meinen, doch die erste Begegnung zwischen den beiden zeigte die Abgründe, die zwischen ihnen lagen. Denn der Herrscher brüstete sich vor Bodhidharma mit seinen Verdiensten, indem er sagte: ‹Seit ich Herrscher wurde, habe ich viele Tempel gebaut, Sutren kopieren und übersetzen lassen und mich um die Mönche gekümmert. Ich habe immer den Buddhismus unterstützt und kann die Dinge nicht aufzählen, die ich getan habe. Was wird der Lohn für meine Taten sein?›

Bodhidharma sagte bloß: ‹Nichts.›

Wu-Di fragte: ‹Warum nichts?›

Darauf Bodhidharma: ‹Was Ihr getan habt, bringt kaum Verdienst. All das, was Ihr erwähnt habt, wird schließlich nichts als Verblendung schaffen, weil es zum Zweck des persönlichen Nutzens geschah. Es ist eher Schatten als Form. Es scheint zwar ein Verdienst darin zu liegen, aber in Wirklichkeit gibt es kein Verdienst.›

Da fragte der Herrscher: ‹Was sind die wahren Verdienste frommer Handlungen und religiöser Praxis?›

Bodhidharma sagte: ‹Wir müssen in folgendem Zustand sein: reine Weisheit, reine Freiheit von Fesseln der Illusion und des Leidens und der Anhaftung an persönliches Begehren.›

Erneut fragte der Herrscher: ‹Was ist das wichtigste Element der Erleuchtung?›

Bodhidharma: ‹Weite Leere, nichts Heiliges.›

Da fragte der Herrscher: ‹Wer bist dann du, der hier vor mir steht?›

Bodhidharmas Antwort: ‹Ich weiß es nicht.›

Du siehst, Héng-Li, dass der Herrscher nichts vom wahren Buddhismus begriffen und er mit Bestimmtheit auch Bodhidharmas Antworten nicht verstanden hatte. Deshalb verließ dieser heimlich den Ort, überquerte auf einem Bambusrohr den Yangtse und kam im späten Herbst in Luoyang an, von wo er sich zum Shao-lin-Kloster begab. Es wird uns Mönchen in den Klöstern in China seit über hundert Jahren berichtet, dass Bodhidharma dort in einer kleinen Höhle etwas oberhalb des Klosters neun volle Jahre mit dem Gesicht zur Wand meditiert habe. Darum nannten ihn die Leute der Umgebung den ‹wandbeschauenden Brahmanen›, und es soll sogar die Sonne seine Umrisse in den Stein gebrannt haben.»

«Das allerdings kann ich kaum glauben.»

«Musst du auch nicht, doch die Menschen lieben solche Geschichten und erzählen sie gerne weiter. Es wird auch berichtet, dass ihm nach stundenlangem Meditieren oft vor Müdigkeit die Augenlider zufielen, da habe er sie sich ausgerissen und weggeworfen, und als sie auf den Boden fielen, sei daraus der Teestrauch entsprossen.»

«Daher die Form der Teeblätter!»

«Seit jener Zeit pflegen die Mönche vor dem Meditieren durch den Genuss von Tee die Müdigkeit zu bekämpfen. Ein anderes Problem, das sich durch das lange Sitzen in Versenkung ergibt, du wirst dich gewiss an deine Anfänge erinnern, ist das Taubwerden der Glieder, der Arme und Beine, die wie abzufallen scheinen. Deshalb lehrte Bodhidharma die Mönche im Kloster

Shao-lin insgesamt achtzehn Boxtechniken, um den Körper für die langen Meditationen gesund zu halten. Diese Leibesübungen sollen der Gesundheit dienen, die Muskeln stärken, die inneren Organe anregen und ein längeres Leben geben.»

«Und wie hat schließlich Bodhidharma das Siegel weiter gegeben? Wer war der zweite Patriarch in China?»

«Bodhidharma hatte einen äußerst eifrigen Schüler. Das war Hui-ko, von ihm wird berichtet, dass er einmal, nachdem er sehr lange geübt und gesessen hatte, in einer Winternacht zur Höhle Bodhidharmas ging, um seinen Rat zu holen. Doch der wurde trotz langen Wartens im Schnee nicht auf Hui-ko aufmerksam und saß reglos mit dem Gesicht zur Wand. Da habe sich Hui-ko den Arm abgeschnitten und, indem er ihn dem Meister vorlegte, gesagt: ‹Der Geist Eures Schülers ist nicht in Frieden. Bitte, Meister, beruhigt ihn.›

‹Bringt ihn her, Euren Geist, und ich will ihn beruhigen›, habe Bodhidharma geantwortet.

Darauf der Schüler: ‹Ich habe ihn überall gesucht, aber ich habe ihn nicht finden können. Ich kann ihn nicht greifen!›

Bodhidharma habe darauf erwidert: ‹Dann habt Ihr ihn auch schon befriedet.›»

«Eine kluge Antwort.»

«Ja, jedoch auch eine Situation, die dem Meister zeigte, wo genau sein Schüler stand. Jedenfalls wurde Hui-ko der zweite Patriarch des Ch'an-Buddhismus in China. Er ist wenige Jahre, bevor ich geboren wurde, in hohem Alter gestorben. Auch der heutige vierte Patriarch Dao-xin muss in fortgeschrittenem Alter stehen. Nach der Tradition geschieht das Übertragen der Linie, indem der Patriarch dem auserwählten Nachfolger seine Kutte und die Bettelschale übergibt.»

«Und wie starb Bodhidharma? Gibt es eine Grabstätte im Kloster Shao-lin?»

«Bodhidharma war nicht von allen Mönchen gleich geachtet. Vor allem die Gelehrten unter ihnen versuchten, in spitzfindigen und überklugen Diskussionen und Streitgesprächen Bodhidharma herauszufordern und ihren Standpunkt zu verteidigen. Doch er wird ihnen wohl nichts anderes entgegnet haben, als er in seinen Lehrreden sagt: ‹Ch'an ist, die eigene Natur zu sehen. An nichts zu denken, ist Ch'an. Alles, was ihr tut, ist Ch'an.›

Während also die Gelehrten die Meditation als eine Reinigung des Geistes betrachteten oder einen Schritt zur Buddhaschaft, setzte Bodhidharma Ch'an selbst mit der Buddhaschaft gleich und diese mit Geist, dem alltäglichen Geist, der sich somit nicht vom Buddha-Geist unterscheidet. Er forderte seine Schüler nicht auf, ihren Geist zu reinigen, sondern wies sie auf die Bewegungen von Tigern und Kranichen hin, auf ein Schilfblatt im Wasser oder einen Bambus im Wind. Für Bodhidharma war Ch'an, wie er ihn in Shao-lin lehrte, nicht Meditation. Ch'an war das Schwert der Weisheit, das er dazu benutzte, den Geist von Regeln, Träumereien und den klugen Argumenten der Schriften zu trennen. Inzwischen hat sich gezeigt, dass eine tiefe Übereinstimmung besteht zwischen dem Buddhismus, wie ihn Bodhidharma lehrte, und den Einsichten des chinesischen Daoismus. Denn die Unaussprechlichkeit des Dao passt genau zur buddhistischen These des Mahayana, dass alle Sprache durchgängig Ablenkung ist und nur die Leere der Ereignisse im Kosmos verhüllt. Im Ch'an kommt diese Verbindung am reinsten zum Ausdruck.»

«Der Weg des Ch'an kann also nicht mit Büchern unterrichtet und übermittelt werden?»

«So ist es. Der ganz gewöhnliche Geist ist der Buddha-Geist, er ist immer schon da und braucht nicht gesucht zu werden. Und das ist es, was die gelehrten Mönche damals nicht verstanden hatten. Da sie ihm immer unterlegen waren, versuchten sie, ihn zu vergiften. So jedenfalls wird es berichtet. Nachdem er das Dharma-Siegel an Huo-ko weitergegeben hatte, wurde er kurz darauf von einem neidischen Mönch vergiftet, und er verstarb im Jahre des Erde-Affen im 53. Zyklus[1] am fünften Tag des zehnten Monats. Andere hingegen sagen, er sei am Ufer des Lo-Flusses gestorben. Seine Leiche jedenfalls wurde in einem Tempel auf dem Bärenohrenberg bestattet.

Einige Jahre später ging das Gerücht, er sei von einem Beamten im Gebirge von Zentralasien gesehen worden, mit einem Stock, an dem eine einzige Sandale baumelte, den Leuten habe er gesagt, er kehre nach Indien zurück. Natürlich weckte diese Geschichte die Neugier der Mönche, sie öffneten das Grab des Bodhidharma und fanden darin eine einzelne Sandale. Und seither wird er hin und wieder mit einem Stock dargestellt, an dem eine Sandale hängt.»

Kurze Zeit später erreichte der kaiserliche Wagen Chang'an, wo sich Xuanzang und Héng-Li im Kloster ‹Große Glückseligkeit› einquartierten, wie es der Kaiser angeordnet hatte.

---

[1] 528 n. Chr.

8
Übersetzungstätigkeit – Tod des Kaisers

Kaum im Kloster ‹Große Glückseligkeit› in der westlichen Hauptstadt Chang'an einigermaßen eingerichtet, machte sich Xuanzang mit Héng-Li daran, die nun anstehenden Arbeiten zu planen, die Arbeit am Reisebericht und den Aufbau eines ‹Amtes für Übersetzungen›. Bereits im Frühsommer verfasste er eine Bittschrift an den Kaiser mit den genauen Angaben über die Anzahl Helfer und deren präzise Aufgaben in der Gruppe, die er zur Übersetzung brauchte, also Stilisten, Kopisten, Sanskritspezialisten, Übersetzer und Leute für die Endredaktion der Texte. Er übergab das Memorandum Fang Hsüan-ling, dem Leiter für öffentliche Angelegenheiten, den der Kaiser als Gouverneur der westlichen Hauptstadt eingesetzt hatte. Dieser schickte einen Offizier mit dem Memorandum und einer Empfehlung zum Kaiser. Das kaiserliche Dekret traf umgehend in Chang'an ein mit der Weisung, dass alle Forderungen akzeptiert und umzusetzen seien.

Kurze Zeit später trafen zwölf angesehene Mönche im Kloster ein. Hinzu kamen neun weitere Mönche mit der ausgezeichneten Befähigung, die übersetzten Texte zu überprüfen und sprachlich zu glätten.

Als hervorragender Lexikograph amtete der Mönch Hsüan-ying.

Ein weiterer Mönch, Hsüan-mo aus dem Kloster Ta-hsing

in der Hauptstadt, war Sanskrit-Spezialist und für die Überprüfung der Fachausdrücke in den indischen Texten zuständig. Schließlich erhielt Xuanzang zur gleichen Zeit weitere Mönche, um die er gebeten hatte. Sie hatten seine Diktate aufzunehmen und die Reinschriften der Übersetzungen herzustellen.

Insgesamt bestand Xuanzangs Übersetzungsteam aus über dreißig Fachleuten.

*

Die Übersetzungen kamen sehr gut voran. Am Ende des Jahres lagen vier umfangreiche Texte redigiert und in reinschriftlicher Übersetzung vor.

Im ersten Monat des Jahres des Feuer-Pferdes[1] begann er mit der Übersetzung des Mahayanabhi-dharma-sangiti-Shastra und des Yogacharya-Bhumi-Shastra. Im Herbst konnte er mehrere Sutras und Shastras, also Lehrreden und Kommentare, vorlegen. In einem Brief an den Kaiser erwähnte er die Fertigstellung von insgesamt achtundfünfzig Büchern. Er habe die Bücher in acht Kartons verpackt und sei bereit, sie ihm respektvoll persönlich im Palast zu überreichen. Außerdem bat er den Kaiser, zum Lobe Buddhas ein Vorwort zu schreiben, in dem sublime Gedanken wie die Sonne und der Mond aufleuchten, und die Worte, kostbar wie Silber und Jade, wirken würden, solange Himmel und Erde bestehen und sie für die künftigen Generationen der Gegenstand uneingeschränkter Bewunderung seien.

Er beendete den Brief mit dem Hinweis, dass er den vom Kaiser anlässlich seiner ersten Audienz im Phönix-Palast in Luoyang angeforderten Bericht über die westlichen Länder ebenfalls fertiggestellt habe. Er beschreibe insgesamt achtundzwanzig Königreiche, die er entweder selbst besucht oder

---
1 646 n. Chr.

von denen er zuverlässige Kunde bekommen habe, außerdem berichte er von Dingen, die bislang unbekannt gewesen seien. Obwohl er nicht an die Grenzen des großen Chiliocosmos, also dem dreifach gegliederten Universum mit Tausenden von Welten, vorgedrungen sei, habe er immerhin alles genauestens festgehalten, und alle Fakten seien bezogen auf die Länder, die jenseits des Hindukush lägen. Er habe seine Gedanken und Empfindungen hinzugefügt und alles in einem klaren, wahrhaftigen, einfachen Stil geschrieben. Er habe den Bericht in zwölf Bücher unterteilt und ihm den folgenden Titel gegeben: «Bericht über die westlichen Länder, verfasst in der Großen Tang-Dynastie.» Allerdings bedaure er das kleine Ausmaß seiner Kenntnisse und sein Unvermögen im Umgang mit dem Pinsel, zudem befürchte er, dass sein Werk vor dem Blick des Kaisers nicht bestehen könne und also unwürdig sei.

Der Kaiser, der selbst ein hochgerühmter Meister in der Kunst der Kalligraphie war, antwortete in einem persönlich von ihm und in selbstverständlich vollendeter Kalligraphie verfassten Schreiben, worin er das Buch und seinen Autor rühmte, sich aber dafür entschuldigte, dass er das gewünschte Vorwort nicht schreiben könne. Hingegen wünsche er ihn erneut zu sehen, um jetzt Einzelheiten über König Harsha und das indische Reich zu hören.

*

Wenige Tage später wurde er von einem eigens geschickten Sekretär zum Palast geleitet, wo ihn der Kaiser nochmals mit großem Lob bedachte.

«Euer Bericht», sprach der Kaiser, «hat meine Erwartungen weit übertroffen. Die Lektüre hat mich neugierig gemacht, und ich wünsche über einige Ereignisse und Orte mehr zu hören.»

«Welche Ereignisse und Orte denn, Eure Majestät?»

«Es ist die Persönlichkeit von König Harsha, welcher der bedeutendste Herrscher des indischen Landes zu sein scheint, und es sind die beiden Orte Bodhgaya und Nalanda, also der Ort, wo Siddhartha Gautama zum Buddha, dem Erleuchteten wurde, und Nalanda, das die offenbar bedeutendste Universität und Ausbildungsstätte Asiens zu sein scheint.»

«Das sind auch für mich die drei Höhepunkte meiner Reise in den Westen, womit ich anderes nicht mindern möchte.»

«Ich wünsche nicht, dass Ihr heute gleich über alle drei Ereignisse berichtet. Heute möchte ich etwas über König Harsha hören. Das scheint mir auch in außenpolitischer Hinsicht dringend gegeben. Ihr hattet das bereits in Luoyang angetönt.»

«So ist es. König Harsha, oder Harshavardhana, wie sein voller Name lautet und was ‹Heiterkeit› bedeutet, herrscht im Lande Indien über das bedeutendste Reich, das eine Länge von über neuntausend *li* aufweist. Die Hauptstadt ist Kanauj, welche von einem trockenen Graben umgeben und mit starken und hoch aufragenden Türmen bewehrt ist. Auf allen Seiten ist sie umgeben von Blumen und Wäldern, Seen und Teichen, so schön und rein glänzend wie ein Spiegel. Wertvolle Handelsware kommt hier in großer Menge zusammen. Die Leute sind wohlhabend und zufrieden, die Familien reich, und sie leben im Überfluss. Blumen und Früchte sind an allen Orten reichlich vorhanden, auf den Feldern kann zweimal angesät und geerntet werden. Das Klima ist angenehm und mild, das Verhalten der Menschen ist ehrlich und herzlich. Ihre Erscheinungsweise ist edel und anmutig, und sie tragen reich verzierte Kleider in lebhaften Farben. Sie sind von sich aus sehr lernbegierig und lieben religiöse Disputationen und Diskussionen über alles. Buddhisten und Andersgläubige sind zahlenmäßig etwa gleich. Es gibt allein in der Stadt über einhundert buddhistische Klöster mit über zehntausend Mönchen, die beide Fahrzeuge, das Große und das Kleine, studieren. Hinzu kommen zweihundert hinduistische Tempel mit ebenfalls mehreren tausend Gläubigen. Es ist also nicht erstaundlich, dass der urspüngliche Name der Stadt Kusumapura lautete, was ‹Blumenpalast› bedeutet.

König Harsha stammt aus dem Geschlecht der Vardhanas, ehemals Generäle der Gupta. Sein Vater Prabhakaravardhana kämpfte vor allem gegen das sich auflösende Reich der Weißen Hunnen und andere indische Fürsten. Nachfolger war sein Sohn Rajyavardhana, Harshas älterer Bruder, der rechtschaffen regierte. Der König von Bengalen allerdings, Shashanka Narendragupta, ließ gegenüber seinen Ministern verlauten, wenn ein Nachbarland einen rechtschaffenen Herrscher habe, sei das ein Desaster für das Land. Alsbald lud er König Rahyaveradgana zu Verhandlungen ein und ermordete ihn bei diesem Anlass.»

«Unerhört! So missbrauchte er die Gastfreundschaft? Und der Grund war die Rechtschaffenheit des Königs! Unerhört, widerlich!»

«So ist es. Die Handlungsweise von Mächtigen ist oft rätselhaft. Umso mehr ist es die Bedrohung durch Rechtschaffenheit. Das Gute ist des Bösen Feind. König Harsha selbst erzählte mir, dass er erst nach Anrufung des Bodhisattva Avalokiteshvara bereit gewesen sei, das Königsamt zu übernehmen.

Der Bodhisattva, der bei uns in seiner weiblichen Form als Guanyin verehrt wird, habe ihm Folgendes mitgeteilt: ‹Wenn du den Geist des Erbarmens zeigst gegenüber den Verzweifelten und du sie liebst und ehrst, dann wirst du über die fünf indischen Gegenden herrschen. Wenn du deine Autorität gefestigt hast, meinen Anweisungen Folge leistest, wirst du durch meine verborgene Macht zusätzlich Erleuchtung erlangen, sodass keiner deiner Nachbarn über dich triumphieren wird. Besteige den Löwenthron – aber nenne dich nicht Großkönig.›

Nach sechs Jahren hatte er fünf Regionen Indiens unter seiner Kontrolle. Nachdem er sein Herrschaftsgebiet derart erweitert hatte, verstärkte er seine Armee: Er hatte jetzt sechzigtausend Kriegselefanten und eine Kavallerie mit hunderttausend Reitern. Für fast dreißig Jahre ruhten von nun an die Waffen, und es herrschte überall Frieden.

Er widmete sich jetzt mit größter Sorgfalt den Gesetzen der Wirtschaft und der Verwaltung seines Reiches. Er war bestrebt, den Baum religiöser Verdienste mit einer derartigen Anstrengung zu pflanzen, dass er darob zu essen und zu schlafen vergaß. In seinem ganzen Herrschaftsgebiet verbot er den Verzehr von Fleisch. Jegliches Töten von Leben wurde gnadenlos bestraft. Er errichtete am Ufer des Ganges mehrere Hundert Stupas, jeder über dreißig Meter hoch. In allen Städten und Dörfern, die an den Fernstraßen Indiens lagen, errichtete er Spitäler und versorgte sie mit Speisen und Getränk, stattete sie mit Ärzten aus und Medikamenten. Das alles tat er für die Reisenden und die Armen in der Umgebung, und zwar kostenlos. An allen Heiligen Orten, die an Buddha erinnern, errichtete er Klöster. Dies, Majestät, erinnert an einen andern großen indischen König, von dem mir der König von Khotan berichtet hatte, nämlich König Ashoka.»

«Von diesem König ein andermal. Jetzt zu König Harsha. Dieser hatte offensichtlich nach der Einigung des Reiches dieselben Sorgen und Aufgaben, wie ich sie hatte, als ich das Mandat des Himmels erhielt. Ihr wisst, dass für jeden Herrscher die Armee die größte Sorge ist. Beherrschen die Generäle den Kaiser oder umgekehrt.»

«Ich weiß. Sind es die Generäle, dann ist der Herrscher nicht mehr als eine Fadenpuppe in ihren Händen. König Harsha hält alle fünf Jahre eine große Versammlung ab, die Moksha, das heißt ‹Befreiung›, genannt wird. Er öffnet seine Schatzkammern und gibt alles für wohltätige Zwecke, einzig die Waffen der Soldaten hält er zurück, da sie als Almosen nicht geeignet sind. Und überdies versammelt er jedes Jahr die Asketen und Weisen aus dem ganzen Lande und spendet am dritten und siebten Tag vier Arten von Almosen, nämlich Speise, Getränke, Medikamente und Kleidung.»

«Welche Großmut! Und welche Verehrung der Weisheit!»

«Ja. König Harsha nenne ich wegen seiner Tugend noch immer lieber mit seinem offiziellen Namen Siladitya. Dies bedeutet ‹Sonne der Tugend›. In meinem letzten Jahr in Indien war ich Gast des Königs Kumara von Assam, als Siladitya den König von Assam und mich zu dieser alle fünf Jahre stattfindenden Versammlung einlud, von der ich eben gesprochen habe. König Kumara zeigte mir die Einladung: ‹Ich wünsche, dass ihr umgehend mit dem fremden Wandermönch zur nächsten großen Versammlung kommt.›

Und so machten wir uns denn auf den Weg. Nachdem sich König Siladitya nach meinem Befinden nach der langen Hinreise erkundigt hatte, fragte er: ‹Aus welchem Land stammt ihr, und was wollt ihr hier?›

‹Ich komme aus dem Land der Großen Tang und bitte um die Erlaubnis, nach den Heiligen Büchern des Buddhismus zu suchen›, antwortete ich.

‹Was hat es mit dem Land der Großen Tang auf sich? Auf welchen Straßen seid ihr hierhergereist? Ist es weit von hier entfernt oder nah?›

‹Mein Land›, sagte ich, ‹liegt im Nordosten und ist mehrere tausend *li* entfernt. Es ist das Kaiserreich, welches die Inder Mahachina nennen, also Großes China.›

‹Ich habe gehört, dass das Land Mahachina einen Kronprinzen mit Namen Qin hat, welcher der Sohn des Himmels sei und sich in seinen jungen Jahren durch spirituelle Fähigkeiten und im Alter als göttlicher Krieger ausgezeichnet habe. Das Reich früherer Dynastien sei in Unordnung gewesen und in Verwirrung, überall zerstritten und uneins, überall Aufstände und die Leute mit Elend geschlagen.

Dann habe Qin, der Sohn des Himmels, all sein Mitleid und seine Liebe aufgebracht und damit das richtige Verständnis, und er habe alle befriedet und angesiedelt beim Meer. Seine Gesetze und Anweisungen wurden überall befolgt. Menschen aus anderen Ländern hätten sich unter seinen Schutz begeben und sich ihm unterworfen. Und die meisten, die er so großmütig ernährt habe, würden in ihren Gesängen die Tapferkeit des Königs Qin preisen. Lang ist es her, seit ich von diesen Lobliedern erfahren habe. Sind diese Lobgesänge auf seine Vorzüge wirklich begründet? Ist das der König der Großen Tang, von dem ihr sprecht?»

Als Xuanzang sah, wie sich Kaiser Taizong über dieses Ausführungen erheiterte, unterbrach er die Schilderung seiner ersten Begegnung mit König Harsha. Dem Kaiser war es die Gelegenheit, seinem Gast Tee anzubieten. Er unterließ es aber, den Mönch zu dieser Nachmittagszeit zum Kosten der hauchdünn gewallten Crepes aus der kaiserlichen Küche aufzufordern.

«Habt ihr den König auf den weiteren Fortgang unserer Geschichte hingewiesen?»

«Gewiss, ich habe ihm etwa Folgendes gesagt: China ist das Land von vielen vergangenen Kaisern. Aber das Land der Großen Tang meint China unter dem gegenwärtigen Herrscher. Dieser hieß, bevor er den Thron bestieg, Li Shih-min, Prinz von Qin, dann aber, als er den Thron bestieg, nannte er sich Kaiser Tang Taizong. Als die Dynastie seines Vorgängers erlosch, hatte das Volk keinen Herrscher, es gab Bürgerkriege und Verwirrung, die Menschen waren verstört, als der Prinz von Qin mit seinen übernatürlichen Gaben überall seine Liebe und sein Mitleid zeigte. Dank seiner Macht wurden die Bösen erledigt, die acht Regionen fanden zur Ruhe, und die zehntausend Königreiche zahlten Abgaben. Er pflegte Umgang mit jedermann und zeigte Respekt vor den drei Edlen Wahrheiten. Er linderte die Bürde der Menschen und mäßigte die Strafen, sodass das Land sich sichtbar erholte und sich die Leute vollständiger Ruhe erfreuten. Es würde schwirig sein, alle seine großen Neuerungen aufzuzählen, die er durchgesetzt hat.

Darauf sagte mir König Siladitya: ‹In der Tat, sehr exzellent! Die Menschen müssen glücklich sein unter der beschützenden Hand eines so heiligen Königs.›»

«Ich und heilig!», rief der Kaiser, und entgegen aller Etikette brach er in ein herzliches Lachen aus.

«Wie schon erwähnt», fuhr Xuanzang mit seinem Bericht fort, « hatte König Siladitya zu einer religiösen Versammlung in seiner Hauptstadt eingeladen. Das war vor drei Jahren. Begleitet von mehreren hunderttausend Menschen nahm er am Ufer des Ganges gegen die Südseite seinen Sitz ein, während König Kumara, gefolgt von mehreren Zehntausend seiner Leute, auf der Nordseite des Flusses Platz nahm, und jene, die der Fluss trennte, stießen zu Lande und zu Wasser zur Menge. Die beiden Könige säumten die Wege mit ihrer enormen Zahl von Soldaten, einige waren in Booten, andere auf Elefanten, schlugen die Trommel und bliesen in Hörner oder spielten die Flöte oder Harfe. Nach neunzig Tagen erreichten sie die Stadt Kanauj am westlichen Ufer des Ganges, inmitten eines mit vielen Blumen bewachsenen Haines.

Die Vasallenkönige von über zwanzig Ländern, die ebenfalls von Siladitya eine Einladung bekommen hatten, versammelten sich mit dreitausend Bettelmönchen, die im Kleinen und Großen Fahrzeug bewandert waren, zweitausend Brahmanen und Jainas und eintausend der angesehensten Mönche aus dem Kloster von Nalanda, zusammen mit Offizieren und Soldaten.

Diese Weisen, ebenso berühmt für ihr umfassendes Wissen wie für die Gewandtheit ihrer Rhetorik, hatten sich eilfertig an den Ort der Versammlung begeben. Sie alle waren von einem großen Gefolge begleitet. Die einen saßen auf Elefanten, andere wurden in Palankinen, den großen Sänften, getragen. Und jede Gruppe war von Banner- und Standartenträgern begleitet. Der König hatte zuvor auf der Westseite des Flusses ein großes Kloster anlegen lassen und auf der Ostseite einen zierlichen, aber überaus hohen Turm. In der Mitte des Klosterplatzes war eine goldene Statue von Buddha aufgestellt, die genau die Größe des Königs hatte. Nordöstlich davon hatte er ein weiteres Gästehaus errichten lassen.

Es war jetzt der zweite Frühlingsmonat, und vom ersten Tag an offerierte er den Mönchen und Brahmanen köstliche Speisen bis zum einundzwanzigsten Tag. Entlang des Reisepalastes des Königs waren reich dekorierte Pavillons mit Musikanten, die auf ihren verschiedenen Instrumenten spielten.

Der König ließ durch einen großen Elefanten eine auf luftiger Höhe getragene goldene, fast menschengroße Statue des Buddha bringen. Zur rechten Seite ging König Siladitya, gekleidet als Sakra, Herr der Götter. Er trug einen goldenen Schirm, während König Kumara als König der Brahmanen gekleidet war und einen weißen *chamara*, einen Fliegenwedel, trug. Jeder von ihnen hatte eine Eskorte von fünfhundert bewaffneten Kriegselefanten. Vor und hinter der Statue des Buddha gingen einhundert große Elefanten, die ihre Trommeln schlagenden Musiker trugen. König Siladitya streute auf alle Seiten Perlen und kostbare Gegenstände, goldene und silberne Blumen, alles zu Ehren der drei anbetungswürdigen Wahrheiten.

Die Beamten des Palastes und ich selbst nahmen in der ersten Reihe des königlichen Zuges Aufstellung, dann wurden wir aufgefordert, auf einen Elefanten zu steigen und uns in Reih und Glied hinter dem König zu halten. Zur gleichen Zeit folgten etwa zwanzig Bettelmönche der Prozession, und die Könige verschiedener Königreiche folgten auf dreihundert Elefanten zusammen mit den Ministern und den Religiosen ihrer Länder nach. Nachdem er zuerst am Altar das Buddha-Bildnis mit parfümiertem Wasser gewaschen hatte, trug er es auf seiner Schulter zum westlichen Turm und opferte ihm zehn, hundert gar tausend seidene, mit Edelsteinen verzierte Kleider.

Nachdem auch ich im Beisein des Königs der Statue gehuldigt hatte, forderte König Harsha die achtzehn Könige, die berühmtesten und gelehrtesten unter den Mönchen, insgesamt eintausend, und fünfhundert Gelehrte unter den Brahmanen sowie die Minister und großen Würdenträger der Königreiche in einen Raum. Den Übrigen befahl er, sich draußen aufzustellen. Dann wurde allen Speisen gereicht. Allen Religiosen und auch mir überreichte er wertvolle Geschenke: eine goldene Schüssel für den Dienst an Buddha, eine goldene Tasse, sieben Goldkrüge und Kleidungsstücke aus feinster Baumwolle.

Nach der Verteilung dieser Kostbarkeiten ließ der König einen wertvollen Sitz aufstellen und bat mich, darauf Platz zu nehmen und den Vorsitz über die feierliche Versammlung zu führen, die Vorzüge des Mahayana zu preisen und das Thema der Disputation darzulegen.

Der Mönch Ming-hien aus Nalanda hatte zuvor die versammelte Menge mit meinen Thesen bekannt gemacht, indem er eine Abschrift davon am Tor des Versammlungsgebäudes hatte anschlagen lassen. So hatten alle die Möglichkeit, meine Thesen zu lesen. Der König fügte mit eigener Hand hinzu, wenn irgendjemand ein einziges fehlerhaftes Wort in meinen Propositionen fände und sich als fähig erweise, es zu widerlegen, werde er seinen eigenen Kopf hingeben, um ihm so seine Dankbarkeit zu zeigen.»

«Wahrhaftig ein königlicher Preis! Und, hat Euch jemand widerlegt?», fragte der Kaiser.

«Nein, es meldete sich bis zum Einbruch der Nacht niemand, um meine Thesen zu widerlegen, für die der König mit seinem Kopf verbürgt hatte. Ich konnte zugunsten des Großen Fahrzeuges argumentieren, ohne auf Widerspruch zu stoßen. König Harsha war darüber hocherfreut und zog sich in seinen Palast zurück. Ich selbst zog mich mit König Kumara von Assam in unsere Räume zurück.

Als sich nach fünf Tagen noch immer kein Widerspruch zeigte, wurde den Anhängern des Kleinen Fahrzeuges klar, dass ich mit meinen Thesen und Argumenten die Prinzipien ihrer Lehre umgestoßen hatte, worauf sie von tiefem Hass ergriffen wurden und nach meinem Leben trachteten.

König Harsha sah sich gezwungen, mit einer Proklamation mein Leben zu schützen. Er schrieb: ‹Wenn sich in der Menge ein einziger Mensch findet, der den Meister des Gesetzes angreift oder ihn verletzt, werde ich ihm den Kopf abschlagen, und ich werde jedem die Zunge herausschneiden lassen, der sich ihm gegenüber der Verleumdung oder Beleidigung schuldig macht. Alle diejenigen hingegen, die sich im Vertrauen auf meine Gerechtigkeit äußern wollen, wie es sich gehört, werden sich völliger Freiheit erfreuen.›

Von da an stahlen sich die Anhänger der Irrlehre weg und verschwanden, sodass achtzehn Tage verstrichen, während denen niemand wagte, den Mund zu öffnen und zu diskutieren.

Am Abend vor der Auflösung der Versammlung erläuterte ich nochmals die Vorzüge der Lehren des Großen Fahrzeuges und pries die Verdienste des Buddha. Darauf verließ eine große Zahl den Weg des Irrglaubens, um den rechten Pfad zu betreten. Sie gaben die beschränkten Ansichten des Kleinen Fahrzeuges auf und nahmen die Prinzipien des Großen Fahrzeuges an.

König Harsha überreichte mir zehntausend Goldstücke, dreißigtausend Silberstücke und einhundert Kleider aus feinster Baumwolle. Er beauftragte einen Beamten, einen großen Elefanten prächtig herzurichten und ihn mit kostbaren Stoffen zu bedecken. Dann bat er mich, auf ihm zu reiten und, begleitet von den wichtigsten Würdenträgern, durch die große Menge zu schreiten. Mit lauter Stimme wurde verkündet, dass ich die Prinzipien der Wahrheit dargelegt und fest begründet hätte, ohne von irgendjemandem besiegt worden zu sein.»

«Ein merkwürdiges und unglaublich aufwendiges und zudem kostspieliges Ritual. Wozu das?»

«Dies ist die traditionelle Form des Triumphes in Indien, die jedem bereitet wird, der bei einer Disputation den Sieg davongetragen hat. Der König fasste mich dann an meinem Mönchsgewand und rief der Menschenmenge zu: ‹Dieser chinesische Meister hat in glänzender Weise die Lehre des Mahayana dargestellt und alle Irrtümer des Kleinen Fahrzeuges umgestoßen. Seit achtzehn Tagen hat sich niemand gefunden, der es gewagt hätte, mit ihm zu debattieren. Ein solcher Triumph muss allen mitgeteilt werden.› Alle Anwesenden überschütteten mich mit Lob, verbrannten Weihrauch vor mir und streuten Blumen. Dann entfernten sie sich respektvoll.»

«Ich erinnere mich, schon bei unserer ersten Begegnung wurde ich inne, dass das Reiten auf einem Elefanten in Indien die allerhöchste Auszeichnung eines Menschen ist und nur Königen und glänzenden Gelehrten zusteht.»

«So ist es. Doch nach diesem feierlichen Abschluss der Disputation, die genau genommen gar nicht stattgefunden hatte, brach ein großes Feuer im Turm aus und setzte den Pavillon über dem Tor des Klosters in Flammen. Da klagte der König: ‹Ich habe den Reichtum meines Reiches für wohltätige Werke gespendet und für die Sache der verstorbenen Könige, ich habe dieses Kloster gebaut mit der Absicht, mich durch größere Taten auszuzeichnen, doch meine dürftige Tugend wurde nicht gesegnet. Wenn solches Unheil wie jetzt geschieht, was bleibt mir in meinem künftigen Leben noch zu tun?›

Dann opferte er Räucherstäbchen, betete und tat einen Eid: ‹Dank meiner früheren Verdienste wurde ich zum Herrscher über große Teile Indiens. Möge die Stärke meiner religiösen Lebensführung dieses Feuer löschen, wenn aber nicht, dann lass mich sterben!› Dann drängte er mit vorgestrecktem Kopf zur Schwelle des Tores, als plötzlich, wie durch einen einzigen Luftzug, das Feuer erlosch und der Rauch verschwand.

Daraufhin begab ich mich zusammen mit den Königen westwärts, um den großen Stupa am Ufer des Ganges zu besteigen. Nachem wir oben angelangt waren und uns die Umgebung angeschaut hatten, gingen wir auf den Treppenstufen nach unten, als plötzlich ein Fremder mit einem Messer in der Hand König Harsha bedrängte. Der König, aufgeschreckt durch die plötzliche Attacke, ging einige Treppenstufen nach oben zurück, beugte sich etwas nach vorn, nahm den Mann fest und übergab ihn den Magistraten. Die Offiziere waren derart verwirrt und verängstigt, dass sie nichts unternahmen, um den König zu befreien.

Die verschiedenen Könige verlangten alle, dass der Schuldige sofort getötet werde, aber König Siladitya befahl, ohne den leisesten Ärger zu zeigen und mit unverändertem Gleichmut, ihn nicht zu töten, vielmehr stellte er ihm die Frage: ‹Welches Leid habe ich dir zugefügt, dass du einen solchen Mord versuchtest?›

‹Großer König! Eure Tugendhaftigkeit glänzt ohne Parteilichkeit, zu Hause und auswärts bringt sie nur Glück. Ich bin eine derart törichte Person, dass nichts zu meinen Gunsten spricht. Ich wurde von den Andersgläubigen verleitet, und sie überredeten mich zum Mord.›

‹Und warum haben die Andersgläubigen sich diese Übeltat ausgedacht?›

‹Großer König! Ihr habt Leute aus verschiedenen Ländern eingeladen, eure Schatztruhen für die Spenden an die Bettelmönche geleert und ein metallenes Buddha-Bildnis gießen lassen. Aber die Andersgläubigen, die von weither gekommen sind, wurden kaum angesprochen. Ihr Geist wurde mit Verbitterung erfüllt, und so trieben sich mich, verachtungswürdig wie ich bin, diesen gemeinen Verrat zu begehen.›

Daraufhin befragte der König auf der Stelle die Andersgläubigen und ihre Anhänger. Es waren fünfhundert Brahmanen, alle von einzigartigen Gaben, vor dem König versammelt. Eifersüchtig auf die Bettelmönche, welchen der König Ehrerbietung und außerordentliche Aufmerksamkeit entgegengebracht habe, hätten sie mit brennenden Pfeilen Feuer an den zierlichen Turm gelegt, in der Hoffnung, die Ausbreitung des Feuers würde die Menge verwirren, auseinander treiben und ihnen selbst so die Gelegenheit geben, den König zu ermorden. Als dies fehlschlug, hätten sie diesen Mann bestochen, in einer engen Passage auf den König zu warten und ihn zu töten.

Auf dieses Bekenntnis hin verlangten die anwesenden Könige, dass die Andersgläubigen bestraft oder getötet würden. König Harsha bestrafte wohl deren Anführer, den anderen vergab er, verbannte jedoch fünfhundert Brahmanen aus Indien und kehrte dann in seine Stadt zurück.»

«Und dann seid Ihr nach diesem großen Ereignis abgereist, um den Heimweg anzutreten?», fragte der Kaiser.

«Noch nicht, Majestät, ich wurde von König Harsha zu einer anderen Versammlung eingeladen, die in der Ebene von Prayaga stattfand, dort also, wo der Fluss Yamuna in den Heiligen Ganges fließt. Ich habe bereits kurz erwähnt, dass nach altem Brauch der indische König alle fünf Jahre Almosen an die Menge verteilt. Harsha sagte zu mir: ‹Dreißig Jahre herrsche ich nun über Indien. Doch es bereitet mir Sorge, dass ich keine genügenden Fortschritte in der Tugend machte. Untröstlich über die Vergeblichkeit meiner Bemühungen um das Gute, habe ich in Prayaga unermessliche Reichtümer angehäuft, und alle fünf Jahre verteile ich sie an meine Untertanen.› So war es mir also vergönnt, vor zwei Jahren an diesem außerordentlichen Ereignis teilzunehmen.

Westlich der Stelle, wo der Ganges und der Yamuna zusammenfließen, befindet sich diese große Ebene, die flach wie ein Spiegel ist. Seit Urzeiten begeben sich die Könige des Landes dorthin, um Almosen zu verteilen. Es wird überliefert, dass es verdienstvoller ist, ein einziges Geldstück an diesem Ort als Almosen zu verteilen als anderswo Hunderttausende.

Der König ließ ein großes, rechteckiges Areal mit einer Schilfrohrhecke umzäunen. In der Mitte wurden mehrere Dutzend mit Stroh gedeckte Hallen errichtet, um darin die unermessliche Menge an Kostbarkeiten, Gold, Silber, Perlen, rotem Glas, Edelsteinen und anderem mehr unterzubringen. Weiter ließ er mehrere Hundert Hütten aufstellen, um dort Seiden- und Baumwollstoffe aufzubewahren. Außerhalb der Hecke ließ er etwas abseits eine riesige Speisehalle errichten. Vor den Gebäuden, die Kostbarkeiten aller Art enthielten, ließ er gegen einhundert Baracken aufstellen. Sie waren in gerader Reihe angeordnet wie bei uns die Stände auf dem Markt in Chang'an. Jede von ihnen konnte leicht eintausend Personen aufnehmen.

Als ich zusammen mit König Harsha und den achtzehn

Vasallenkönigen auf dieser so hergerichteten Ebene der Almosenverteilung eintraf, waren dort von den Beamten bereits über fünfhunderttausend Menschen zusammengeführt worden. Harsha schlug sein Zelt am Nordufer auf, einer der Könige aus dem Süden tat dies westlich des Zusammenflusses der beiden Flüsse. Der König von Assam richtete sich in einem blühenden Wäldchen südlich des Yamuna ein.

Am anderen Morgen bewegten sich die Einheiten der Armeen von Harsha und des Königs Kumara von Assam auf Schiffen und die Einheiten des Königs aus dem Süden auf Elefanten in eindrücklicher Ordnung auf die Almosenebene zu, um sich hier zu vereinigen. Die achtzehn Könige der anderen Vasallenstaaten schlossen sich ihnen an und reihten sich an jener Stelle ein, die ihnen zugewiesen worden war.

Am ersten Tag wurde eine Buddha-Statue in einer der strohbedeckten Hallen aufgestellt. Kostbarkeiten und Kleiderstücke von großem Wert wurden ihr dargebracht, Speisen wurden aufgetragen und zu den Klängen einer harmonischen Musik Blumen gestreut. Am Abend zogen sich alle in ihre Zelte zurück.

Am nächsten Tag wurde die Statue des Sonnengottes Vishnu aufgestellt, und man verteilte ebenfalls wertvolle Dinge und Kleider, allerdings bloß die Hälfte dessen, was am Vortag aufgelegt worden war.

Am dritten Tag wurde die Statue des Gottes Shiva aufgestellt, und es wurden dieselben Almosen wie für Vishnu verteilt.

Am vierten Tag wurden Almosen an die ungefähr zehntausend buddhistischen Mönche gegeben, die in etwa einhundert Reihen saßen. Jeder von ihnen erhielt einhundert Goldstücke, ein Gewand aus Baumwolle, verschiedene Getränke und Nahrungsmittel sowie Räucherwerk und Blumen.

Am fünften Tag fand die Verteilung an die Brahmanen statt, die volle zwanzig Tage dauerte.

Danach wurden während zehn Tagen Almosen an die Anhänger des Kleinen Fahrzeuges verteilt. Anschließend erfolgte wiederum während zehn Tagen die Verteilung der Almosen an die jainistischen Bettelmönche, die aus fernen Ländern hierhergekommen waren.

Schließlich wurden auch Almosen an die Armen, Waisen und Personen ohne Familie verteilt, was einen vollen Monat in Anspruch nahm. Nach Ablauf dieser Zeit waren alle Reichtümer, die während fünf Jahren in den Schatzkammern des Königs angehäuft worden waren, vollständig verteilt. Dem König blieben nur noch die Pferde, Elefanten und das Kriegsgerät, das er benötigte, um Ordnung im Staat zu halten.»

«Das ist ja geradezu ungeheuerlich, was Ihr schildert, mir vollkommen fremd und unverständlich.»

«Ich bin noch nicht am Ende, Majestät. Hört dies: Als ob ihn ein Rausch erfasste, gab Harsha die Gewänder, die er trug, seine Halsbänder, sein Ohrgehänge, seine Armbänder, die Girlanden seines Diadems, die Perlen um seinen Hals und den Edelstein, der in seinem Haarschopf steckte, alles das gab er hin als Almosen, ohne etwas davon zu behalten. Danach erbat er von seiner Schwester ein gewöhnliches, bereits getragenes Gewand und verehrte so bedeckt die Buddhas der Zehn Richtungen.

Voll Freude faltete er seine Hände und rief: ‹Einst, während ich alle diese Reichtümer anhäufte, lebte ich in ständiger Furcht, sie nicht in einem gesicherten Haus lagern und verbergen zu können. Jetzt aber, da ich sie als Almosen auf dem Felde religiöser Verdienste niedergelegt habe, sind sie für alle Zeiten bewahrt. Ach, könnte ich so in meinen zukünftigen Existenzen unermessliche Reichtümer anhäufen, um sie den Menschen als Almosen zu geben und so die zehn göttlichen Kräfte in all ihrer Fülle erlangen!›

Dann aber sammelten die achtzehn Vasallenkönige viele kostbare Dinge und große Geldsummen unter den Anwesenden wieder ein, das kostbare Halsband, den Edelstein aus der Haartracht und die königlichen Gewänder, die Harsha als Almosen weggegeben hatte, und überreichten es ihm. Dieses Ritual wiederholte sich mehrere Male.»

«Und warum, Meister des Gesetzes, seid Ihr nicht in diesem Märchenland geblieben, bei einem geradezu verschwenderisch großzügigen Herrscher, von dem ich gehört habe, dass er auch ein begabter Lyriker und Autor einiger Schauspiele sei?»

«Ich gebe Euch, Majestät, die gleiche Antwort, die ich damals König Harsha gegeben habe. China, sagte ich zu ihm, ist von Indien durch einen immensen Zwischenraum getrennt und hat erst sehr spät das Gesetz des Buddha zu Gehör bekommen. Auch wenn es grundlegende Kenntnis davon hat, ist es doch nicht in der Lage, den Dharma in seiner Gesamtheit zu erfassen. Deswegen bin ich gekommen, mich in fernen Ländern darüber zu unterrichten. Wenn ich heute gerne wieder nach China zurückkehren möchte, dann deshalb, weil die Weisen und Gelehrten meiner Heimat sehnsüchtig auf mich warten und mich mit jeder Faser ihres Herzens rufen. In der Schrift heißt es: ‹Wer auch immer das Gesetz vor den Menschen verbirgt, wird in all seinen späteren Existenzen blind geboren werden.›»

«Eine wunderbare Antwort, die Euch ehrt, Meister des Gesetzes. Ich erkenne darin nicht nur Euren Eifer, den Dharma zu verbreiten, sondern auch Eure Liebe zu unserem Land. Doch wie hat König Harsha auf Eure Antwort reagiert?»

«Er hat meinen Entschluss, zurückzukehren akzeptiert. Zum Abschied überhäufte mich König Harsha mit Geschenken. Eine Miliäreskorte begleitete uns bis an die Grenzen Indiens, um uns vor Räubern zu schützen. Außerdem erhielt ich einen der besten Reitelefanten, er war weiß, was selten und eine

Auszeichnung ist, und er war derart ungewöhnlich groß, dass in der *howdah* acht Personen Platz fanden. Nebst dreitausend Gold- und zehntausend Silberstücken, die ich zuvor schon von Harsha erhalten hatte, bekam ich vom König von Assam einen Mantel aus feinen Daunen geschenkt, der mich in den Bergen vor Kälte und Regen schützen sollte. Dann begleiteten mich die beiden Könige, Harsha und Kumara, mehrere Dutzend *li* durch das Gelände von Pragyaga, und als es galt, Abschied zu nehmen, vergossen beide Tränen und stießen tiefe Seufzer aus.

Doch nach drei Tagen bereiteten sie mir eine unerwartete Überraschung: Mit einigen Hundert Reitern setzten sie mir im Galopp nach und holten mich ein, um mich noch einmal, ein letztes Mal zu sehen. Sie überreichten mir königliche Weisungen, die auf Stücken weißer Baumwolle geschrieben und mit rotem Wachs versiegelt waren. Sie galten als Passierscheine und forderten die Herrscher jener Länder, die ich passieren wollte, auf, mich zu beschützen und mit einer frischen Eskorte zu versorgen. Abermals gaben mir die beiden Könige ein kurzes Geleit, bevor wir uns für immer trennten.»

Kaiser Taizong verharrte schweigend, denn er spürte die Wehmut, welche den Meister des Gesetzes bei der Schilderung ergriffen hatte. Er war überzeugt, dass Indien von einem außergewöhnlichen und großen Herrscher regiert wird. Dann aber kam der Kaiser auf Xuanzangs Hinweis zu sprechen, den er breits in Luoyang gemacht hatte, dass China mit diesem Herrscher Verbindungen aufnehmen sollte.

«Ihr, Meister des Gesetzes, habt, wie ich aus allen Euren Ausführungen entnehmen kann, König Harsha von der Größe Chinas überzeugt. Und in gleicher Weise habt Ihr mich von der Größe Indiens und seines Herrschers überzeugt. Und so ist es denn mein fester Entschluss, die bereits bestehende, doch recht lose Verbindung mit König Harsha durch diplomatische Beziehung zu festigen. Dies kann allerdings nur mit Eurer Mithilfe geschehen, indem Ihr meine diplomatischen Noten in Sanskrit und umgekehrt mir König Harshas Botschaften ins Chinesische übersetzt. Auch brauche ich Euren Rat und Eure Hilfe in Bezug auf den Umgang, die diplomatischen Gepflogenheiten und Höflichkeiten, wie sie in Indien üblich sind. Ich will meine Auslandpolitik unter ein freundliches Motto stellen: ‹Höflich Tausende von Nationen umarmen›.»

«Ihr könnt auf meine vollständige Unterstützung zählen. Und glaubt mir, es wäre für mich eine der schönsten Früchte, die meine lange Reise in den Westen hervorgebracht hat.»

In der Folge wurden in verschiedenen Teilen der beiden Länder diplomatische Niederlassungen eröffnet, was in der Geschichte der beiden Länder noch nie vorgekommen war. Viel später hörte Xuanzang, dass dem chinesischen Botschafter in Indien, Wang Xuance, vom Mahabodhi-Tempel in Bodhgaya zwei Zuckerhersteller und acht Mönche zur Verfügung gestellt worden waren, um nach Yangshou in Westchina zu gehen und dort die Leute zu lehren, wie man aus Rohrzucker sogenannten Steinhonig herstellen kann.

*

Unter den Mitgliedern von Xuanzangs Übersetzungsgruppe ragte der Mönch Hwui Li über alle anderen hinaus. Als mit scharfem Verstand ausgerüsteter Sohn eines Assistenten der Palastbibliothek unter der Sui-Dynastie, hatte er bereits mit fünfzehn Jahren die Hauslosigkeit gewählt und war in das Zhaoren-Kloster in Youzou eingetreten. Mit der Zeit verbreitete sich sein Ruf eines hervorragenden Literaten und gescheiten Debattierers, und als sein Ruhm die Hauptstadt erreichte, wurde er auf kaiserlichen Befehl Mitglied des Amtes für Übersetzungen. Beim Übersetzen erwies sich Hui Li als ein besonders begabter Stilist, der sich vor allem dadurch hervortat, dass er von seinen Kollegen linguistisch eingehend überprüfte und korrekt bereinigte Texte anschließend in gut lesbares, sozusagen fließendes Chinesisch umzuformen wusste. Das hatte zur Folge, dass er weit häufiger als seine anderen Kollegen aus der Übersetzungsgruppe mit dem Meister des Gesetzes zusammenkam, um ihm die letzte Version zu unterbreiten und sozusagen das ‹Gut zum Druck› einzuholen. Selbstverständlich waren diese Begegnungen nicht einfach dienstliche Zusammenkünfte, denn immer häufiger interessierte sich Hwui Li auch für weitere Einzelheiten der Reise in den Westen. So unterbreitete er denn dem Meister des Gesetzes seinen Wunsch, über das Leben des Meisters eine Biografie zu verfassen. Xuanzang war einverstanden und versprach ihm jegliche Unterstützung und Hilfe. Im folgenden Jahr war die fünf Kapitel umfassende Biografie des Hwui Li unter dem Titel «Das Leben des Xuanzang» fertig gestellt. Sie endete mit Xuanzangs Betreten des chinesischen Bodens.

Allerdings hatte Hwui Li gegenüber seiner Arbeit große Vorbehalte, denn zum Schluss merkte er an, seine Bildung sei jener der Weisen der Vergangenheit unterlegen und seine Kraft reiche nicht an jene früherer Gelehrten heran. Doch da seine Verehrung für Xuanzang hundert Mal größer sei als die aller anderen, habe er die Kraft gehabt, die er zwar als gewöhnlich und unzulänglich ansehe, trotzdem eine Biografie über den Meister zu verfassen. Was allerdings die lichte Schönheit und das unübertreffliche Leben Xuanzangs betreffe, möchte er diese Aufgabe, das alles zu beschreiben, anderen überlassen, die einen besseren Pinsel schreiben als er selbst. Er hoffe, dass die erleuchteten Leser mit ihm Nachsicht hätten und seiner nicht spotteten.

Im folgenden Jahr wurde Hwui Li zum Assistenzübersetzer

befördert und mehrfach zu Diskussionen am Hof des Kaisers eingeladen. In späteren Jahren wurde ihm die Leitung des Taiyuan-Klosters übertragen. Was jedoch seine Biografie über Xuanzang anbetrifft, blieb sie wie durch ein Wunder der Nachwelt erhalten. Denn nach Abschluss der Arbeit vernichtete er die Urschrift und versteckte, da er um die Überlieferung der hervorragenden Gaben Xuanzangs fürchtete, die Reinschrift in einem Erdloch, wo sie ein ganzes Menschenalter lang verborgen blieb, ohne dass die Öffentlichkeit sie je gesehen hätte. Als Hwui Li später wegen der Härte der Übersetzungsarbeit und einer Überlastung des Verstandes schwer erkrankte und man um sein Leben fürchtete, benachrichtigte er seine Schüler und beauftragte sie, die Handschrift auszugraben und zu öffnen. Und während dies geschah, verstarb Hwui Li.

*

Mit enormer Arbeitskraft widmete sich Xuanzang den nächsten Übersetzungen. Im Sommer des folgenden Jahres teilte er in einem erneuten Brief an den Kaiser mit, dass er eben fünf weitere Textvolumen beendet habe, von denen er sich wünschte, dass sie mit einer Einleitung bereichert würden, geschrieben mit dem ‹göttlichen Pinsel› von der Hand Ihrer Majestät.

Kurze Zeit darauf erhielt Xuanzang von Kaiser Taizong die Aufforderung, ihn im Phönix-Palast in Luoyang aufzusuchen. Unterwegs von Chang'an nach Luoyang erreichten ihn mehrere kurze Botschaften des Kaisers mit der Bitte, jeweils nur kurze Distanzen zurückzulegen, sich dann auszuruhen und jede unnötige Übermüdung zu vermeiden.

Der Kaiser empfing ihn mit der größten Ehrerbietung in seinem Privatkabinett, das mit kostbaren glasierten, mit brauner und grüner Farbe bemalten Tonfiguren geschmückt war. Das meiste waren Pferde und Kamele in verschiedenen Stellungen und Haltungen. An den Wänden hingen Rollbilder aus Seide, die gewaltige Landschaften darstellten, in denen Menschen wie fast unsichtbar kleine Wesen auf einem Wiesenvorsprung saßen, die Wasserfälle und die hoch sich auftürmenden Berge betrachtend.

Schon nach wenigen Augenblicken kam der Kaiser, wie es seine Art war, direkt zur Sache, indem er Xuanzang erneut aufforderte, seine Mönchsrobe abzulegen, eine Staatsstelle zu bekleiden und ihm im Staatsrat als Ratgeber zur Seite zu stehen.

Doch wie schon bei der ersten Audienz wies Xuanzang die Bitte so höflich wie möglich, aber bestimmt zurück:

«Eure Majestät haben mehrere hochbefähigte Ratgeber in Euren Diensten. Ich weiß sehr wohl um die Bedeutung von Ministern, und ich weiß, dass gerade die großen unter den alten Kaisern auf deren Weisheit und Rat angewiesen waren. Selbst Meister Kong sagte, ein Herrscher möge vergessen gehen, doch nie sein Minister. Ein Herrscher ist sozusagen der Kopf eines Menschen, und alle seine Minister sind die Glieder des Körpers.»

Da bemerkte einer von Kaiser Taizongs Ministern, der soeben das Kabinett betreten und des Meisters Antwort gehört hatte: «Eines Ministers Rat an den Kaiser verhält sich wie das Licht eines Glühwurmes zum Mond oder das einer Kerze zur Sonne.»

«Dem ist nicht so», entgegnete der Kaiser, «eine kostbare Pelzjacke ist nicht vom Fell eines einzigen Fuchses gemacht, und ein Pavillon ist aus einer großen Menge Holz gebaut. Wie kann ich etwas allein erreichen und ohne den Rat und die Hilfe meiner Minister! Euch aber, Meister des Gesetzes, bleibt es unbenommen, jederzeit ein Diener und Mönch des Buddha zu sein. Doch sagt mir jetzt, welche Werke Ihr übersetzt habt.»

«Folgende Texte liegen übersetzt und in Endredaktion vor: Von den Lehrreden sind es das Bohisattva-pitaka-Sutra, das Buddha-bhumi-Sutra, das Shanmukhi-dharani-Sutra, und von den Kommentaren sind es das Prakaran-arya-vacha-Shastra, das Mahayan-abhidharma-samyukta-sangiti-Shastra und das Yogachara-bhumi-Shastra. Und erneut bitte ich Eure Majestät, zu diesen Werken ein Vorwort zu schreiben.»

Doch statt auf diese Bitte einzugehen, forderte der Kaiser den Meister des Gesetzes auf, ihm den Inhalt des Yogacharabhumi-Sastra zu erläutern. Da diese «Abhandlung über die Stufen der Yoga-Praxis» zu Xuanzangs Lieblingsbüchern zählte, war es ihm ein Leichtes, dem Kaiser in kurzen Zügen, doch sehr detailliert die siebzehn Stufen der Meditation hin zur Bodhisattvaschaft zu erklären. Der Kaiser war ausnehmend beeindruckt.

«Die buddhistischen Lehren sind so unerreichbar wie die Höhen des Himmels und so tiefgründig wie das Meer. Verglichen mit den buddhistischen Schriften sind die Texte des Meisters Kong, des Daoismus und der Neun Schulen bloß eine kleine Insel in einem großen Meer. Es ist geradezu lächerlich, wenn Leute behaupten, die drei Lehren des Konfuzianismus, Daoismus und Buddhismus seien alle von gleichem Wert.»

Nach dieser bemerkenswerten Feststellung wagte es Xuanzang noch einmal, den Kaiser um ein Vorwort zu bitten. Jetzt gab Taizong sein Einverständnis, und in der Folge schrieb er in meisterlicher Kalligraphie ein Vorwort mit siebenhunderteinundachtzig Wörtern. Dass dies jetzt geschah, ist ein Zeugnis des höchsten Respekts. Nicht nur, dass der Kaiser ein Vorwort verfasste, sondern dass es von den hervorragendsten Kalligrafen der Zeit auf Stelen eingemeißelt wurde, zeugt von der außerordentlichen Würdigung.

*

Im selben Sommer erhielt der Kronprinz, des Kaisers neunter Sohn, im Frühlingspalast in Luoyang die übersetzten Werke und schrieb ebenfalls ein Vorwort, in dem er den feinen Stil und die moralische Bedeutung der Werke hervorhob und am Schluss Xuanzang mit Lobpreisungen überhäufte. Dieser schickte dem Kronprinzen ein Dankesschreiben, was der Kronprinz verdankte, jedoch mit dem Hinweis auf sein Unvermögen, sich elegant auszudrücken, und seinen Mangel an Lernfähigkeit und Intelligenz, was ihn hindere, die Heiligen Texte gebührend verstehen und würdigen zu können. Er sei aber überwältigt von den schmeichelhaften Komplimenten, mit denen ihn der Meister des Gesetzes bedacht habe.

Als die beiden Vorreden, jene des Kaisers und des Kronprinzen Li Zhi, des späteren Kaisers Tang Gaozong, publiziert waren, baten der Abt des Klosters ‹Große Glückseligkeit› in Chang'an und die Mönche der Stadt den Kaiser um die Erlaubnis, die beiden Texte auf einer Metalltafel und einer Steinstele eingrafieren und sie im Kloster aufstellen zu dürfen. Der Kaiser gewährte die Bitte.

Im Sommer verstarb die Kaiserin Wen-teh, die Mutter des Kronprinzen. Zu ihrem Andenken baute Li Zhi südlich des kaiserlichen Palastes in Chang'an ein weitläufiges und großartiges Kloster mit zehn Innenhöfen und insgesamt 1897 Räumen, alle mit den notwendigen Möbeln und Zubehör ausgestattet. Zur selben Zeit traf im Frühlingspalast, der Residenz des Kronprinzen in Luoyang, eine Weisung des Kaisers ein mit der Aufforderung an den Sohn, für das Bodhisattvapitaka-Sutra, das er mit höchster Bewunderung gelesen hatte, ein Nachwort zu schreiben, was umgehend geschah. Das Nachwort umfasste 578 Wörter. Der Kaiser gab auch Anweisung, dass weitere Fachleute der Übersetzungsgruppe des Meisters zugeführt würden. Die ganze Koordination der einzelnen Übersetzer und ihrer Arbeit lag in den Händen von Héng-Li. Er blieb für Xuanzang der unverzichtbare und zuverlässige Sekretär. Selbst der allmählich vertraulicher werdende Umgang mit Kaiser Taizong änderte nichts an der Einzigartigkeit ihrer Beziehung.

In diesem Sommer in Luoyang weilte Xuanzang immer häufiger im Phönix-Palast beim Kaiser, der ihn um sich zu haben wünschte, damit er seinen Durst nach der Lehre des Erwachten lösche. Für den zunehmend kränkelnden Kaiser wurde Xuanzang der eigentliche geistliche Berater und Führer.

Bei einer diesen nun schon fast freundschaftlichen Begegnungen bat der Kaiser den Meister, ihm von seinem Besuch in Bodhgaya zu erzählen, dem Ort, wo Buddha zum Erwachten wurde.

*

Bodhgaya

So wird es berichtet:
Nachdem Siddhartha Gautama aus dem Geschlecht der Shakya den erhofften Lehrmeister nicht fand, beschloss er, den Weg zur Erlösung selbst zu finden. Wie viele indische Weise übte er sich in ausgedehntem Fasten und Yoga. Als er erkannte, dass extreme Askese nicht zum Ziel führt, sondern nur der Mittlere Weg, nähte er sich aus den Fetzen eines Leichentuches ein Gewand und bettelte um Nahrung. Er überquerte den wasserlosen Fluss Neranjara und ließ sich bei Uruvela in der Nähe von Gaya nieder. Unter einem Pippala- oder Assattha- bzw. einem Pappelfeigenbaum häufte er etwas Heu auf, das er von einem Bauern erbeten hatte, und setzte sich im Lotossitz zur Meditation hin. In der Vollmondnacht des

Monats Vesakha (April/Mai) ging dem Fünfunddreißigjährigen die Erkenntnis des Gesetzes (Dharma) auf, dass das Leiden des Menschen bedingt ist durch Gier, Hass und Verblendung. Damit waren alle Bindungen von ihm abgefallen, er hatte Nirvana erreicht und war erwacht zum Buddha, dem Erleuchteten. Seither ist der Vesakha-Vollmond der höchste Feiertag der Buddhisten und der Feigenbaum der Heilige Bodhi-Baum (ficus religiosa). *In der ersten Woche danach meditierte der Buddha über das «Gesetz des Entstehens der Abhängigkeit», in der zweiten Woche betrachtete er den Bodhi-Baum, in der dritten Woche wandelte er jeden Tag in der Nähe des Meditationsplatzes, dem «Diamantthron», auf einem Spaziergang hin und her, dem «juwelenbesetzten Gang». In der vierten Woche setzte er sich wieder hin und dachte über die vor ihm liegende Aufgabe nach.*

Am Ort der Erleuchtung steht der Mahabodhi-Tempel, dessen älteste Teile ins erste Jahrhundert nach unserer Zeitrechnung zurückreichen, wobei nicht der Tempel, sondern der Baum der eigentliche Ort der Verehrung ist. Um ihn zu schützen, ließ ihn König Ashoka durch einen Steinzaun abschirmen. Sein Sohn, der Mönch Mahinda, überbrachte dem König Devanampia Tissa von Sri Lanka nicht nur den Dharma, sondern auch einen Steckling, der in Anuradhapura zu einem prächtigen Baum heranwuchs. Dessen Ableger dienten wiederholt dazu, den in Bodhgaya mehrmals zerstörten Baum zu ersetzen.

*

«Unermesslich war meine Freude, als ich im Jahr des Feuer-Hahns[1] nach langer, beschwerlicher Reise am Ziel meiner Sehnsucht ankam, in Bodhgaya, wo Siddhartha Gautama zum Buddha, dem Erwachten wurde. Endlich war ich am Ende mei-

---

1 637 n. Chr.

ner Pilgerfahrt! Nachdem ich mit inbrünstigem Glauben den Bodhi-Baum, den Baum der Bäume, betrachtet hatte, warf ich mich auf die Erde nieder. Da ergriff große Trauer mein Herz, und ich klagte bitterlich. Denn ich weiß nicht, in welchem Zustand ich mich befand im unruhigen Wirbel von Geburt und Tod in jener Zeit, als Buddha zur vollkommenen Erkenntnis gelangte. Doch ich weiß, dass ich jetzt und in diesen weniger bedeutenden Zeiten zu leben habe, und dass ich nachsinnen muss über die Tiefe und Unermesslichkeit meiner Fehler. Dies berührte mein Herz, und meine Augen füllten sich mit Tränen.

In diesem Augenblick strömten mehrere tausend Mönche, die ihren sommerlichen Rückzug in die Abgeschiedenheit beendet hatten, von allen Seiten herbei, und als sie mich in meiner Trauer erblickten, waren sie von Mitleid und Sorge bewegt.»

Xuanzang schwieg. Auch Héng-Li hatte damals geschwiegen, als er seinen Meister in Tränen ausbrechen sah. Immer hatte er seinen scharfen Verstand, seine grenzenlose Güte und unerschütterliche Ruhe, seinen Mut auch im Umgang mit Räubern und Gefahren bewundert. Und immer war es ihm, dass in den Tiefen dieses großen Mannes ein Kern liegen musste, der sich nur schwer offenbarte.

Und jetzt in Bodhgaya zeigte sich dieser feine und weiche Kern. Es war die Zartheit eines reinen Herzens, die sich in den Tränen unter dem Baum der Bäume offenbarte. Héng-Li erkannte in Bodhgaya die wirkliche Größe und die tiefe Frömmigkeit des Meisters des Gesetzes.

Auch Kaiser Taizong verharrte in respektvollem Schweigen angesichts der sehr persönlichen Empfindungen, die Xuanzang in Bodhgaya erfahren hatte.

Schließlich nahm der Meister das Wort wieder auf: «Als der Tathagata im Begriff war, Erleuchtung zu erlangen, ging er zu den vier Ecken des eingefriedeten Platzes, und die Erde bebte. Doch als er zum Platz unter dem Feigenbaum kam, war alles still und ruhig. Dies ist der Diamantthron in Bodhgaya. In den fernen Tagen, als Buddha lebte, war der Baum mehrere Hundert Fuß hoch, doch in der Zwischenzeit wurde er mehrmals geschnitten und misst jetzt bloß noch vierzig oder fünfzig Fuß. Der Stamm des Baumes ist von einem gelblichen Weiß, und er verliert weder im Sommer noch im Winter seine grünen und glänzenden Blätter. Wenn aber der Jahrestag des Nirvana kommt, fallen sie ab und werden am folgenden Tag ebenso schön wieder geboren. An diesem Tag versammeln sich die Könige und hohe Persönlichkeiten, besprengen den Baum mit Milch, zünden Lichter an, streuen Blumen und ziehen sich dann zurück. Vorher jedoch lesen sie die Blätter des Baumes auf.

Der Baum und seine unmittelbare Umgebung sind durch eine Mauer aus Ziegelsteinen geschützt; deren längere Seite erstreckt sich von Ost nach West und die kürzere von Nord nach Süd. Das Haupttor öffnet sich gegen Osten, gleich gegenüber dem Fluss Neranjana. Das Südtor liegt in der Nähe eines großen, mit Lotosblumen bedeckten Teiches, während gegen Westen steil aufragende Hügel den Zugang versperren. Das Nordtor ist mit einem großen Klosterkomplex verbunden, in dessen Areal Heilige Denkmäler stehen, Hallen, Tempel und zahlreiche Stupas, welche Könige, Minister und wohlhabende Laien hatten errichten lassen.

Gleich neben dem Bodhi-Baum steht ein hoher Turm mit einem breiten Fundament. Mehrere Nischen sind in die Wände eingelassen, in denen jeweils eine vergoldete Buddha-Statue steht. Diese Wände sind an allen Seiten mit herrlichen Skulpturen, Perlenschnüren und Statuen von Heiligen bedeckt. Die Spitze des Turmes bildet ein Abschluss aus reinem Gold, der einer Amalaka-Frucht gleicht. Die Tragbalken und Säulen des Innenraumes, die Türen und Fenster sind alle mit Gold und

Silber eingefasst und mit Ketten aus Perlen und Edelsteinen verziert. Rechts und links der Eingangstür befindet sich eine hohe Nische, in der einen steht die Statue des Avalokiteshvara und in der anderen jene des Buddha Maitreya. Beide Statuen sind aus reinem Silber und etwa drei Meter hoch. In der Nähe des Bodhi-Baumes befindet sich eine weitere Statue des Bodhisattva Avalokiteshvara, von der eine alte Weissagung berichtet, dass der Dharma Buddhas in Indien untergehe, wenn dereinst die Statue im Erdboden verschwunden sei.»

«Und», fragte Kaiser Taizong, «steht sie noch in voller Größe da?»

«Nein, sie ist bereits bis zur Brust in der Erde versunken, und ich vermute, dass es nur noch hundertfünfzig oder zweihundert Jahre dauern wird, bis die Weissagung sich erfüllen wird.»

«Wenn dem so ist, dann war Eure Reise nach Indien umso notwendiger und von überragender historischer Bedeutung, denn durch Euch ist jetzt die Auslegung des wahren Dharma zu uns ins große Reich der Mitte gebracht worden, und zudem konnten Hunderte Heilige Schriften, Sutras und Shastras vor dem prophezeihten Untergang gerettet werden.»

«Und dank der Güte Eurer Majestät und Eurer Verehrung des Dharma habe ich die Möglichkeit, die Schriften aus dem Sanskrit ins Chinesische zu übersetzen. Doch hört, was es in Bodhgaya noch zu sehen gibt. Nördlich des Bodhi-Baumes ist jener Ort, wo Buddha hin und her wandelte. Als der Tathagata auf dem Diamantthron Erleuchtung erfuhr, saß er sieben Tage und sieben Nächte in tiefer Versenkung. Dann stand er auf und wandelte während sieben Tagen von Osten nach Westen, eine Strecke von etwa zehn Schritten. Wunderbare Blumen sprossen unter seinen Fußtritten, achtzehn an der Zahl. Später wurde dieser Bereich mit einer etwa drei Fuß hohen Ziegelsteinmauer zugedeckt. Laut einer alten Überlieferung sagen diese nun überdeckten Heiligen Fußtritte etwas aus über die Länge oder Kürze eines menschlichen Lebens.

Nicht weit vom Bodhi-Baum entfernt steht im Süden ein etwa zehn *zhang*[1] hoher Stupa, den König Ashoka an jenem Ort erstellen ließ, wo Siddhartha Gautama einen Schnitter kommen sah mit einem Bündel Heu auf seinem Rücken, und von dem er sich einen Teil erbat. Der Schnitter gab ihm respektvoll ein Bündel trockenen Grases, und der künftige Buddha begab sich zum danebenstehenden Feigenbaum und setzte sich auf dem Polster aus Heu hin zur Versenkung.

Während mehrerer Tage durchquerte ich die ganze Umgebung von Bodhgaya und besuchte die zahlreichen Gedenkstätten und Stupas, die an verschiedene Ereignisse aus der Zeit des Erwachten erinnern. An keinem der vielen Gedenkorte habe ich eine so lebendige Verehrung angetroffen wie in Bodhgaya, denn zahlreich sind hier die Pilger und auch die Klöster, welche Mönche aus verschiedenen Ländern beherbergen.

Dann aber machte ich mich auf zum nächsten großen Ziel meiner Pilgerreise: Nalanda, die bedeutendste Klosteruniversität Asiens, die unweit im Nordosten von Bodhgaya liegt.»

«Darüber, Meister des Gesetzes, ein nächstes Mal. Doch ich gestehe, dass ich meine Neugierde nur schwer zu zügeln vermag, denn Eurem Reisebericht konnte ich entnehmen, dass der Ort eine immense Bedeutung hat für die buddhistische Gemeinschaft.»

Daraufhin zog sich Xuanzang respektvoll zurück.

Am folgenden Tag wurde er mit einer Mönchsrobe beschenkt, so kostbar und fein gearbeitet, dass kein einziger Nadelstich sichtbar war. Sie entsprach einem Wert von einhundert Goldstücken. Der Robe beigelegt war ein Rasierer zum Scheren der Haare, wie ihn alle besitzen, die ein Leben als Mönch führen.

---

1 rund 30 Meter.

Neben diesem ganz praktischen Nutzen galt das Rasiermesser aber auch als ein Symbol der Weisheit, weil es alle Hindernisse auf dem Weg zur Erleuchtung abschnitt, und Xuanzang wusste sehr wohl, was ihm der Kaiser damit sagen wollte.

Er bedankte sich mit einem Brief und versprach dem Kaiser, ihm beim nächsten Besuch von Nalanda zu berichten, wo er die höchsten Einsichten und Belehrungen bekommen habe.

*

Nach nur wenigen Tagen bat Kaiser Taizong den Meister des Gesetzes wieder zu sich. Er war neugierig, etwas über Nalanda, das berühmteste aller Großklöster in Indien, zu hören, wo nach Berichten bis zu zehntausend Mönche ihren Studien nachgingen. Natürlich hatte der Kaiser von dieser renommiertesten Lehranstalt Asiens gehört. Kein nach Indien reisender Mönch aus China hatte je auf den Besuch dieser Klosteruniversität verzichtet, war doch eine Aufnahme mit höchstem Ansehen und der Unterweisung durch die angesehensten Gelehrten der Zeit verbunden. Und Xuanzang, der Sohn Chinas der Großen Tang, war dort Schüler und Lehrer zugleich gewesen. So freute sich der Kaiser auf eine anregende Unterhaltung. In seiner Einladung hatte er Xuanzang gebeten, diesmal auch Héng-Li mitzunehmen, denn der Kaiser war inne geworden, dass dieser Mönch aus dem Bamiyan-Tal den Meister auf der ganzen Reise in den Westen als unentbehrlicher Sekretär begleitet hatte.

Und so warteten denn beide in der Halle, die vor dem kleinen privaten Audienzraum lag. Es blieb dem Meister genug Zeit, Héng-Li auf einiges Außergewöhnliche der bevorstehenden Begegnung hinzuweisen, die nicht dem üblichen Hofzeremoniell entsprach. Denn dieses schrieb den Abstand zwischen dem Kaiser und dem Besucher genau vor, und der war umso größer, je unbedeutender die Person war, die zum Kaiser vorgelassen wurde. Da es niemals gestattet war, in Gegenwart des Kaisers auf einem Stuhl zu sitzen, waren bei Audienzen schon gar keine Stühle im Saal. Besucher hatten nach dem Kotau, dem dreimaligen Niederwerfen und Berühren der Stirn mit dem Boden, auf dem Fußboden zu knien oder durften in Ausnahmefällen auf einem seidenen Kissen Platz nehmen, auf dem sie jedoch kniend zu sitzen hatten. Der Kaiser zeigte bei Audienzen ein fast steinernes Gesicht, das nicht die geringste Emotion zu erkennen gab. Und wenn er zu sprechen hatte, sprach er leise, bestimmt und klar. Die Jade-Worte des Kaisers waren kostbar wie der Edelstein selbst.

Jetzt kam der Sekretär des Kaisers und bat die beiden in den kleinen Audienzraum, wo der Kaiser auf einem goldenen Stuhl saß. Ein strahlendes Lächeln huschte über sein Gesicht, er war sichtlich erfreut, Xuanzang wiederzusehen. Dieser ging gemessenen Schrittes auf den Kaiser zu und begrüßte ihn mit einer leichten Neigung des Kopfes. Die Hände hielt er in den weiten Ärmeln seiner Robe verschränkt.

«Lassen wir die Formalitäten, und kommen wir zum Bericht über Nalanda. Ich habe», wandte er sich an Héng-Li, «aus dem goldenen Mund des Meisters von den zahlreichen Verdiensten gehört, die Ihr Euch als Begleiter, Sekretär und Diener des großen Sohnes der Tang erworben habt. Eure Anwesenheit ist mir eine Ehre.»

«Héng-Li ist ebenfalls ein großer Gelehrter, ein Kenner der Schriften und Sprachen Indiens, und besitzt trotz seiner jungen Jahre Weisheit und tiefe Einsichten in den Dharma. Héng-Li ist das große Glück, das mir bereits im ersten Jahr auf der langen Reise in den Westen im zauberhaften Bamiyan-Tal zugefallen war, und das mich seither nie verlassen hatte», ergänzte Xuanzang.

Bei diesen Worten des Meisters füllten sich Héng-Lis Augen

mit Tränen. Denn noch nie hatte Xuanzang vor einem andern Menschen, und jetzt gar vor dem Kaiser, so unverstellt die Zuneigung und Liebe zu seinem Schüler und Sekretär bekundet.

«Und nun, Meister, berichtet von Nalanda, wie Ihr dort aufgenommen wurdet, wie der Betrieb an diesem berühmten Ort der Bildung und des Wissens funktioniert. Und hat man Euch, den großen Sohn Chinas, dort respektiert? Erzählt, erzählt!»

Xuanzang und Héng-Li schauten sich, noch bevor einer von ihnen das Wort ergriff, mit heiterer Miene an, und jeder wusste, was dem andern bei dieser fast ungeduldigen Aufforderung des Kaisers durch den Kopf ging, denn der Kaiser forderte das Unmögliche. Xuanzang sollte vom Ruhm, der Bewunderung und außergewöhnlichen Verehrung berichten, die ihm ohne Einschränkung überall in Indien entgegengebracht worden war. Héng-Li kannte seinen Meister, und er wusste, dass dieser niemals zu andern darüber sprechen würde. Und so ergriff er zum Erstaunen des Kaisers als Erster das Wort.

«Wir trafen im Jahr des Feuer-Hahns[1] nach einer Nacht mit flammenden Sternen in Nalanda ein. Unsere Ankunft war schon seit Tagen im Kloster erwartet worden, und der Ruhm des Meisters war bereits nach Nalanda gelangt. So kamen uns denn zweihundert der gelehrtesten Mönche und über tausend Laienanhänger des Buddha entgegen und begleiteten uns in einer feierlichen Prozession mit Fahnen und Standarten, Sonnenschirmen und Räucherwerk zum Kloster. Blumen wurden vor uns auf den Weg gestreut, bis wir den Klosterhof erreichten, wo der Meister die vielen Tausend ihn erwartenden Mönche begrüßte. Darauf bat der Vorsitzende der Mönche den Meister, auf einem besonderen Sessel auf dem Podium Platz zu nehmen. Jetzt setzten sich auch die Mönche und Laien nieder, ein Gong

---

1 637 n. Chr.

wurde angeschlagen, und der Mönchsvorsteher wandte sich an Xuanzang: ‹Wir bitten den Meisters des Gesetzes in unserem Kloster zu verweilen. Während der Anwesenheit steht ihm alles zu seiner Verfügung.› Darauf instruierten uns die zwanzig ältesten Mönche des Klosters, wie man üblicherweise dem hochbetagten Abt und Vorsteher der Klosteruniversität von Nalanda gegenübertritt.»

«Ich wurde», fuhr jetzt Xuanzang fort, «in einem feierlichen Zug zu Silabhadra geleitet, den sie ‹Schatz des Guten Gesetzes› nannten. Als ich vor ihm stand, bezeugte ich meinen Respekt, verrichtete die Pflichten eines Schülers, indem ich mich ihm auf den Knien näherte, mich auf die Ellenbogen stützte und mit meiner Stirn den Fußboden berührte.»

«So wird dem Abt in gleicher Weise wie dem Kaiser von China die Referenz erwiesen!», rief Taizong erstaunt aus.

«So ist es. Das Ansehen der Äbte von Nalanda steht dem der Könige Indiens in nichts nach. Dann aber ließ der Abt Stühle herbeibringen, hieß uns und die übrigen Mönche, Platz zu nehmen, und fragte mich schließlich nach meinen Absichten und woher ich komme. ‹Ich bin›, sagte ich, ‹aus China gekommen, um von Euch die Prinzipien der Abhandlung von den Stufen der Yoga-Praxis zu erlernen.›

Bei diesen Worten brach der über hundertjährige Silabhadra in Tränen aus, und er erzählte mir von einer außergewöhnlichen Vorahnung, die er über meine Ankunft gehabt hatte: Er habe vor einiger Zeit derart stark unter einer grausamen Krankheit gelitten, dass er von Todessehnsucht erfüllt gewesen sei. Eines Nachts dann sah er in einem Traum drei Gottheiten, die in strahlende Zeremoniengewänder gekleidet waren. Das Gewand des ersten war von goldener Farbe, jenes des zweiten trug die blaue Farbe des Lapislazuli, und das dritte war weiß wie Silber. Dies waren die Bodhisattvas Manjushri, Avalokiteshvara und

Maitreya. Sie waren ihm erschienen mit der Weisung, am Leben zu bleiben. Da er in einer seiner früheren Existenzen ein König gewesen sei, der seinem Volk viel Leid zugefügt habe, müsse er jetzt seine Strafe verbüssen. Er solle sich nicht zu Tode hungern, sondern vielmehr das Heilige Gesetz verbreiten, die Stufen der Yoga-Praxis lehren und andere Bücher jenen Menschen predigen, welche diese nicht gelesen haben. Wenn er dies tue, werde er wieder gesunden. Außerdem sei ein chinesischer Mönch unterwegs, der das Gesetz erlernen und bei ihm studieren wolle. Er solle die Ankunft des Mönchs aus China abwarten und ihm sein Wissen übermitteln.

‹Da mein Eintreffen mit Eurem Traum übereinstimmt›, erwiderte ich, ‹bitte ich um die Güte, mich zu unterweisen und aufzuklären. Ihr macht mein Glück vollkommen, indem Ihr mir gestattet, Euch die Gefühle eines gelehrigen und Euch ergebenen Schülers zu zeigen.›

Ich hatte endlich den allwissenden Meister gefunden, der mir die letzten Geheimnisse des Systems der Yoga-Praxis lehren und erläutern konnte, wie sie seit Jahrhunderten vom Meister auf den Schüler weitergegeben worden waren. Abt Silabhadra von Nalanda war Nachkomme einer königlichen Brahmanenfamilie aus Samatata in Ostindien. Bereits als junger Mann liebte er das Studium, bereiste ganz Indien auf der Suche nach dem Weisen, der ihn unterrichten würde. In Nalanda war er schließlich dem damaligen Abt Dharmapala P'usa begegnet, der ihn unterrichtete und später zum Mönch ordinierte. In den folgenden Jahren ragte Silabhadra heraus wegen seines tiefen Verständnisses der Yoga-Paxis und den Feinheiten der buddhistischen Lehre, sodass sich sein Ruhm auch in fernen Ländern verbreitete.

‹Wie lange wart Ihr unterwegs?›, fragte er mich dann, und ich antwortete: ‹Acht Jahre.›

Nach dieser ersten Begegnung mit Silabhadra zeigte man uns die gewaltige Klosteranlage, die alle Klöster Indiens an Glanz und Größe übertrifft. Die Anlage ist wie eine Stadt der Mönche, umgeben von einer Ziegelmauer, welche das Kloster vom offenen Land abtrennt. Das Haupttor öffnet sich zum ersten großen Kolleg, dem sich jeweils abgetrennt über zehn weitere Kolleg-Gebäude anschließen, die in der Mitte der Anlage stehen. Ihre reich verzierten Türme und die märchenhaften Türmchen reihen sich wie Berggipfel aneinander. Diese luftigen Beobachtungsposten scheinen sich in den Schwaden der Morgennebel aufzulösen. Aus den tiefen und mit klarem Wasser gefüllten Teichen ragen die Lotosblumen heraus, vermischt mit den Kanaka-Blumen mit ihrer dunkelroten Farbe. Da und dort breiten Amra-Wäldchen ihre Schatten aus.

Die Kolleg-Gebäude sind auf einer langen Reihe mehr oder weniger gleich gebaut. Sie haben einen großen rechteckigen Innenhof, um den auf vier Stockwerken die Zellen und Wohnräume der Mönche, Novizen und Laienstudenten angelegt sind. Jedes Stockwerk besitzt Drachenvorsprünge und farbige Gesimse, die perlroten Säulen sind geschnitzt und verziert und werden an Üppigkeit der Ornamentierung nur von den Balustraden übertroffen. Die Dächer mit ihren gebrannten Ziegeln spiegeln das Licht in tausend Schattierungen wider, was die Schönheit der Anlage noch erhöht. Es gibt unzählige Klöster in Indien, doch keines ist bemerkenswerter an Großartigkeit und Pracht als Nalanda.

Der Name übrigens bedeutet ‹Barmherzigkeit ohne Unterlass›. Nach der Überlieferung der Alten kam der Name Nalanda so zustande: Im Süden des heutigen Klosters liegt inmitten eines Amra-Gartens ein Teich. In diesem Teich lebt eine Naga-Schlange mit Namen Nalanda, so habe der in der Nähe des Teiches erbaute Mönchskonvent diesen Namen bekommen.

Nach der Besichtigung der zahlreichen Mönchskollegs und der vor ihnen liegenden prächtigen Tempel und Stupas wurde uns das Quartier zugewiesen. Für sieben Tage waren wir vorerst Gast des Neffen des ehrwürdigen Abtes Silabhadra im zweiten Stock eines Kollegs, das König Baladitya von Magadha hatte erbauen lassen. Später dann bezogen wir Räume in einem Haus, das ganz in der Nähe der einstigen Wohnstätte des großen Lehrers Dharmapala liegt, der vor Silabhadra Abt in Nalanda war.

Jeden Monat schickte uns der König von Magadha drei Krüge Öl sowie täglich die nötige Menge Butter, Milch und sonstige Lebensmittel. Dazu kamen hundertzwanzig Blätter des Betelpfeffers zum Kauen, je zwanzig Betelnüsse und Kardamomkapseln sowie Kampfer und anderthalb Pfund Reis. Die Körner dieser nur in Magadha angebauten Reissorte werden so groß wie schwarze Bohnen, duften herrlich, haben einen erlesenen Geschmack und eine glänzende Farbe.

Der König hatte außerdem Anweisung gegeben, dass uns täglich ein Mönch und ein Brahmane auf einem Wagen auszufahren hatte, oder dann ritten sie mit uns auf einem Elefanten aus, oder wir wurden mit dem Palankin umhergetragen.

Der König des Landes respektiert und verehrt die Mönche. Er überweist die Einkünfte von etwa einhundert Dörfern zum Unterhalt an den Konvent. Zweihundert Haushalte in diesen Dörfern spenden Tag für Tag mehrere Hundert Pfund gewöhnlichen Reis und mehrere Hundert Pfund Butter und Milch. Daher müssen die Studenten bei dieser reichlichen Unterstützung nicht um die vier Grundbedürfnisse betteln, nämlich Kleidung, Nahrung, Bett und Arzneimittel. Das ist die Voraussetzung für ein erfolgreiches Studium, um dessentwillen sie hier sind.»

«Wie viele Studenten und Mönche leben im Kloster? Es müssen, wenn ich die Menge der täglich hingeschafften Nahrung bedenke, Tausende sein», fragte der Kaiser.

«Es sind an die zehntausend Studenten und gegen eintausend Lehrer. Es leben hier nur Männer von höchster Eignung und Begabung, jedenfalls derzeit ist ihr Rang sehr hoch, und von mehreren Hundert unter ihnen hat sich ihr Ruf schnell in fremden Gegenden verbreitet. Zudem ist ihr Verhalten einwandfrei und tadellos. Die Mönche sind als Gemeinschaft von natürlicher Würde und Ernsthaftigkeit, sodass seit der Gründung der Universität im bereits bestehenden Kloster Nalanda durch den König Kumara Gupta I. vor über zweihundert Jahren kein einziger Fall von Widerstand gegen die Regeln vorgekommen ist, obwohl diese Regeln hier streng sind und alle Mönche sie ohne Ausnahme zu befolgen haben.

Vom frühen Morgen bis zum späten Abend sind sie in Diskussionen vertieft, Alte und Junge helfen sich gegenseitig, und der Tag reicht nicht aus, um alle tief schürfenden Fragen zu stellen und sie zu beantworten. Es kommen gelehrte Männer, die sich schnell einen Namen bei Disputationen machen möchten, aus fernen Städten in Scharen her, um ihre Zweifel zu klären. Dann aber verbreiten sich die Ströme ihrer Weisheit in alle Gegenden. Wer aber keine Fragen aus dem Tripitaka behandeln kann, gilt wenig und muss sich vor Scham verstecken, was aber höchst selten ist, denn die Bedingungen zur Aufnahme an die Klosteruniversität sind ungewöhnlich streng.

Hat jemand den Wunsch, hier zu studieren und an den Diskussionen teilzunehmen, stellt ihm der Torhüter einige schwierige Fragen; viele sind unfähig, sie zu beantworten und ziehen sich zurück. Man muss die alten und neuen Bücher eingehend studiert haben, bevor man um Aufnahme bitten kann. Jene Studenten, die als Fremde hinkommen, müssen ihre Befähigung in harten Diskussionen unter Beweis stellen. Das Verhältnis zwischen den Abgewiesenen und den Aufgenommenen ist sieben oder acht zu zwei bis drei. Jene zwei oder drei genügend

Talentierten, die dann vor den versammelten Studenten zu diskutieren haben, müssen damit rechnen, gedemütigt zu werden und so ihr Ansehen zu verlieren. Doch der Respekt ist jenen sicher, die eine auffallende Begabung haben und solide studieren, jenen also mit großen Fähigkeiten, glänzenden Tugenden. Alle hervorragenden Männer genießen hohes Ansehen.»

«Ich sehe, dass es auch unter Mönchen in einem Kloster eine Hierarchie gibt, eine Rangordnung des Wissens sozusagen», warf jetzt der Kaiser ein. «Und darf ich hören, welche Stufe denn Ihr als Meister des Gesetzes im Kreis dieser illustren Gelehrten eingenommen habt?»

Xuanzang warf einen bittenden Blick zu Héng-Li, und dieser antwortete: «Tatsächlich ist die Rangordnung des Wissens klar geregelt und auch äußerlich sichtbar. Von den gegen zehntausend Novizen und Mönchen gab es etwa eintausend, welche fähig waren, eine Sammlung von zwanzig Sutras und Shastras zu kommentieren und zu deuten. Weitere fünfhundert beherrschten dreißig Bücher, und höchstens zehn Männer haben eine Sammlung von fünfzig Texten gegenwärtig und sind fähig, sie zu interpretieren und zu lehren. Zu diesen wenigen zehn gehörte auch Xuanzang, der Meister des Gesetzes.»

«Deshalb Elefant und Wagen und Palankin! Ich verstehe», sagte der Kaiser.

«Abt Silabhadra jedoch», fuhr Xuanzang fort, «hat alle Texte studiert, und er versteht sie auch und kann sie auslegen. Seine überragenden Fähigkeiten und sein fortgeschrittenes Alter sind der Grund dafür, dass er unangefochten der Vorsteher der Gemeinschaft ist. Für die Lehrveranstaltungen werden jeden Tag an die einhundert Lehrpulte auf die Podien gestellt, wo die Studenten den Unterweisungen der Lehrer und den Diskussionen folgen, ohne auch nur eine Minute zu versäumen. Und überdies verfügt die Klosteruniversität Nalanda mit ihren mehreren Millionen Handschriften und Texten über die größte Bibliothek Asiens.

Wasseruhren regeln die Zeitmessung und den Tagesablauf. Am Morgen verlassen die Novizen und Mönche ihre Zellen, um in den zehn Wassertanks auf dem Klostergelände zu baden. Danach folgen die vorgeschriebenen Riten vor den zahlreichen Statuen des Buddha und des Avalokiteshvara, die in ihren Zellen, in den Innenhöfen der Kolleg-Gebäude und rund um die sechs großen Tempel mit ihren zahlreichen kleinen Stupas aufgestellt sind. Man opfert Weihrauch, auch Blumen, und zündet zum Zeichen der Verehrung Butterlampen an. Im Anschluss daran folgen die Vorlesungen. Vier Trommelschläge, das Ertönen des Muschelhorns und zwei weitere Trommelschläge kündigen die Mittagsstunde und die bevorstehende Mahlzeit an. Dann folgen wieder Studium und Diskussion bis zur Zeit des Sonnenuntergangs.»

«Ich möchte jetzt etwas über den Studiengang der Mönche hören», unterbrach der Kaiser.

«Die Ausbildung im Kloster umfasst die folgenden Gebiete: erstens Sprachen, also Sanskrit, Grammatik und verwandte Gebiete der Literatur. Zweitens Künste und Handwerk, vor allem Goldschmiedekunst und Juwelierhandwerk. Drittens dann das Wissen von der Heilkunst und den Heilkräutern. Viertens das Wissen von der Begründung und Logik, und fünftens schließlich das Innere Wissen, das meint die Kenntnis der buddhistischen Schriften, des Tripitaka, der zahlreichen Sutras und Shastras der einzelnen Schulen, denn in Nalanda wird gleichwertig und gleichzeitig die Lehre des Großen und des Kleinen Fahrzeuges unterrichtet. Und natürlich gibt es deswegen auch immer wieder hochspannende Disputationen, wo die Vertreter der beiden Richtungen ihre Ansicht des Buddhismus begründen und verteidigen.»

«Ihr habt jetzt, Meister Xuanzang, nur von fleißigen und eifrigen und überaus klugen Mönchen in Nalanda berichtet», unterbrach Héng-Li den Meister, «mir aber wurde damals eine kleine Geschichte hinterbracht, die Ihr vielleicht nicht kennt und von der ich Euch auch nie berichtet habe. Es ist die Geschichte von einem trägen alten Mönch, der zum Studieren keine Lust mehr hatte.»

«Davon höre ich wirklich zum ersten Mal. Wolltest du, indem du die Geschichte mir vorenthieltest, mein Bild von den eifrigen Studenten in Nalanda nicht zerstören?», fragte Xuanzang.

«Nein», antwortete Héng-Li, «das kann es nicht sein, denn am Ende brachte auch die Faulheit des Mönchs ihren Segen. Es lebte, so hatte man es mir erzählt, einst ein alter Mönch im Kloster in Nalanda, der ziemlich träge war und überhaupt keine Lust mehr zum Studieren verspürte. Da der König von Magadha die Universität unterstützte, erbat er sich an jedem Montag nach dem Vollmond eine Belehrung durch einen der Mönche des Klosters. Man setzte dann einen erhöhten Sitz auf, den Lehrstuhl, und der jeweils von der Gemeinschaft bestimmte Mönch nahm diesen Platz ein, um den König und seine Gefolgschaft zu unterweisen. Doch einmal verfielen die Gelehrten dem Ansinnen, jenem faulen Mönch einen Streich zu spielen, und sie bestimmten mehrheitlich, dass jener am kommenden Montag nach dem Vollmond vor dem König zu sprechen habe. Als der Tag kam, teilten sie dem faulen Mönch mit, dass er nun an der Reihe sei, den hohen Lehrstuhl zu besteigen. Der alte Mann versuchte sich zu wehren und hatte alle möglichen Ausreden, doch es nützte nichts, man setzte ihn auf den Stuhl vor den respektvoll auf seine Belehrung wartenden König.

Der arme alte Mönch hatte wirklich von nichts eine Ahnung und saß nun da und überlegte hin und her, was er denn nun sagen könnte. Da ihm nichts einfiel, habe er schließlich gesagt: ‹Es ist mir wirklich ein großer Schmerz, und es ist überaus leidvoll, hier so sprachlos da zu sitzen und nichts zu wissen.› Dann stieg er vom hohen Sitz herab, denn das war offenbar die ganze Belehrung. Der König blieb, obwohl er nur diesen einen Satz gehört hatte, noch immer mit viel Respekt sitzen. Da er aber mit der Gewissheit und im vollen Vertrauen gekommen war, vom Lehrer etwas Tiefsinniges zu bekommen, dachte er über diesen einen Satz nach und sagte sich: ‹Es muss ein tiefer Sinn in dem stecken, was der alte Mönch gesagt hat.› In Gedanken versunken ging er nach Hause und überlegte sich, dass ‹nichts zu wissen› nichts anderes meine als ‹grundlegendes Nichtwissen›, und dieses Nichtwissen sei der Grund für alles Leiden. Und je länger er darüber nachdachte, umso mehr kam er zur Einsicht, dass das Nichtwissen um die Natur des Geistes die Ursache allen Leidens sei. In den folgenden Tagen meditierte er über diese Einsicht, und zunehmend verwandelte sich das tiefe Nichtwissen in seinem Geist in direkte Erfahrung und unmittelbares Gewahrsein. So fand er Befreiung aufgrund der Unterweisung, die er von diesem alten und faulen Mönch bekommen hatte.»

«Eine schöne Geschichte», sagte Kaiser Taizong, «doch wie kann ein Nichtswürdiger ein so würdiges Resultat bewirken?»

«Wenn im Geist und Herzen eines Schülers kein Vertrauen und auch keine Ergebenheit sind, dann bewirkt auch der größte und tiefsinnigste aller Lehrer nichts. Es ist, als würde man irgendein wildes Tier vor einen Meister setzen. Wenn aber ein Schüler Vertrauen hat, dann öffnet sich sein Geist, und sein Herz weitet sich, und er vermag noch Segen zu empfangen von einem Lehrer, der Mängel und Unvollkommenheiten hat. Wie die Schönheit im Auge des Betrachters liegt, so hängt das Ergebnis einer Belehrung ab von der Haltung des Schülers.»

«Welch kluge Antwort!», rief jetzt der Kaiser aus. «Sagt, Meister des Gesetzes, seid Ihr in Nalanda nur Schüler und nicht auch Lehrer gewesen? Wenn Ihr schon zu den wenigen zehn Mönchen unter Tausenden gehört, welche die höchste Bildung und das umfassendste Wissen hatten, müsste das eigentlich selbstverständlich sein.»

«Nach unserer Reise in den Dekhan, den Süden Indiens, kehrten wir wieder nach Nalanda zurück. Jetzt hielt ich gelegentlich Vorlesungen. Doch meine hauptsächlichste Beschäftigung war das Verfassen einer Abhandlung, der ich den Titel ‹Über die Übereinstimmung der Prinzipien› gab. Damit versuchte ich, die idealistische Schule der beiden großen Denker Asanga und Vasubandhu mit der Schule des Mittleren Weges, der Madhyamika-Schule von Nagarjuna zu versöhnen. Meine vertieften Kenntnisse der idealistischen Schule wurden mir durch den Eremiten Jayasena vermittelt, der sich in einer Einsiedelei in der Nähe von Nalanda niedergelassen hatte und um den sich mehrere Hundert Schüler scharten. Er war ein Weiser mit umfassendem Wissen und Kenntnissen der Veden und des Hinduismus. Ich hielt mich mehrere Monate dort auf, doch bedeutsam wurde für mich neben den philosophischen Einsichten auch ein Traum vom Kloster Nalanda, der sich mir dort offenbarte.

In diesem Traum sah ich das Kloster von Nalanda. Die Zellen waren leer und verlassen, die Höfe dreckig und widerlich. Büffel standen herum, die man dort angebunden hatte. Weder Mönche noch Novizen waren irgendwo zu sehen. Als ich eingetreten war, erblickte ich auf dem vierten Stock eines Mönchskollegs eine Gestalt von goldener Farbe, deren ernstes und strenges Antlitz ein gleißendes Licht verbreitete. Es war der Bodhisattva Manjushri! Und er wies mit dem Finger zum Horizont, an dem ich eine gewaltige Feuersbrunst erblickte, die Städte und Dörfer verschlang. Mit erhobener Stimme sagte er den baldigen Tod des Königs Harsha voraus und eine Revolution, in welche diese Katastrophe das Land Indien stürzen werde.»

«Noch ist König Harsha am Leben», sagte der Kaiser.

«Ja, für mich allerdings war es merkwürdig, dass kurze Zeit danach König Harsha das Kloster Nalanda um die Entsendung von vier Mönchen bat, die an einer religiösen Disputation in Orissa teilnehmen sollten. Ich war als Teilnehmer dazu ausersehen worden, doch aus mir unbekannten Gründen ließ man das Vorhaben fallen.»

«Dafür aber wurdet Ihr in einen Disput mit einem hinduistischen Brahmanen verwickelt, der einiges Aufsehen erregte», bemerkte Héng-Li. «Dieser Mann hatte vierundvierzig Sätze an der Klosterpforte in Nalanda angeschlagen und erklärt, wenn jemand auch nur einen einzigen der Sätze widerlegen könne, werde er seinen Kopf bieten.»

«Schon wieder ein Kopf! Gibt es bei Disputationen nur Kopfpreise? Und», wandte sich Kaiser Taizong an Xuanzang, «habt Ihr die Herausforderung angenommen?»

«Das tat ich, mit Vergnügen. Denn ich bekämpfte, wo immer ich konnte, die verschiedenen brahmanischen Schulen und auch das System des Jainismus. Letzterer versucht seit den Tagen des Buddha, die Lehre des Erwachten zu verzerren. Diese Sektierer unterwerfen sich strengen Kasteiungen. Tag und Nacht entwickeln sie den glühendsten Eifer, ohne sich auch nur einen Augenblick Ruhe zu gönnen. Das Gesetz, das ihr Begründer Mahavira dargelegt hat, ist zum größten Teil von Buddhas Lehren übernommen worden, und in ihren Übungen folgen sie fast vollständig der Regel der buddhistischen Mönche, einzig mit dem Unterschied, dass sie die Haare auf dem Kopf behalten und außerdem splitternackt herumgehen. Wenn sie zufällig einmal Kleider tragen, so sind es ausschließlich Stoffe in weißer

Farbe. Sogar das Standbild ihres Meisters zeigt ihn vollständig nackt und ähnelt dem des Buddha, es ist wie ein Bilderraub.

Ich ging auf die überspannte Askese dieser Sekte ein, welche die Religion und die Philosophie auf Eigenheiten der Kleidung und Praktiken reduziert.

Einige Asketen reiben sich den Körper mit Asche ein und bilden sich ein, damit eine verdienstvolle Tat zu vollbringen. Ihre Haut ist von aschfahlem Weiß wie bei einer Katze, die im Kamin geschlafen hat. Die Jainas glauben, sich dadurch hervortun zu müssen, dass sie ihren Körper vollständig unbekleidet lassen, und sehen es als eine Tugend an, sich die Haare auszureißen. Ihre Haut ist ganz rissig, die Füße schwielig und schrundig, man kann sie mit morschen Bäumen vergleichen, die sich nahe bei den Flüssen finden. Einige tragen Pfauenschwanzfedern, andere bedecken ihren Körper mit Scheiben aus geflochtenem Gras. Wieder andere schneiden sich den Schnurrbart ab oder lassen buschige Backenbärte stehen und binden ihre Haare auf dem Scheitel zusammen. Viele machen sich Ketten aus Schädelknochen, schmücken damit ihren Kopf und hängen sie sich um den Hals.

Sie hausen in Felshöhlen, und manche gehen so weit, kotbefleckte Kleider zu tragen und sich von verfaulten Speisen und verdorbenem Fleisch zu ernähren. Sie sind widerlich und ekelerregend wie ein Schwein mitten in einem Pfuhl. Und dennoch halten die Hinduisten das für Akte der Tugend! Ist das nicht der Gipfel der Dummheit und Verrücktheit?»

«Das ist genau das Gegenteil dessen, was Buddha als den Mittleren Weg verkündet hat. Auch er war, bevor er diesen Weg beschritt, ein Anhänger der extremen Askese, kam dann aber zur Einsicht, dass dies zu nichts führt», meinte der Kaiser.

«So ist es, Majestät. Am Ende fragte ich den Brahmanen, warum sie als Hindus derartige Dinge als Nachweis der Weisheit ansehen. Sind sie nicht vielmehr Beweise des Wahnsinns und der Torheit?»

«Zum Schluss», fuhr Héng-Li fort, «besiegte unser Meister des Gesetzes den Brahmanen, der ihn zu dieser Auseinandersetzung herausgefordert hatte. Doch er verlangte nicht die Einhaltung des zuvor abgegebenen Versprechens. Statt des Kopfes bat er ihn darum, sein Diener zu werden, und er bestand darauf, dass sie sich weiterhin lang und ausführlich unterhielten. Diese Gespräche waren die Grundlage für Xuanzangs Abhandlung ‹Über die Widerlegung falscher Ansichten›, ein Text mit über eintausendsechshundert Versen, in dem er die Argumente der Hindus und auch des Kleinen Fahrzeuges widerlegt. Später dann entließ der Meister den Brahmanen, der anschließend voller Freude zum König von Assam reiste, um diesem von den außergewöhnlichen Fähigkeiten Xuanzangs zu berichten. Bald darauf traf ein Kurier des Königs ein, der den Meister an den Hof nach Assam einlud.»

«Doch bevor der Kurier des Königs von Assam eintraf», fuhr jetzt Xuanzang fort, «war etwas Ungewöhnliches geschehen. Eines Tages betrat ein wie üblich vollständig nackter Jain mit Namen Vajra überraschend meine Zelle im Kloster. Da ich wusste, dass die Jains wegen ihrer hellseherischen Fähigkeiten berühmt waren, stellte ich ihm eine Reihe von Fragen wie: ‹Soll ich jetzt heimkehren? Sollte ich noch länger in Indien verbleiben? Werde ich sicher nach China zurückkehren? Wie lange habe ich noch zu leben?› Die Antworten des Wahrsagers waren derart, dass sie sich auf vielfältige Weise auslegen ließen. Als ich ihm jedoch erzählte, dass ich viele Heilige Statuen und Bücher zusammengetragen hätte und ich nicht wüsste, wie ich diese heil nach China bringen könnte, gab mir der Wahrsager interessante Hinweise. Er sagte: ‹König Harsha und König Kumara von Assam werden dir Transportmittel zur Verfügung stellen.›

Ich entgegnete ihm: ‹Aber ich habe noch keinen der beiden Könige getroffen, und es gibt keinen Grund, warum sie mir eine solche Freundlichkeit erweisen sollten.› Der Jain sagte: ‹Sei unbesorgt, beide Könige werden dir eine Eskorte zur Verfügung stellen, und du wirst ohne Unfall sicher nach Hause zurückkehren.› Und seit dieser Begegnung mit dem nackten Jain reifte in mir der Gedanke heimzureisen.

Als die Mönche in Nalanda dessen inne wurden, baten sie mich eindringlich, nicht nur etwas länger, sondern überhaupt für immer bei ihnen zu bleiben, sei ich doch in der Zwischenzeit einer der ihren geworden. ‹Indien›, sagten sie, ‹ist das Land, in dem Buddha geboren wurde, und obwohl der Erwachte die Erde verlassen hat, bestehen hier seine Heiligen Spuren fort. Sie nacheinander zu besuchen, sie zu verehren und Loblieder auf den Buddha anzustimmen, sollte das Glück Eures Lebens sein. Warum verlasst Ihr uns mit einem Mal, nachdem Ihr doch hierhergekommen seid? Außerdem müsst Ihr berücksichtigen, dass China ein Land von Barbaren ist, in dem man die Religiosen und den Glauben verachtet. Deshalb wollte Buddha dort nicht geboren werden. Weil die Ansichten der Bewohner dort engstirnig sind und ihre Befleckungen tief reichen, sind die Weisen und Heiligen Indiens nicht dorthin gegangen.›

Doch meine Antwort war klar und eindeutig: ‹Buddha hat seine Lehre gestiftet, auf dass sie sich überall verbreite. Was wäre das für ein Mann, der allein ausgiebig davon trinken und diejenigen im Stich lassen wollte, die sie noch nicht erhalten haben? Zudem ist China ein zivilisiertes Land, wo die Magistraten streng sind und die Gesetze mit Respekt befolgt werden. Der Kaiser zeichnet sich durch seine hohe Tugend aus, und die Untertanen tun sich durch ihre Loyalität hervor: die Väter durch ihre Zuneigung, die Söhne durch ihren Gehorsam. Bei uns achtet man Menschlichkeit und Gerechtigkeit und räumt den Alten und Weisen den höchsten Rang ein. Und dies ist nicht alles: Die Wissenschaft birgt für sie keine Geheimnisse. Ihr Scharfblick kommt dem der Geister gleich. Der Himmel dient ihnen als Vorbild, und sie wissen die Bewegungen der fünf Helligkeiten zu berechnen. Sie haben alle möglichen Instrumente erfunden, das Jahr in Zeiten eingeteilt und die verborgenen Eigenschaften der sechs Töne und der Musik entdeckt. Das hat sie in die Lage versetzt, die wilden Tiere zu vertreiben oder zu bändigen, in Fühlung mit Dämonen und Geistern zu treten und sie herabzuholen, die gegensätzlichen Einflüsse von Yin und Yang zu mildern und allen Lebewesen zu Frieden und Glück zu verhelfen.

Seitdem das von Buddha hinterlassene Gesetz in China Eingang gefunden hat, wird das Mahayana von allen Menschen hoch geschätzt, und ihre Einsicht ist so rein wie klares Wasser. Ihre Tugend verbreitet sich wie eine Wolke aus Wohlgerüchen. Mit Liebe widmen sie sich der Ausübung des Guten und haben keinen andern Wunsch, als durch verdienstvolle Taten die Zehn Stadien der Vollkommenheit zu erlangen. Die Hände übereinanderlegend und in tiefe Meditation versunken, suchen sie die Drei Leiber der Buddhanatur zu erreichen. Wenn der Heilige einstmals auf die Erde herabgestiegen ist, dann einzig und allein deshalb, um selbst die glücklichen Einflüsse des Gesetzes zu verbreiten.

Mir wurde das Glück zuteil, seine wunderbare Sprache zu hören und sein goldenes Antlitz mit eigenen Augen zu schauen. Wie könnt Ihr da sagen, dass man dieses Land verachten müsse, nur weil Buddha nicht dorthin gegangen ist?› Dies war meine Antwort, und ich erinnerte die Mönche daran, dass keine Geringerer als ihr eigener Landsmann Vimalakirti einst die Frage gestellt hatte, warum die Sonne über die Welt der Menschen reise. Und seine Antwort war: ‹Um die Düsternis zu vertreiben.›

Zum Schluss fragte mich Abt Silabhadra, mein hochverehrter Lehrer, warum ich zu diesem Entschluss zur Heimreise gekommen sei. Ich antwortete ihm: ‹Dieses Land ist der Ort von Buddhas Geburt. Es ist mir unmöglich, es nicht mit Zuneigung zu betrachten. In meiner Absicht lag es nur, das große Gesetz zu Gunsten meiner Mitmenschen zu erkunden. Seit meiner Ankunft hier in Nalanda habt Ihr, Ehrwürdiger, geruht, mir die Yagacharyabhumi-Shastra zu rezitieren und die unklaren Passagen zu untersuchen. Ich habe die Heiligen Stätten unserer Religion besucht und angebetet und die tief schürfende Auslegung der unterschiedlichen Schulen vernommen. Ich möchte nun zurückkehren und das, was ich gehört habe, den anderen übersetzen und erklären, damit auch die anderen dazu veranlasst werden, Euch gleichermaßen dankbar zu sein, wie ich es war, als ich diese Dinge gehört und verstanden habe.›»

«Und wie war die Antwort des Abtes?», fragte Kaiser Taizong.

«Der ehrwürdige Silabhadra sagte: ‹Diese Gedanken sind eines Bodhisattvas würdig. Mein Herz nimmt Eure eigenen Wünsche vorweg! Ich will deshalb Anweisung geben, dass Euch nichts im Wege steht.› Und an die umstehenden Mönche gerichtet sagte er: ‹Ihr, meine Freunde, seid nicht Ursache für Schwierigkeiten, und haltet ihn nicht zurück.› Dann kehrte der Abt in seine Zelle zurück.

Zwei Tage später traf die Botschaft des Königs von Assam mit der Einladung an seinen Hof ein. Wir verließen also Nalanda und unseren Lehrer und kamen bald in Assam an. Der König empfing uns mit großer Freude im Beisein der Offiziere, zeigte uns mit aufwendigen Zeremonien seine Ehrerbietung und führte uns in seinen Palast. Jeden Tag gab es Musik und eine reiche Tafel, dazu Blumen und Räucherwerk als religiöse Opfergaben, und er forderte uns auf, die ordentlichen Pflichten der religiösen Fastenzeit zu befolgen. So vergingen die Monate, bis bei

König Kumara die Bitte von König Harsha eintraf, mich zur geplanten Disputation zu begleiten.»

«Davon habt Ihr bereits berichtet, und es scheint, dass Ihr das Herz des Königs von Assam gewonnen habt. Was aber kann ich tun, um mir Verdienste um die Verbreitung des Dharma zu erwerben?», fragte Kaiser Taizong.

«Ihr könntet mehr Männer und Frauen zur Ordination zulassen, damit sie die Lehren des Buddha verbreiten. Aber bedenkt wohl, damit sammelt Ihr keine Verdienste. Tut es einfach so, ohne Zweck und Ziel.»

«Ich will es bedenken.»

Damit war die Audienz beim Kaiser beendet, und Xuanzang begab sich mit Héng-Li zurück ins Kloster.

*

Noch im selben Monat verfügte Taizong per Dekret, dass in jedem Kloster eines jeden Distriktes fünf weitere Personen zur Ordination zugelassen werden. Da es im ganzen chinesischen Reich insgesamt 3716 Klöster gab, wurden etwa achtzehntausendfünfhundert Männer und Frauen zu Mönchen und Nonnen ordiniert. In den letzten Jahren der Sui-Dynastie war eine Großzahl der Klöster und Tempel geschlossen und die Mönche und Nonnen zur Heirat gezwungen worden, was einen schnellen Niedergang der Klöster zur Folge hatte.

Die immense Zahl von Neuordinationen unter der Tang-Dynastie brachte die Klöster im ganzen Land zu erneuter Blüte, und der Buddhismus wurde wieder ein fester Bestandteil des kulturellen und religiösen Lebens in China. Die Tempel und Klöster waren Zentren des Dialogs. Deren Glanz und Macht spiegelte sich in aufwendigen Prozessionen und Feiern, und das Gold der heiligen Statuen und Stupas stand der Eleganz der Städte und dem Reichtum des Staates in nichts nach. Die Gebildeten, ob Daoisten oder Konfuzianer, pflegten einen regen Gedankenaustausch mit den Mönchen und Nonnen. So beeinflussten sich die drei Weltanschauungen zusehends, was zutiefst dem chinesischen Bedürfnis nach Harmonie und Ausgleich der Gegensätze entsprach.

Diese Tendenz wurde vom Kaiserhaus mit großer Toleranz unterstützt, auch wenn nicht immer alle Kaiser den Buddhismus in gleicher Weise bevorzugten. Kaiser Taizong war bis zu seiner freundschaftlichen Beziehung mit Xuanzang eher dem Daoismus zugeneigt und bereute erst in seinen letzten Jahren, die tiefsinnigen Lehren des Buddha nicht früher schon gekannt zu haben. Sein Sohn wiederum interessierte sich nicht sonderlich um die Lehre, förderte aber die Klöster in großem Ausmaße. Denn diese waren nicht nur ein Ort der Bildung, sondern die Mönche und Nonnen kümmerten sich um all jene, die in Not waren, von Krankheiten geplagt oder sonst vom Schicksal geschlagen.

Und die Klöster waren materiell in der Lage, diese Fürsorge zu leisten, die Armen zu speisen und Krankenräume zur Verfügung zu stellen, denn begüterte Familien bis hinauf zum Kaiserhaus bedachten die Klöster mit großzügigen Schenkungen. Das waren Ländereien, goldene Statuen, bronzene Glocken und Wasserbecken, Gongs und Gärten, kostbar gewirkte Zeremonialgewänder für die Mönche. Man tat Gutes nicht bloß als Ausdruck der Anerkennung des sozialen Engagements der Klöster, sondern die Schenkungen dienten zudem als verdienstvolle Tat ganz eigennützig der dadurch erhofften Erlösung.

Trotz dieser überragenden Bedeutung des Buddhismus im Alltag orientierte sich das Staatsgefüge an den Lehren des Konfuzius, was dazu führte, dass auch die Klöster letztlich dem Staat und damit dem Kaiser unterstellt waren. Er verfügte über die

Oberaufsicht. Weil der Kaiser das Mandat des Himmels trug, besaß er auch das Mandat zur Kontrolle über alles, was unter diesem Himmel sich zeigte.

Das stand in vollkommenem Gegensatz zu den Gepflogenheiten in Indien, wo die buddhistischen Klöster frei und unabhängig waren und eine Kontrolle durch die Könige undenkbar war. Die Klöster waren autarke Orte, unterstanden keiner Lehrautorität und verwalteten sich selbständig. König Harsha in Indien bezeichnete sich als Diener der Mönche von Nalanda. Zwar beschenkten Laienbuddhisten, vermögende Händler und Kaufleute und vor allem die Herrscher die Klöster großzügig um der religiösen Verdienste willen, aber diese Schenkungen waren nicht an politische Gefälligkeiten und Abhängigkeiten gebunden. Dafür verrichteten die Mönche Schreibdienste für die Händler und Herrscher und walteten als Friedensstifter zur Schlichtung von Streitigkeiten.

Doch in Indien wie auch in China warfen der Glanz, der Prunk und die Pracht der Klöster ihr Licht zurück auf die spendablen Herrscher. Und in gleicher Weise strahlten die außergewöhnliche Leistung Xuanzangs und dessen lauterer Charakter auch ab auf die Person des Kaisers Taizong. Hier begegneten sich zwei kongeniale Ausnahmeerscheinungen, die sich in gegenseitigem Respekt zutiefst zugetan waren.

*

Immer mehr begann sich der Kaiser auch für die Übersetzungsarbeit von Xuanzang zu interessieren. So war Taizong sehr daran gelegen, dass das Prajna-paramita-Sutra in einer korrekten und exzellenten Übersetzung vorlag. Denn, so meinte der Kaiser, dieses großartige Sutra nur schon zu hören, gebe mehr Verdienste als das Opfern von Juwelen und Edelsteinen, und seien sie auch so zahlreich wie die Sandkörner im Ganges. Als er Xuanzang fragte, ob der Text dieses Sutras, das in früheren Jahrhunderten in China bereits übersetzt worden war, auch korrekt in Wort und Auslegung vorliege, verneinte dies der Meister des Gesetzes.

«Wenn man die alten Übersetzungen mit den indischen Texten in Sanskrit vergleicht, fallen sehr viele Fehler ins Auge. Nur schon der Titel ist nicht korrekt. Der korrekte Titel heißt wörtlich: ‹Das Buch über das transzendentale Wissen, welches Diamanten schneiden kann.› In Sanskrit heißt das: ‹Vajra chhedika prajnaparamita sutra.› Die korrekte Übersetzung ins Chinesische muss also heißen: ‹Neng-tuan-chin-kang-p'an-jo.› Tatsächlich aber wurde es ohne die ersten Worte ‹Neng-tuan› übersetzt, sondern nur mit ‹Chin-kang-p'an-jo›, außerdem wurden im anschließenden Text eine von drei Fragen und einer von jeweils zwei Versen sowie drei von neun Vergleichen weggelassen.»

«Wenn also die indischen Originalfassungen in Sanskrit vorliegen, müssen wir eine Neuübersetzung vornehmen», sagte der Kaiser, «damit es keine offenen Fragen gibt. Man bewertet Heilige Texte nach ihrem Inhalt, und so ist es nicht nötig, blumige Umschreibungen zu verwenden, welche die Aussagen verschleiern.»

«Eure Majestät gestatten, kurz die Übersetzungstechnik zu erläutern, die ich mit meinen zahlreichen Mitarbeitern und Fachleuten erarbeitet habe. Ich darf sagen, dass sie sich von allen früheren Übersetzungsweisen stark unterscheidet. Denn als vor fünfhundert Jahren der Han-Kaiser Liu Zhuang die ersten Sutren in Sanskrit aus Indien anforderte und sie auf weißen Pferden zusammen mit Mönchen in Luoyang ankamen, forderte er umgehend eine Übertragung der Texte ins Chinesische. Die Mönche, der chinesischen Sprache unkundig, und die Chinesen, des Sanskrit unkundig, erstellten eine Wort-für-Wort-Übersetzung. Sie schrieben zwischen den Zeilen über jedes Sanskritwort das entsprechende chinesische Wort. Diese Texte schienen zwar korrekt übersetzt, waren aber nicht sehr lesbar, ein entsetzliches Chinesisch, dessen genauer Sinn oft nicht einmal zu erraten war. Etwa dreihundert Jahre später pflegte vor allem Kumarajiva eine andere Technik, sozusagen die Umkehrung der ersten. Das Endprodukt, also der chinesische Text, war herrlich zu lesen, höchst literarisch und stilvoll, doch oft zu frei übersetzt, um noch glaubhaft zu sein.

Meine Übersetzergruppe bemüht sich, sozusagen eine Kombination dieser beiden Techniken zu erreichen. Durch die langen Jahre in Indien und die eingehenden Studien, die ich dort getätigt habe, ist mir Sanskrit wie zu einer zweiten Muttersprache geworden; ich spreche ebenso fließend Sanskrit, wie ich Chinesisch spreche. So diktiere ich denn eine erste Übersetzung spontan und ohne Wortforschung zu betreiben. Dieser Rohentwurf wird dann von den Lexikographen und Sanskritspezialisten Wort für Wort überprüft und geht bereinigt an jene Gruppe, die den chinesischen Endtext nochmals mit dem Sanskrittext vergleicht und sprachlich so glättet, dass höchste Lesbarkeit und inhaltliche Korrektheit sich finden.»

«Auf diese Weise ist der chinesische Text sozusagen eine übersetzte Neuschöpfung. Kann man das so sagen?»

«Ja, Majestät, es könnte nicht besser gesagt sein. Das Werk wird am Schluss von den Kopisten abgeschrieben und nach einer Endredaktion dem Palast zur Begutachtung vorgelegt. Es ist für mich ein unsagbares Glück, dass der Thron die Verantwortung für die Abschriften und die Verbreitung der Übersetzungen übernimmt und...»

«Ihr wisst», unterbrach der Kaiser, «dass ich zeit meines Lebens ein großer Verehrer des Dao und seines Meisters Lao Dse war. Und so wünsche ich denn, dass Ihr mit Euren Leuten das Dao Te King aus dem Chinesischen ins Sanskrit übersetzt. Das soll unser Dank an die indische Kultur und Weisheit sein.»

Und so geschah es: Xuanzang übersetzte das Dao Te King des Lao Dse ins Sanskrit.

Noch im selben Jahr reiste Xuanzang bei anbrechendem Winter zusammen mit dem Kaiser von Luoyang nach Chang'an. Er wurde im ‹Hof des Großen Gesetzes› untergebracht, einem Pavillon, den Taizong kurz zuvor westlich des kaiserlichen Palastes hatte errichten lassen. Es war offensichtlich, dass der seit einiger Zeit kränkelnde Kaiser ihn möglichst nah neben sich wissen wollte.

Auf Anweisung des Kaisers wurde ein weiteres Kloster errichtet, das ausschließlich für die Übersetzer der Heiligen Texte vorgesehen war. Der Kronprinz wies Xuanzang an, dorthin zu ziehen, mit seiner Übersetzungstätigkeit fortzufahren und zudem die Leitung des Klosters zu übernehmen, was dieser jedoch ablehnte. In einem Brief bat er den Kronprinzen, er möge mit Rücksicht auf seine Gesundheit und seine ungenügende Bildung und Erfahrung ihn von einer derart schweren Verpflichtung befreien.

*

Im Frühling des folgenden Jahres, dem dreiundzwanzigsten Jahr seiner Regierungszeit, begab sich Kaiser Taizong zusammen mit dem Kronprinzen und dem Meister des Gesetzes in den Tsui-wei-kong-Palast. Er war jetzt sichtlich geschwächt und krank. Kaum dort angekommen, verlangte er nach den Regierungsgeschäften täglich nach Xuanzang. In diesen Tagen konnte dieser sich nur noch abends mit seinen Übersetzungen beschäftigen. Die Morgenstunden widmete er wie immer seinen religiösen

Übungen und Pflichten, und die Nachmittage verbrachte er im Palast, wo der Kaiser vor allem Unterweisung im Dharma verlangte.

«Wie zeigt sich Weisheit?», fragte der Kaiser an einem dieser Nachmittage.

«Was einen Weisen wirklich ausmacht, ist unter diesem Gesichtspunkt zu sehen: Werden unsere störenden Gefühle vermindert, dann sind die Übungen wirksam gewesen. Das vor allem anderen zeichnet den wahren Praktizierenden aus, ganz gleich, wie fromm wir nach außen erscheinen mögen. Der ganze Zweck der Meditation ist der, die verblendeten Trübungen unseres Geistes zu verringern und sie schließlich an ihrer Wurzel auszumerzen. Der Weise sucht nichts. In jeder Situation tut er genau das, was er für richtig hält und so, als ob er einen freien Willen hätte. Doch er akzeptiert, dass er nie eine Kontrolle über die Folgen seines Tuns hat. Und so lehnt er sich entspannt zurück und beobachtet, was geschieht, ohne jemanden für etwas zu verurteilen, ohne Bedauern über Vergangenes, ohne Klage über Gegenwärtiges und ohne Erwartung in Zukünftiges. Der Weise spricht und handelt nur, wenn es nötig ist, und das tut er mit Mitgefühl und ohne Erwartungen. Er akzeptiert, dass im täglichen Leben in einem Augenblick Freude und im nächsten Augenblick Schmerz und Leid auftreten können. Es ist wie in der Natur, wo heftige Winde bloß für einen oder zwei Tage blasen. Der weise Mann tut, was immer er tut, gern und nicht, weil er gezwungen wird, es zu tun. Er tut es ohne jede Erwartung, und deswegen erfährt er weder Stolz noch Schuld oder Enttäuschung. Das bringt Frieden ohne Trübung des Geistes.»

«Und welches ist der Weg, der zur Weisheit hinführt?»

«Im Dhammapada weist Buddha unmissverständlich den Weg, der hin zur Weisheit führt: ‹Alle geschaffenen Daseinsgebilde sind vergänglich; wer dies erkennt, ist vom Leid befreit.

Das ist der Pfad, der zur reinen Weisheit führt. Alle geschaffenen Wesen sind leidverstrickt; wer dies erkennt, ist vom Leid befreit. Das ist der Pfad, der zur reinen Weisheit führt. Alle Seinszustände sind ohne ein Selbst; wer dies erkennt, ist vom Leid befreit. Das ist der Pfad, der zur reinen Weisheit führt.› Das ist die Antwort Buddhas, des Erwachten, auf die Frage Eurer Majestät.»

«Befreit der Buddha wirklich die Lebewesen?»

«In Wirklichkeit gibt es keine Lebewesen, die der Tathagata befreien könnte. Wenn sogar das Selbst keine objektive Existenz hat, wie viel weniger hat sie das andere. Deshalb existieren weder Buddha noch Lebewesen objektiv.»

«Und doch wird berichtet, dass ‹wer die zweiunddreißig charakteristischen Merkmale eines Buddha besitzt, die lebenden Wesen zu befreien vermag›. Wie könnt Ihr dies leugnen?»

«Alles, was irgendein Merkmal besitzt, ist Täuschung. Nur wenn Ihr erkennt, dass alle Zeichen Nicht-Zeichen sind, könnt Ihr den Tathagata erkennen. Macht Ihr Euch eine Vorstellung von Buddha, dann wird dieser zum Hindernis. Macht Ihr Euch eine Vorstellung von lebenden Wesen, dann werden diese zum Hindernis. Alle solchen dualistischen Begriffe wie ‹unwissend› und ‹erleuchtet›, ‹rein› und ‹unrein› sind Hindernisse. Weil Euer Geist durch sie gehemmt wird, muss das Rad des Gesetzes in Bewegung gebracht werden. Alles, wessen Ihr bedürft, ist das Aufgeben Eures ‹Lernens›, Eures ‹unwissend› und ‹erleuchtet›, ‹rein› und ‹unrein›, ‹groß› und ‹klein›, Eurer ‹Bindung› und Eurer ‹Tätigkeit›. Solche Dinge sind bloße Hilfsmittel, reine Ausschmückungen innerhalb des einen Geistes.

Ihr habt mir neulich gesagt, dass Ihr die ‹Sutras der zwölf Untergliederungen der Drei Fahrzeuge› studiert habt. Sie alle sind nur empirische Vorstellungen. Da der Geist keine Teilung in gesonderte Wesenheiten kennt, müssen in gleicher Weise auch die Erscheinungen ohne Unterschiede sein. Da der Geist jenseits aller Tätigkeit ist, muss dies auch für die Erscheinungen gelten. Jede bestehende Erscheinung ist eine Schöpfung des Denkens. Ich brauche nur meinen Geist leer zu machen, um zu sehen, dass alle leer sind.»

«Und wo ist der Buddha im Augenblick der Erleuchtung?»

«Wo kommt Eure Frage her? Wo entsteht Euer Bewusstsein? Wenn alles Reden zum Schweigen gebracht wird, wenn alle Bewegung zum Stillstand kommt, wenn jeder Augenblick, jeder Klang vergeht, dann schreitet Buddhas Werk der Befreiung wahrhaft voran. Wo wollt Ihr den Buddha suchen? Ihr könnt nicht noch einen Kopf auf Euren aufsetzen, noch Lippen auf Eure Lippen. Ihr solltet Euch bloß jeder dualistischen Unterscheidung enthalten. Hügel sind Hügel, Wasser ist Wasser, Mönche sind Mönche, Laien sind Laien. Aber diese Berge, diese Flüsse, die ganze Welt mit Sonne, Mond und Sternen – sie alle existieren nicht außerhalb Eures Geistes. Der ganze tausendfältige Kosmos existiert nur in Euch. Außerhalb des Geistes ist nichts. Die grünen Hügel, die überall Eurem Blick begegnen, und dieser leere Himmel, den Ihr über der Erde glitzern seht – keine Haaresbreite von all dem existiert außerhalb der Vorstellungen, die Ihr Euch selbst gebildet habt. Jeder einzelne Anblick, jeder einzelne Klang ist nichts als das Buddha-Auge der Weisheit. Erscheinungen entstehen nicht aus sich selbst, sondern hängen von der geistigen Umgebung ab, die wir geschaffen haben. Ihr mögt den ganzen Tag lang reden, aber was ist damit gewonnen? Ihr mögt von morgen bis zur Abenddämmerung zuhören – was habt Ihr damit gewonnen? So wurde, auch wenn Buddha Gautama neunundvierzig Jahre lang predigte, in Wahrheit kein Wort gesprochen.»

«Angenommen, dass dem so ist – welcher besondere Zustand wäre dann mit ‹Erleuchtung› oder ‹höchste Weisheit› zu bezeichnen?»

«Ihr meint damit ‹Bodhi›. Aber das ist kein Zustand, Buddha hat ihn nie erreicht, den Lebewesen fehlt er nicht. Er kann weder mit dem Körper erlangt noch mit dem Geist gesucht werde. Alle Lebewesen sind schon eins mit Bodhi.»

«Wie aber erreicht man den Bodhi-Geist?»

«Bodhi ist nicht etwas, das erreicht werden kann. Könntet Ihr Euch in diesem Augenblick davon überzeugen, dass er unerreichbar ist und tatsächlich überhaupt nicht jemals erlangt werden kann, dann hättet Ihr den Bodhi-Geist. Da Bodhi kein Zustand ist, kann man ihn nicht erreichen. Wenn Ihr wirklich erkannt habt, dass alle Lebewesen eins mit Bodhi sind, dann werdet Ihr nicht mehr denken, Bodhi sei zu erreichen. Ihr mögt von anderen über dieses ‹Erreichen des Bodhi-Geistes› gehört haben, doch ist dies ein geistiger Weg, den Buddha zu vertreiben. Auf diesem Weg werdet Ihr nur scheinbar Buddhaschaft erlangen. Darum steht geschrieben: ‹Den Buddha außerhalb von dir in einer Gestalt zu suchen, hat nichts mit dir zu tun.›»

«Was dann bedeutet ‹eifriges Bemühen›?»

«Das ist eine der sechs *paramitas*. Die vollkommenste, erfolgreichste Form eifrigen Bemühens ist, dass Ihr aus Eurem Geist Unterscheidungen wie ‹mein Körper›, ‹mein Denken› verbannt. Hindert Ihr Eure Gedanken, auf Reisen zu gehen, dann seid Ihr schon ein Kshanti-rishi. Kein Körper und keine Gedanken – das ist der Weg des Buddha.»

«Wenn ich diesem Weg folge und mich des begrifflichen Denkens enthalte, werde ich dann mit Sicherheit das Ziel erreichen?»

«Solches Nichtdenken ist Befolgen des Weges. Was soll das Gerede über Erreichen und Nichterreichen? Tatsache ist Folgendes: Denkt Ihr an ‹etwas›, dann schafft Ihr eine Wesenheit; denkt Ihr an ‹nichts›, schafft Ihr eine andere. Lasst solch irrtümliches Denken vollkommen vergehen. Dann wird nichts zu suchen übrig bleiben.»

«Wie kommt dann ein Mensch zum Begreifen seines eigenen Geistes?»

«Was diese Frage stellt, ist Euer eigener Geist. Würdet Ihr allerdings in Ruhe verharren und auch die geringste gedankliche Tätigkeit ausschalten, würdet Ihr seine Substanz als Leere erkennen. Ihr würdet erkennen, dass sie formlos ist, keinen Platz im Raum einnimmt und weder unter die Kategorie des Seins noch die des Nichtseins fällt. Die Leere ist im Grunde ohne räumliche Ausdehnung, ohne Leidenschaften, Tätigkeiten, Täuschungen oder rechtes Verstehen. Ihr müsst klar erfassen, dass in ihr keine Dinge sind, weder Menschen noch Buddhas. Denn diese Leere enthält nicht die geringste Haaresbreite von irgendetwas, das räumlich gesehen werden kann. Sie ist alles durchdringende, fleckenlose Schönheit. Sie ist das aus sich selbst existierende und nicht geschaffene Absolute.»

Der Kaiser schwieg lange. Dann sagte Xuanzang, als wollte er die letzten möglichen Missverständnisse ausräumen: «Die Wahrheit werdet Ihr nie erkennen!»

«Warum nicht», fragte Taizong erstaunt.

«Weil Ihr sie seid.»

So lehrte Xuanzang den Kaiser.

*

Einen Monat vor seinem Tod war der Kaiser so ergriffen, dass er laut klagte: «Es ist ein Jammer, dass ich Euch so spät begegnet bin und ich den Buddhismus nicht in einem größeren Ausmaße verbreiten konnte.»

Obwohl sich die Gesundheit des Kaisers zunehmend verschlechterte, blieb sein Geist jedoch frisch, wach und klar wie üblich.

Am fünfundzwanzigsten Tag des fünften Monates im Jahr

des Erde-Hahns[1] klagte Taizong über leichte Kopfschmerzen und bat Xuanzang, die Nacht bei ihm im Palast zu verbringen. Am Tag darauf starb Taizong im Han-feng-Palast in seinem fünfzigsten Lebensjahr. Das Ableben des Kaisers wurde zunächst geheim gehalten. Der Hofstaat kehrte in die Hauptstadt zurück, wo mit den Vorbereitungen für die Beisetzung begonnen wurde.

Für sein Mausoleum, das Zhaoling, hatte sich Taizong etwas ganz Besonderes ausgedacht. Um nicht ein Vermögen dafür ausgeben zu müssen und doch eine gigantische Grabstätte zu bekommen, gegen die das Grab des ersten Kaisers von China sich fast niedlich ausnahm, wählte er einen zweieinhalbtausend *li* hohen Berg als Grabhügel. Der viele Räume umfassende unterirdische Palast für den Sarg wurde an der Seite des Berges durch vorgetriebene Tunnel errichtet. Um den Eingang herum ließ er eine Totenstadt anlegen, die gewissermassen ein Spiegelbild von Chang'an war. In einer dreifachen Umwallung aus Türmen und zahlreichen Toren befanden sich mehrere Opferhallen und Tempel, dazu Wohngebäude für die Priester und Angestellten sowie ein Palast für den nachfolgenden Kaiser Gaozong und die Kaiserinwitwe samt Hofstaat. Auf den Begräbnisberg führte eine etwa drei *li* lange Seelenstraße, die mit gegen siebzig übermenschengroßen Statuen gesäumt war.

Das ganze Volk trauerte um den Kaiser wie um den Verlust eines Vaters. Am Tag des Staatsbegräbnisses übernahm der Kronprinz Li Zhi vor dem Katafalk des aufgebarten Kaisers Tang Taizong die Staatsgewalt und bestieg den Drachenthron als Kaiser Tang Gaozong.

---

1 649 n. Chr.

9
Die letzten Jahre

Gaozong war erst einundzwanzig Jahre alt, als er seinem Vater auf den Thron folgte. Als der neunte von vierzehn Söhnen des Kaisers war er dazu eigentlich nicht vorgesehen. Den rechtmäßigen Kronprinzen Li Cheng Qian hielt Taizong wegen seiner Besessenheit vom Tatarentum für etwas verrückt. Denn der zwar intelligente, aber etwas faule junge Mann trug ausschließlich tatarische Kleider, sprach nur noch Türkisch, wohnte in einem Tatarenzelt, stahl Schafe und kochte sie über einem Lagerfeuer wie ein Nomade. Doch als er in ein Komplott gegen des Kaisers Lieblingssohn, den Prinzen von Dai, verwickelt war, fielen gleich beide Söhne in Ungnade, und die Thronfolge fiel dem neunten zu. Der neue Kaiser war nur schon durch seine Jugend unerfahren, dazu körperlich von eher schwacher Konstitution und litt unter gelegentlichen Schwindelanfällen.

Er war ein durchaus gutmütiger Mensch, der sich schwer tat mit Entscheidungen und daher schnell unter den Einfluss seiner ehrgeizigen Nebenfrau Wu Zhao geriet, die einst die Konkubine seines Vaters gewesen war. Anders als sein Vater zeigte Kaiser Gaozong auch kein persönliches Interesse an den Lehren des Buddha Gautama. Aber in gleicher Weise wie sein Vater hielt er Xuanzang in hohen Ehren und gewährte ihm alle nur mögliche Hilfe bei seiner Übersetzungsarbeit.

*

Xuanzang kehrte nach dem Tod des Kaisers Taizong in das Kloster ‹Große Wohltätigkeit› zurück, dem er fortan, all seinen Einwänden zum Trotz, als Abt vorstand. Doch im Mittelpunkt stand die Arbeit an der Übersetzung der Texte. Daneben hielt er täglich Lehrreden für die Mönche, in denen er Sutren oder das Wesen der Meditation erläuterte, ebenso hatte er den zahlreichen Mönchen, die von verschiedenen Klöstern der Stadt oder vom Lande kamen, Rat und Hilfe beim Verständnis des Dharma zu geben. Alle seine Pflichten verrichtete er mit Aufmerksamkeit und Geduld, er lehrte mit Klarheit und Systematik, sprach mit fester und warmer Stimme, zeigte nie Müdigkeit oder das Bedürfnis nach Ruhe. Sein Körper und Geist waren von beständiger Kraft und Festigkeit.

Seine Tage im Kloster liefen immer etwa gleich ab, denn er richtete sich nach einem festen Tagesplan. Noch vor Sonnenaufgang nahm er sich den Sanskrittext vor, an dessen Übersetzung er gerade arbeitete, er las sich die Passage laut vor und setzte mit roter Tusche fest, wie viele Seiten oder Abschnitte er bis zur Nacht übersetzen wollte. Hielten ihn unvorhergesehene Pflichten oder die Fragen von vielen Ratsuchenden vom Übersetzen ab, arbeitete er in der Nacht so lange, bis er das Tagessoll erfüllt hatte. Ergaben sich Schwierigkeiten beim Übersetzen, legte er den Pinsel beiseite, oder er schickte den Schreiber weg, um dem Bildnis des Buddha seine Referenz zu erweisen und zu meditieren. Dann ging er wieder ans Werk. Hatte er die vorgesehenen Abschnitte übersetzt, gönnte er sich einen kurzen Schlaf, um dann noch vor Sonnenaufgang die zu übersetzende Portion des neuen Tages festzulegen.

Nachdem er ein einfaches Mahl zu sich genommen hatte, begab er sich zur Meditationshalle, wo bereits Hunderte von

Mönchen still auf den Kissen im Lotossitz auf seine Ankunft warteten. Sein Erscheinen wurde von Héng-Li, der dem Meister voranschritt, mit einem hellen Glockenklang angekündigt. Er geleitete ihn erst vor das Buddha-Bildnis und dann, nach den vorgeschriebenen drei Niederwerfungen, zum Hohen Lehrstuhl.

Dann begann Xuanzang zu sprechen: «Weggefährten, der wahre Buddha hat keine Gestalt. Es gibt da, wie ich höre, gewisse Mönche, die ihren Schülern weismachen wollen, der Buddha sei das Höchste der Weisheit. Wie kommt es dann, dass er im Alter von achtzig Jahren starb und nun zwischen zwei Bäumen in der Stadt Kushinagara begraben liegt? Ich habe dieses Grab in Indien gesehen. Doch wo ist er jetzt? Es ist doch wohl deutlich geworden, dass er wie wir alle lebte und schließlich starb. Auf diese Weise unterscheidet er sich gar nicht von uns.

Weggefährten, lasst euch nicht täuschen. Innerhalb und außerhalb der Welt gibt es nicht ein einziges Ding, das ein eigenes Selbst, eine Seele hat, noch gibt es einen Schöpfer. Alles sind leere Namen. Diese leeren Namen für die Wirklichkeit zu halten, lässt euch einen folgenschweren Fehler begehen. Sollte es euch wahrhaftig darum gehen, den Buddha zu suchen, so wird Buddha nichts als ein Name bleiben. Der wahre Schüler des Buddhismus klammert sich nicht an Buddha. Was immer ihr suchen werdet, es lässt euch leiden. Hört auf zu suchen. Sitzt im vollkommenen Lotossitz auf dem Kissen, und lasst nichts anderes zu als nur Sitzen.

Der Buddha-Geist wird vom Großen Mitfühlenden Herzen lebendig erhalten. Und das Herz sagt uns, dass unser eigenes Ich nur so weit ein Ich ist, als es in alle anderen Ichs eingeht und mit ihnen verschmilzt. Das Große Mitfühlen ist der Schöpfer, die Große Weisheit stellt Betrachtungen an. Sie sind nicht zwei, sondern eins: Die Betrachtung ist Schöpfung, und die Schöpfung ist Betrachtung. Raum ist Zeit, und Zeit ist Raum, und sie verschmelzen zu einem einzigen ‹Hier-Jetzt›, aus dem alle Dinge hervorgehen. – So viel für heute.»

Jetzt saß Xuanzang lange schweigend. Dann forderte er die Mönche auf, ihm Fragen zu stellen. Wer eine Frage hatte, streckte den Arm, und Héng-Li bedeutete dem Fragenden, nach vorne vor den Stuhl des Meisters zu kommen. Hier hatte er sich niederzuwerfen und dann, auf den Fersen sitzend, knapp und klar seine Frage zu stellen.

«Was denkt man, wenn man auf dem Kissen in Meditation sitzt?»

«Man denkt das Nichtdenken.»

«Und wie denkt man das Nichtdenken?»

«Durch Überdenken! – Die nächste Frage.»

Ein anderer Mönch kam nach vorne.

«Was ist der wahre Weg?»

«Der alltägliche Weg ist der wahre Weg.»

«Kann man den Weg erlernen?»

«Je mehr du lernst, desto weiter kommst du vom Weg ab.»

«Wenn man dem Weg nicht durch Lernen näher kommen kann, wie dann kann man ihn erkennen?»

«Der Weg ist kein sichtbares Ding, er ist auch kein unsichtbares Ding. Er ist nichts Erkennbares und auch nichts Unerkennbares. Suche ihn nicht, lerne ihn nicht, nenne ihn nicht! Sei weit und offen wie der Himmel, und du bist auf dem Weg. – Die nächste Frage.»

Ein älterer Mönch kam: «Ich habe die gleiche Frage, nur allgemeiner: Was ist der Weg?»

«Er liegt vor deinen Augen.»

«Warum kann ich ihn dann nicht sehen?»

«Weil du an dein Ich denkst.»

«Seht Ihr ihn denn?»

«Solange du Worte brauchst wie ‹Ich› und ‹Du› und Sätze sprichst wie ‹Du siehst› und ‹Ich sehe nicht›, kannst du ihn nicht sehen.»

«Wenn es kein Ich und kein Du mehr gibt, kann man ihn dann sehen?»

«Wenn es kein Ich und kein Du mehr gibt, wer will ihn denn dann sehen?»

Schließlich kam ein junger Mönch aus den Bergen: «Wenn ich unterwegs bin, und es findet sich kein Kloster und keine Meditationshalle, wie kann ich da richtig üben?»

«Die Welt ist deine Übungshalle!»

Xuanzang schaute in die Runde, und als keine Fragen mehr vorzuliegen schienen, gab er Héng-Li ein Zeichen, worauf dieser die Klangschale anschlug und damit die Sitzung beendete. Die Mönche gingen, nach einer kurzen Verbeugung vor dem Buddha-Bildnis, schweigend aus der Halle, und sobald sie draußen waren, begann ein heftiges Reden und Disputieren über die Lehrrede, die gestellten Fragen und die Antworten.

Der Meister aber begab sich zu seinem Zimmer. Dort erwarteten ihn in den Korridoren und in den Räumen, die in der Nähe seines Schlafraumes angelegt waren, weit über hundert Mönche seines eigenen Klosters mit ihren Anliegen.

«Meister, ich bin noch ein Neuling. Zeigt mir den Weg!»

Xuanzang fragte ihn: «Hast du gefrühstückt?»

«Ja.»

«Dann geh, und wisch die Essschale aus!»

Ein anderer Novize im Kloster hatte ein ähnliches Anliegen: «Ich bin noch neu im Kloster und suche den Weg zur Erleuchtung. Bitte, gebt mir einen Rat, wie ich ihn finden kann.»

Xuanzang fragte: «Hörst du das Rauschen des Bambus im Garten?»

«Ja, Meister.»

«Das ist der Weg.»

Dann zog er sich in sein Zimmer zurück und widmete sich seinem Hauptgeschäft, der Übersetzung der Heiligen Texte. Doch auch hier wurde er von Ratsuchenden immer wieder aufgesucht, deren Klopfen oft so drängend und verzweifelt tönte, dass er sie nicht abweisen mochte. Und als Héng-Li sein Zimmer betrat, war er ganz Ohr für das, was dieser mitzuteilen hatte, ohne Hast und ohne im Geringsten ungehalten oder gar verärgert darüber zu sein, schon wieder gestört zu werden.

«Es sind zwei Dinge: Heute hat sich für die fünfte Stunde, eine der Schwestern des Kaisers für ein privates Gespräch angekündigt. Sie möchte Unterweisung in einer spirituellen Angelegenheit. Das dürfte, denke ich, nicht sehr viel Zeit in Anspruch nehmen, denn man sagt, die Prinzessin sei sehr wortkarg. Etwas umfangreicher werden jedoch die für morgen angesagten Ereignisse ausfallen. Chia Tun-i, der Gouverneur von Ying-chou, Li Dao-you, der Gouverneur von P'u Chou, und Hsiao Jui, der Gouverneur von Heng-chou, sind zu einem feierlichen Empfang in den Kaiserpalast geladen. Sie haben sich aber für morgen von ihren Verpflichtungen, die sie in der Stadt sonst noch haben, frei gemacht und wünschen, Euch zu sehen.»

«Ich stehe am Nachmittag zur Verfügung. Wann immer sie kommen, ich bin da.»

*

Xuanzang arbeitete an seinem Pensum weiter, das er sich für den heutigen Tag vorgenommen hatte, als ihn pünktlich um die fünfte Stunde ein zaghaftes Klopfen an der Tür unterbrach. Es war die Prinzessin.

In der ganzen Pracht ihrer Würde, die Schwester des Kaisers zu sein, stand sie vor ihm, das schwarze Haar hochgesteckt und mit frischen Blumen geschmückt, das schwere, mit Goldfäden bestickte Seidenkleid reichte bis zum Fußboden und ließ die junge Frau größer erscheinen als sie in Wirklichkeit war. Sofort fiel Xuanzang auf, dass in ihren Augen kein Licht war. Sie lagen wie tot in dem maskenhaft starren und schneeweiß gepuderten Gesicht. Einzig die Lippen waren mit Rotstift zu einem winzig kleinen Mündchen geformt, das wie eine Rose in der weißen Maske leuchtete.

Xuanzang hieß die Frau eintreten und fragte ohne Umschweife und ohne die sonst am Hofe übliche zeremonielle und umständliche Begrüßung nach ihrem Anliegen. Die Prinzessin wusste wohl um die klare und schnörkellose Einfachheit des Meisters, denn sie kam sofort zur Sache: «Ich lebe am Hofe des Kaisers in überreichem Luxus. Es mangelt mir an nichts. Aber es umgibt mich auch nichts, das meines Mitleides bedürfte. Alle scheinen im Glück zu leben. Und dennoch ist etwas in mir, das mich auffordert, Mitgefühl für andere zu empfinden. Was soll ich tun?»

Xuanzang antwortete, indem er ihr einen Sessel in seinem Zimmer anbot: «Ihr kennt die Worte des Buddha: ‹Leben ist Leiden›. Euer innerer Drang und der Wunsch, anderen Mitgefühl entgegenzubringen, ist schon das Zeichen eines Mangels, ist Leiden, das wohl ahnt, dass hinter dem vermeintlichen Glück am Hofe viel Leid verborgen ist. Ihr könnt Folgendes tun: Betrachtet alle lebenden Wesen als in ein großes Feuer des Elends versunken. Bedenkt, dass sie Euch alle darin gleichen, dass sie keinerlei Leid erfahren, sondern glücklich sein wollen. Das äußere Glück ist nur Schein. Das Wahre jedoch liegt hinter diesem Schein. Meditiert Ihr?»

«Ja.»

«Meditiert jederzeit über Mitgefühl, und richtet Euch auf alle fühlenden Wesen aus mit dem Wunsch, dass sie alle frei von Leiden sein mögen. Beginnt mit dem Meditieren über Eure Freunde und Verwandten, über alle, denen Euer Herz zugetan ist und Ihr somit Schein von Sein besser unterscheiden könnt. Erkennt, wie sie die verschiedenartigen Leiden erfahren. Nachdem Ihr nunmehr diese fühlenden Wesen als gleich betrachtet habt, ohne jeglichen Unterschied zwischen ihnen, sollt Ihr über fühlende Wesen meditieren, denen gegenüber Ihr gleichgültig seid. Sobald Euer Mitgefühl ihnen gegenüber dasselbe ist wie gegenüber Euren Freunden und Verwandten, meditiert über Mitleid für alle fühlenden Wesen in allen zehn Richtungen des Universums. Genauso wie eine Mutter auf ihr kleines, geliebtes und leidendes Kind reagiert – Ihr habt die Übung des Mitgefühls vervollkommnet, wenn Ihr ein spontanes und gleiches Mitgefühl gegenüber allen fühlenden Wesen entwickelt. Und das nennt man das Große Mitgefühl, *mahakaruna*. So wird Euer mitfühlendes Herz weit geöffnet sein. Es ist das Geheimnis des Lebens.

Prajna, Weisheit, ist niemals zu trennen von *karuna*, dem Großen Herzen des Mitgefühls für alles menschliche Elend.»

«So muss ich erst Weisheit finden?»

«Sucht nicht, sie ist immer schon da.»

Die Prinzessin begriff, dass dies das letzte Wort des Meisters zur Sache war, und bedankte sich mit einem feinen Knicks und ging.

*

Drei Jahre nach dem Tod des Kaisers Taizong und sieben Jahre nach seiner Rückkehr nach China äußerte Xuanzang gegenüber Kaiser Gaozong den Wunsch, eine steinerne Pagode erbauen zu dürfen, worin die Manuskripte und die wertvollen Statuen und Reliquien, die er aus Indien mitgebracht hatte, sicher untergebracht werden könnten. Er machte sich Sorgen, dass insbesondere die Manuskripte wegen möglicher Unwägbarkeiten im Verhalten späterer Generationen verloren gehen und zerstreut oder durch eine Feuersbrunst vernichtet werden könnten, zumal die Tempelbauten in China ausschließlich aus Holz erstellt waren. Kaiser Gaozong ließ ihm sofort die Anweisung überbringen, dass der fromme Wunsch des Meisters umgehend zu erfüllen sei und zwar so, dass ihm daraus weder Ungemach oder Erschöpfung erwachsen sollten.

Xuanzang selbst zeichnete die Pläne für das Bauwerk. Ihm schwebte ein Bau vor, der in etwa dem Stupa neben dem Mahabodhi-Baum in Bodhgaya entsprach, also nicht eine runde umgestülpte, glockenförmige Schale, sondern ein viereckiger Bau mit mehreren Stockwerken, die sich nach oben verjüngten. Sie soll, so versicherte er dem Kaiser, die Großartigkeit eines großen Landes zeigen und ein Denkmal sein für den Buddha Shakyamuni.

Der Kaiser hatte allerdings Einwände: Da die Pagode so hoch werden sollte, würde es wahrscheinlich schwierig sein, sie ganz aus festem Stein zu bauen, und er ordnete an, sie aus Ziegelsteinen zu errichten.

Am Tag der Grundsteinlegung mauerte der Meister des Gesetzes mit eigenen Händen ein Dokument ein, in welchem er die Gründe für seine Reise in den Westen darlegte und die Resultate und Einsichten, die er dadurch gewonnen hatte. Er beendete den Text mit dem Ausdruck seiner Dankbarkeit für die Vorworte, die beide Kaiser für ihn geschrieben hatten und welche nun dank der Festigkeit dieses Turmes über eine unendliche Zahl von Kalpas erhalten blieben. Doch sein drängendster Wunsch war, dass die Pagode vor den Blicken der tausend zukünftigen Buddhas Bestand haben möge und dass die hier untergebrachten Reliquien für ewig von einer Wolke wohlriechender Essenzen umhüllt seien und sie so lange Bestand haben würden wie die Sonne und der Mond.

Xuanzang legte während der Bauarbeiten selbst Hand an, indem er Ziegelsteine herbeischaffte. Die Bauzeit betrug zwei Jahre, doch am Schluss war das Bauwerk doch schmaler als er es sich vorgestellt hatte, immerhin aber über fünfzig *zhang* hoch. Die Pagode hatte fünf Stockwerke, und das letzte zusätzliche Stockwerk war von einer Kuppel gekrönt.

Dieses oberste Stockwerk war allerdings in Stein gebaut, hier wurden an der gegen Süden gerichteten Wand die in Metallplatten eingravierten Vorworte angebracht, die Kaiser Taizong und der jetzige Kaiser Gaozong verfasst hatten. Die Gravur entstammte dem eleganten Pinsel von Chu Sui-liang, Staatsminister und Herzog von Honan. In jedem Stockwerk wurden im Zentrum des Fußbodens Reliquienkästen eingelassen, in denen jeweils tausend oder zweitausend, insgesamt aber etwa zehntausend Reliquien eingeschlossen waren. Als das enorme Bauwerk vollendet war, wurde Xuanzang gebeten, ihm einen Namen zu geben.

«Ich nenne sie ‹Wildganspagode›.»

Als er die ratlosen Gesichter der Umstehenden sah, erklärte er sich etwas ausführlicher: «Als ich in Indien war, hörte ich folgende Geschichten über die Wildgans: Einst gab es dort ein Kloster des Kleinen Fahrzeuges, in welchem die Mönche auch Fleisch essen durften. Eines Tages aber gingen die Fleischvorräte zu Ende, und einer der Mönche rief besorgt aus: ‹Wir haben kein Fleisch mehr, und Buddha sollte das wissen!› In diesem Augenblick fiel eine Gans aus einer Schar Wildgänse, die gerade über das Kloster hinwegflogen, tot vom Himmel. Die erschrockenen Mönche waren nun vollständig überzeugt, dass gar Buddha selbst sich geopfert habe, und errichteten der Gans eine Pagode. Allerdings habe ich die Geschichte in Indien an einem

anderen Ort etwas anders gehört: Ein hungriger Mönch, dem der Verzehr von Fleisch laut Regel untersagt war, sei von Buddha in Versuchung geführt worden, indem er eine Gans habe tot vom Himmel stürzen lassen. Der Mönch jedoch widerstand der Versuchung, sie zu verspeisen, denn er erkannte das Zeichen Buddhas und errichtete zum Gedenken an den Vorfall eine Pagode. In diesem Sinne soll die Wildgans uns ein Zeichen sein für die ständige Anwesenheit des Buddha-Geistes.»
Die Menschen verstanden die Bedeutung, und seither trägt die Pagode den Namen ‹Wildganspagode›, für viele Menschen wurde sie aber recht bald die ‹Große Wildganspagode›.

*

Im Sommer desselben Jahres, in dem mit dem Bau der ‹Wildganspagode› begonnen wurde, erhielt Xuanzang einen Brief aus Indien. Der Abt des Mahabodhi-Klosters in Bodhgaya, Jnanaprabha, ebenso der Mönch Prajna-deva und andere bedeutende Mönche ewiesen ihm ihren Respekt und ihre tiefe Zuneigung; zudem schickten sie zwei Ballen von Baumwolltuch und ein Dokument mit einem Lobpreis auf Buddha. Vorab der Abt Jnana-prabha besaß eine profunde Kenntnis der Lehren des Großen und des Kleinen Fahrzeuges, der esoterischen Bücher, den vier Veden und des Panchavidya-Shastra. Er war der bedeutendste Schüler von Meister Silabhadra, dem Abt der Klosteruniversität in Nalanda, und alle Mönche in Indien zollten ihm den höchsten Respekt. Prajna-deva besaß gründliche Kenntnisse über die achtzehn Schulen des Kleinen Fahrzeuges; sein Wissen und seine Tugend brachten ihm weiterum Anerkennung.

Zur jener Zeit, als Xuanzang in Indien weilte, debattierte und diskutierte er häufig mit diesen Mönchen, doch wenn er sah, dass sie hartnäckig an falschen Prinzipien festhielten, kritisierte er sie ernsthaft. Als einmal eine große Versammlung über Prinzipien des Dharma in Kanyakubja stattfand, hatten sie Xuanzang scharf angegriffen, doch Xuanzang hatte sie ebenso schlagfertig widerlegt und ihnen eine beschämende Niederlage beschert. Trotzdem, selbst nach Xuanzangs Abreise bewahrten sie einen hohen Respekt vor ihm, und sie hatten ihn nicht für einen Augenblick vergessen.

So schrieb denn Prajna-deva in seinem Brief an Xuanzang: «Prajna-deva, der im allbekannten Mahabodhi-Kloster in Bodhgaya lebt, schickt seine Grüße dem Mönch aus dem Großen China, der ein feines Verständnis für das Tripitaka erreicht hat, und wünscht ihm gute Gesundheit und Glück.

Ich, der Mönch Prajna-deva, habe eine Hymne zum Lobpreis der göttlichen Macht des Buddha verfasst, welche wie die Sutras und Shastras die vergleichbaren Verdienste des Buddha-Dharma gegenüber anderen Glaubensrichtungen aufzeigt. Ich habe den Mönch Dharmarudha beauftragt, Euch diese Hymne zu überbringen. Auch der hochgelehrte Jnana-prabha schickt Euch hiermit seine Grüße, und Upasaka Surya-labdha lässt Euch ebenfalls grüßen. Wir schicken Euch ebenfalls zwei Rollen weiße Baumwolle, um Euch unsere Verehrung zu zeigen.

Da Ihr weit entfernt von uns seid, beten wir darum, dass Ihr sie erhaltet und Ihr uns die Bescheidenheit der Gabe nachsehen werdet. Solltet Ihr noch irgendwelcher Texte bedürfen, schickt uns bitte eine Liste, und wir werden Kopien anfertigen und sie Euch zukommen lassen. Gruss dem Moksha-Acharya, dem erleuchteten Meister des Gesetzes.»

Der Mönch aus Indien hielt sich zwei volle Jahre in Chang'an auf und übersetzte hier, bevor er seine Heimreise antrat, ein Dharani-Sutra mit fünf Kapiteln. Nebst Geschenken übergab ihm Xuanzang einen an Prajna-deva gerichteten Brief: «Der Mönch Xuanzang aus dem Kaiserreich der Großen Tang bittet, das Folgende an den ehrwürdigen Meister des Tripitaka, Pajna-deva im Mahabodhi-Kloster, richten zu dürfen.

Ehrwürden, es ist jetzt ziemlich lange her, seit wir uns getrennt haben, was meine Sehnsucht und Bewunderung für Euch nicht gemindert hat. Vielmehr lässt die Unmöglichkeit einer Begegnung den Durst der Sehnsucht ungelöscht.

Der Mönch Dharmarudha ist hier mit Eurem freundlichen Brief angekommen, der mir lichte Freude gebracht hat. Da waren zudem noch zwei Ballen feinster Baumwolle und eine Hymne. Ich bin überwältigt, zumal ich niemals so viel Freundlichkeiten erwarten durfte.

Das Wetter wird jetzt besser hier, und ich weiß nicht, wie es Euch seit Eurem letzten Schreiben ergangen ist.

Ihr, Ehrwürden, seid tiefgründig im Lernen, wortgewandt im Sprechen, stark im Glauben und überragend kultiviert. Eure Kenntnisse sind größer als die Weiten des Anavatapa-Sees, und Eure Reinheit ist klarer als jene des reinsten Juwels. Ihr, Ehrwürden, seid für die Jüngeren ein Beispiel zur Nachahmung, denen gegenüber Ihr, Ehrwürden, wie ein Gigant dasteht.

Ich wünsche Euch das Beste in Eurem Bemühen um die Förderung der edlen Überlieferung und der Verbreitung des wahren Dharma. Der Mahayana-Buddhismus übertrifft alle anderen Schulen in seiner Vollkommenheit der Begründungen. Es ist bedauerlich, dass Ihr, Ehrwürden, dem gegenüber Vorbehalte habt. Es ist, als ob man einen von Schafen oder von Rehen gezogenen Karren dem von einem Bullen gezogenen oder einen Kristall einem Beryll vorzieht. Warum, erleuchtet wie Ihr seid, dieses Verharren im Unglauben? Unser weltliches Leben ist vergänglich und flüchtig. So ist es ratsam, das Ihr, Ehrwürden, Euch bald entscheidet, dem Mahayana-Buddhismus zu folgen, sodass Ihr am Ende Eures Lebens nichts zu bedauern habt.

Nun, da ein Bote zurück nach Indien geht, schicke ich Euch meine vorzüglichen Grüße und eine kleine Erinnerung als Zeichen meiner Dankbarkeit. Es kann in keiner Weise meine tiefen Gefühle ausdrücken, die ich für Euch, Ehrwürden, habe. Ich hoffe, dass Ihr das versteht.

Als ich aus Indien zurückkehrte, verlor ich eine ganze Pferdeladung mit Manuskripten im Fluss Indus. Ich lege hiermit meine Liste bei mit der Bitte, mir diese Texte zu schicken. Dies ist alles für den Augenblick.

Der Eurige
Mönch Xuanzang.»

Ein etwas längerer Brief ging an den Abt Jnana-prabha: «Der Mönch Xuanzang aus dem Kaiserreich der Großen Tang bittet, das Folgende an den Ehrwürdigen Jnana-prabha richten zu dürfen, den Tripitaka-Meister von Magadha im Herzen Indiens.

Mehr als zehn Jahre sind verflossen, seit ich Abschied nahm von Euch, Ehrwürden. Meine Sehnsucht nach Euch, Ehrwürden, nahm im Verlauf der Jahre zu, umso mehr als große Distanz uns trennt und die Möglichkeit zu einem Gedankenaustausch zwischen uns beiden nicht ausreichend ist.

Die Ankunft des Mönchs Dharmarudha brachte mir Eure freundliche Nachfrage und den Bericht über Eure gute Gesundheit, was Erinnerungen und Begeisterung in mir wachrief. Das Wetter wird nun wärmer. Ich weiß nicht, wie die Dinge liegen, seit Ihr mir zuletzt geschrieben hattet.

Als vor Jahren unser Bote aus Indien zurückkehrte, erzählte er uns, dass der Große Meister des Dharmakara, Silabhadra, auf seinem Sterbebett nach mir gefragt habe. Als ich das hörte, gab es mir einen tiefen Stich ins Herz, und ich konnte mich von einer solchen Verwundung nicht wieder erholen. Oh, es war, als sei ein Boot im Ozean von Sorgen versunken, welche das irdische Leben bringt oder als habe ein himmlisches Wesen das Licht seiner Augen verloren. Wie unerwartet schnell war die Pein durch den schmerzlichen Verlust zu uns gekommen.

Als ich mich von ihm in Nalanda verabschiedete, um in mein Land zurückzukehren, gab er mir tiefe und aufrichtige Hinweise, welche noch immer in meinen Ohren klingen. Ich hatte gewünscht, dass er lange leben möge, damit er ein edles Beispiel zur Nachahmung bleibe. Nie habe ich mir Gedanken darüber gemacht, dass uns eines Tages für immer verlassen werde – wie schwer zu ertragen das ist!

Ihr, Ehrwürden, habt über lange Zeit seine edlen Unterweisungen erhalten und habt den Status eines *asrama* erreicht. Es muss für Euch schwierig gewesen sein, die Sehnsucht nach dem verstorbenen Meister zu unterdrücken. Was können wir tun? Ich hoffe, dass Ihr Eure Traurigkeit überwinden könnt.

Von den Sutras und Shastras, die ich zusammengetragen hatte, habe ich bislang etwa dreißig Werke übersetzt, andere sind jetzt in Bearbeitung und werden in diesem Jahr noch fertig werden.

Der Sohn des Himmels der Großen Tang erfreut sich der besten Gesundheit, und Ruhe herrscht im ganzen Land. Mit der Leidenschaft eines Chakravarti-Königs verbreitet er die Lehren Buddhas, des Königs des Dharma. Seine Majestät hat in freundlicher Weise mit seiner eigenen gesegneten Hand ein Vorwort zu Texten geschrieben, die ich übersetzt habe, und hat angeordnet, dass diese von den Mönchen kopiert und im ganzen Land verbreitet werden. Zunehmend werden sie auch in den benachbarten Ländern studiert.

Noch etwas: Als ich den Fluss Indus überquerte, habe ich eine Pferdeladung mit Manuskripten in den Fluten verloren, deren Liste ich hierbei anfüge. Seid so freundlich, sie mir zu schicken, wenn Ihr mir nächstens schreibt.

Ich schicke eine kleine Erinnerung, von der ich hoffe, dass Ihr, Ehrwürden, sie annehmen möget. Die große Distanz, die uns trennt, hindert mich, mehr zu senden. Bitte verzeiht die Nichtswürdigkeit der Dinge.

Der Eurige
Mönch Xuanzang»

*

Im darauffolgenden Jahr erreichte eine Gesandtschaft des Kaisers von Japan mit über hundertzwanzig Botschaftern und

Mönchen die chinesische Hauptstadt Chang'an. Unter ihnen war der Mönch Dōshō, der mit seiner Begabung alle anderen weit überragte. Seine Absicht war es, über mehrere Jahre bei Xuanzang und dessen begabtestem Schüler Kuiji die Yogacara-Schule Faxiang zu studieren und sie später in Japan zu verbreiten. Damit begann für Xuanzang eine der fruchtbarsten Zeiten seiner Lehrtätigkeit, die ihn herausforderte und beglückte. Als Dōshō sich nach etwa sieben Jahren vom Meister verabschiedete, gab Xuanzang ihm den Rat, auch den unter dem Namen Südliche Schule bekannten Ch'an-Buddhismus zu studieren.

«Nach vielen Jahren der Unterweisung in den Lehren der Faxiang-Schule wisst Ihr, dass alles Wahrgenommene nur auf der Grundlage des Geistes entstehen kann und damit substanzlos ist. Die vermeintlich wirkliche Welt besteht nur in der kreativen Vorstellung des Betrachters.»

«Ich weiß», antwortete Dōshō, «die Wirklichkeit ist eine geistige Konstruktion, ein Traum bloß eines Träumers.»

«Ja, und auch der Träumer ist bloß geträumt. Es gibt kein Ich. Die Nördliche Schule vertritt, wie Ihr wisst, die Auffassung, dass die Erleuchtung stufenweise und mit zunehmender Einsicht erfolgt, während die Schule im Süden Chinas die plötzliche Einsicht lehrt. Studiert jetzt zusätzlich die Südliche Schule, wo die Philosophie und das spekulative Denken eine weniger große Bedeutung haben. Entscheidend ist hier die unmittelbare, plötzliche Erfahrung der Buddha-Natur in ihrer ursprünglichen Reinheit. Sie wird möglich durch intensive Versenkung.»

«Meditation ist eine Schulung des Geistes. Ich werde im Süden meinen Meister finden. Und dennoch reise ich nach Japan in meine Stadt Nara zurück mit zahlreichen philosophischen Texten, vor allem mit Texten zur Logik, die in Japan unbekannt ist.»

«So ist der Lauf der Dinge! Ich habe die Logik von Indien nach China gebracht, und nun bringt Ihr die Logik von China nach Japan. Wie sich unsere Wege gleichen!»

*

Im Sommer des Jahres des Holz-Hasen wurde Xuanzang ernsthaft krank. Kurz zuvor hatte er noch gehofft, die kühlen Vorsommertage könnten eine Überhitzung seines Körpers abwenden. Doch dann flammte eine alte Krankheit, die er sich beim Überqueren der Gletscher im Hochgebirge zugezogen hatte, wieder auf, und er zeigte alle Symptome einer unheilbaren Krankheit. Alle Mönche und auch die gewöhnlichen Menschen waren tief erschüttert. Héng-Li war der Einzige, der Umsicht und Ruhe bewahrte. Er kannte die Krankheit und ihre Anzeichen nur zu gut.

Dennoch schickte er umgehend einen Boten zum Palast des Kaisers, um ihn von der ernsthaften Erkrankung des Meisters zu unterrichten. Dieser schickte sofort mehrere Ärzte aus dem Palast. Und jeden Tag gingen offizielle Kuriere zum Palast, sie jagten sich Stunde für Stunde, um dem Kaiser über den Gesundheitszustand Xuanzangs zu berichten. Kein gefühlvoller Vater hätte eine größere Sorge um seinen Sohn zeigen können. Die Ärzte des Palastes ließen ihn weder am Tag noch in der Nacht allein. Nach einer Woche schließlich war Xuanzang wieder einigermaßen hergestellt, und Ruhe und Erleichterung legten sich in die Herzen der besorgten Menschen.

*

Dann flammte ein alter Streit zwischen Buddhisten und Daoisten erneut auf. Der in seinen frühen Jahren stark dem Daoismus zugeneigte einstige Kaiser Taizong hatte fast zwanzig Jahre zuvor in einem kaiserlichen Dekret verfügt, dass bei zeremoniellen Anlässen des Name des Lao Dse vor dem des Buddha genannt werde, als sei jener ein kaiserlicher Vorfahre. Die Frage wurde am Hof von Mönchen und anderen erörtert, doch das Dekret wurde nicht richtiggestellt. Xuanzang hatte das Dekret ziemlich harsch als große Demütigung der Mönche verurteilt und den Kaiser aufgerufen, sich dieser Sache anzunehmen.

Der Kaiser antwortete, dass die Frage der Stellung des Lao Dse im Hinblick auf jene des Buddha nochmals überprüft werde und dass das Dekret über die Stellung der daoistischen und buddhistischen Priesterschaft und Laien annulliert werde. Schließlich hielt eine kaiserliche Order das Folgende fest: «Der Daoismus ist rein und edel, der Buddhismus ist nobel und groß. Sie sind beide für den gewöhnlichen Menschen wie eine Brücke, um den Ozean der Wiedergeburt zu überqueren. Sie werden beide hoch verehrt in den drei Welten.»

Und weiter hieß es: «Im gewöhnlichen Recht gilt für Kleriker und Laien, die Religion nicht herabzumindern. Weil heute das letzte Zeitalter des Dharma ist, neigen die Leute eher dazu, es für ein Vergehen zu halten, dass weltliche Gesetze auch für Priester und Mönche gelten. Da jedoch die religiösen Gemeinschaften ihre eigenen Verhaltensregeln haben, würde es für sie ärgerlich sein, zwei Arten von Gesetzen unterstellt zu sein. Die Gleichheit der Strafe für Kleriker und Laien im weltlichen Bereich ist demzufolge abzuschaffen. Was jedoch im Bereich der religiösen Verhaltensregeln des Daoismus und Buddhismus liegt, soll in Übereinstimmung mit deren jeweils entsprechenden Vorschriften behandelt werden.»

Xuanzang war über diesen Entscheid erfreut und schrieb einen Dankesbrief an den Kaiser.

*

Im Winter wurde dem Kaiser ein Sohn geboren, und auf Xuanzangs Nachfrage hin wurde er den Geboten Buddhas geweiht. Der Meister gab ihm den Namen Fo-kuang-wang, was auf Sanskrit Buddha-prabha hieß, ‹Glanz des Buddha›. Der Kaiser ließ aus diesem Anlass sieben Novizen ordinieren, und Xuanzang vollzog alle Zeremonien und Rituale wie das Einkleiden mit der Robe, das Scheren des Hauptes und so fort, und er nahm sie und den kleinen Prinzen in seine eigene Obhut. Dem Kaiser gratulierte er zur Geburt des Sohnes und ließ diesem mehrere Geschenke zukommen: den Text des Prajna-Sutra in einem Band und in kostbarer Umhüllung, die Zeichen in Gold geschrieben, dann das Heilige Buch Pao-enching-pien, das *kashaya*, eine komplette religiöse Robe, einen Parfümkrug mit Tisch, einen Wasserkrug, ein Gestell für die Heiligen Bücher, eine Gebetsschnur, den Stab für einen Wandermönch und ein Waschbecken.

*

Im Frühling des folgenden Jahres entschloss sich der Kaiser, die östliche Hauptstadt Luoyang zu besuchen. Xuanzang begleitete ihn, zusammen mit seinen Gehilfen, die er für seine Übersetzungsarbeit brauchte. Der Wagen mit dem jungen Prinzen Buddha-prabha fuhr an der Spitze des Trosses. Xuanzang war bei ihm, während die übrigen Mönche weiter hinten folgten. Man bezog vorerst den Chi-ts'ui-Palast, im Sommer dann den Ming-teh-kung-Palast, um der Hitze zu entkommen. Xuanzang wohnte im Fei-hua-tien-Palast, später dann wurde er aufgefordert, ebenfalls in den Chi-ts'ui-Palast zu kommen und sich hier seinen Übersetzungen zu widmen.

In den folgenden Monaten trug sich Xuanzang mit dem Gedanken, seinen Heimatort zu besuchen, der sich unweit der Stadt befand. Er besprach seinen Wunsch auch mit Héng-Li, der ihn in der Sache unterstützte und den Meister des Gesetzes ermunterte, beim Kaiser vorstellig zu werden und um einen Urlaub zu bitten.

«Ich würde Euch begleiten und alles Notwendige so anordnen, dass Euch keine Mühen entstehen. Denn es soll eine Reise des inneren Friedens und der Freude sein.»

«So ist es. Ich möchte auch meine Schwester wiedersehen.»

«Ihr habt eine Schwester? Das wusste ich nicht.»

«Doch, so ist es, wir reden ja auch nicht ständig über unsere persönlichen Angelegenheiten», lächelte Xuanzang, «aber von allen Geschwistern ist mir Chang-chi als Einzige geblieben. Sie lebt in Ying-chou.»

«So werde ich sie also über unser Kommen informieren. Doch vorerst brauchen wir die Genehmigung des Kaisers.»

Diese traf umgehend ein, und Xuanzang betrieb sofort Nachforschungen über seine Eltern und seine alten Freunde, die sich jetzt ebenfalls dem Ende ihrer Tage näherten. Er vereinbarte ein Treffen mit seiner Schwester an ihrem gemeinsamen Geburtsort, wo sie auch ihre Jugend verbracht hatten.

Als er sie nach so langen Jahren wiedersah, überkamen ihn Gefühle der Trauer und Freude, und er fragte sie, wo die Gräber des Vaters und der Mutter seien. Sie gingen gemeinsam hin, und mit eigenen Händen riss Xuanzang alles Unkraut aus, das im Verlauf der vielen Jahre über den Gräbern gewachsen war. Er wählte einen neuen, schön gelegenen Platz aus und gab einen Doppelsarg in Auftrag, um die Eltern dort beizusetzen. Doch obwohl sein Entschluss dazu feststand, wagte er es nicht, ihn aus eigener Initiative auszuführen. Er richtete also eine Bittschrift an den Kaiser, in der er ausführte, dass seine Eltern aufgrund der politischen Wirren in den letzten Jahren der Sui-Dynastie vor über vierzig Jahren in derart großer Hast beigesetzt worden seien, dass dies nur durch diese Umstände zu rechtfertigen sei.

Jetzt seien die Gräber im Laufe der Zeit zerstört, und recht bald werde davon nichts mehr zu sehen sein. In Erinnerung an ihre vergangene Güte fühle er sich bewegt von Sorge und Bedauern. Heute wünsche er sich, zusammen mit seiner älteren Schwester ihre Gebeine auszugraben und sie von diesem beengten und unwürdigen Ort in die westlichen Grabfelder zu überführen. Da er nur seine Schwester habe, die ihm bei diesem heiligen Unternehmen helfen könne, bitte er seine Majestät, ihm den Urlaub um einige Tage zu verlängern, sodass er mit der gebührenden Würde all den Geboten nachkommen könne, wie sie die Sohnespflicht vorschreibe.

Der Kaiser reagierte auf großzügige Weise: Per Dekret ordnete er an, dass alle Kosten für die Beisetzung aus öffentlichen Geldern bestritten würden. Der Leichenzug war von beeindruckendem Pomp. An der Zeremonie nahmen höchste Persönlichkeiten des Kaiserreiches und über zehntausend Mönche und viel Laienvolk aus Luoyang teil.

Im Herbst, nachdem Xuanzang die Gebeine seiner Eltern in die neue Grablege überführt hatte, richtete er in einem Brief den Wunsch an den Kaiser, ins Shao-lin-Kloster eintreten zu dürfen, um sich dort nur noch der Übersetzung der Bücher und der Meditation zu widmen. Dabei rief er dem Kaiser in Erinnerung, dass dort auch schon der Mönch Bodhiruci zur Zeit der zweiten Wei-Dynastie vor zweihundert Jahren die Heiligen Bücher übersetzt habe.

Der Kaiser antwortete, dass er ohne die Unterstützung seines «Lichts» nichts tun könne und dass er ihm nicht erlaube, sich für den Rest seines Lebens inmitten von Felsen und Bäumen zu vergraben.

Xuanzang, berührt von des Kaisers Fürsorglichkeit, bedankte sich für die ehrenvolle Antwort und versicherte, dass er seine Bitte nicht mehr wiederholen werde.

Im selben Jahr zeigten sich wiederum Anzeichen von ernsthafter Krankheit und Erschöpfung, da Xuanzang im Chi-ts'ui-Palast mit großem Eifer und Begeisterung, ohne sich nur einen Augenblick Rast und Ruhe zu gönnen, an den Übersetzungen gearbeitet hatte. Durch Héng-Li ließ er den Kaiser informieren, der, aus Angst um dieses kostbare Leben, sofort den Palastarzt schickte mit dem Auftrag, dem Kranken Hilfe und Erleichterung zu verschaffen.

Der Meister des Gesetzes war in den Tiefen seines Herzens berührt und drückte ihm in einem Brief seine Dankbarkeit aus. Nach seiner Genesung führte er im Chi-ts'ui-Palast seine Übersetzungsarbeit fort.

*

Im ersten Frühlingsmonat des folgenden Jahres kehrte der Kaiser, begleitet von Xuanzang, in die westliche Hauptstadt Chang'an zurück. In die Sommerzeit nach der Rückkehr von Luoyang fiel der Bauabschluss des Hsi-ming-ssu-Klosters, mit dessen Bau im Herbst vor zwei Jahren begonnen worden war. Das Kloster hatte gewaltige Ausmaße. Auf der rechten und der linken Seite verlief je eine Hauptstraße, Märkte und Wohnquartiere befanden sich vor und hinter dem Kloster. Außen war es umgeben von grünen Akazien und von Flüssen mit klarem Wasser. Die Hauptstadt besaß kein schöneres und eindrücklicheres religiöses Gebäude. Und das war nicht alles: Da waren Pavillons, Türme und Paläste, geschmückt mit Galerien, die sich zum Himmel erhoben. Die goldenen Blätter an den Säulen blendeten das Auge und leuchteten bis hin zu den Wolken. Das

Kloster besaß zehn Innenhöfe und viertausend Zellen und stand mit seinem Glanz und seiner Majestät im Wettstreit mit dem T'ung-t'ai-ssu-Kloster der Liang-Dynastie und dem Yung-ning-ssu-Kloster der Wei-Dynastie.

Der Kaiser gab Anweisung, vorerst fünfzig Mönche mit großer Tugend auszuwählen und jedem einen Diener zu stellen, dann eine Prüfung anzusetzen, um einhundertfünfzig zur Ordination geeignete junge Männer zu ermitteln.

Dann ordnete der Kaiser im Hinblick auf die bevorstehende Ordination eine Fastenzeit an und wies Xuanzang an, der Zeremonie vorzustehen. Wenige Tage später kamen die Mönche, welche ins Kloster eintreten sollten, offiziell zusammen. Dann zogen sie am Tag ihres Eintritts, begleitet vom Klang der Musikinstrumente, in einer großen Prozession zum Kloster ‹Große Wohltätigkeit›. Dem Zug voran wurden Banner und Zeremonialschirme getragen und die Inschrift des Kaisers. Dieser hatte angeordnet, dass Xuanzang eine große Wohnung im Kloster zu geben sei, und zudem sollten ihm zehn neu Ordinierte als Schüler und Helfer zugewiesen werden. Im Herbst wies der Kaiser Xuanzang per Dekret an, im Hsi-ming-ssu-Kloster Wohnsitz zu nehmen.

Obwohl schon Kaiser Taizong den Meister des Gesetzes jederzeit hoch geschätzt hatte, verdoppelte Kaiser Gaozong, sobald er seinem Vater auf dem Thron nachfolgte, seine Zuneigung und seinen Respekt gegenüber Xuanzang. Ständig sandte er Palastbeamte zu ihm, die sich nach seinem Befinden erkundigten und ihm auch reichlich Geschenke überbrachten. So erhielt er zahlreiche Gegenstände aus Seide, nicht eingerechnet mehrere *kashayas*, eine Art Zeremonialgewänder. Doch als er die ‹Wildganspagode› hatte erbauen lassen, um dort die Bücher und Statuen unterzubringen, gab er viel von diesen Geschenken an die Armen und an Brahmanen in auswärtigen Königreichen.

Wann immer er Geschenke erhielt, verteilte er sie, ohne irgendetwas für sich selbst zu behalten. Sein inbrünstigster Wunsch war es, eine große Anzahl Statuetten des Buddha mit eigenen Händen herzustellen.

*

Seit jeher wurde in China das Maha-prajna-paramita-Sutra, das Sutra der vollkommenen Weisheit, überaus geschätzt, doch obwohl man es in früheren Jahrhunderten bereits übersetzt hatte, war es weit davon entfernt, vollständig zu sein. Xuanzang hatte darüber bereits mit dem verstorbenen Kaiser Taizong gesprochen. Immer häufiger wurde er denn von einer großen Anzahl Menschen inständig gedrängt, eine neue Übersetzung vorzunehmen, was ihm damals auch Taizong aufgetragen hatte. Nun war aber das ganze Prajna sehr umfangreich und Xuanzang in der Hauptstadt mit einer Fülle von Arbeit geradezu überlastet. Umgekehrt bedachte er die Kürze des Lebens, und er befürchtete, das Unternehmen nicht bis zum Schluss aufschieben zu können. So bat er denn um die Erlaubnis, in den Yü-hua-Palast umziehen zu dürfen, um sich dort in Ruhe nur dieser Übersetzung widmen zu können, was der Kaiser sofort gestattete.

Xuanzang verließ im Herbst die Hauptstadt und zog, begleitet von Héng-Li, seinen Übersetzern, Assistenten und Helfern, in den Yü-hua-Palast. Wie schon in der Hauptstadt, versorgte ihn der Kaiser auch dort mit allem, was er benötigte.

Es begannen die Vorbereitungen zum eigentlichen großen Vorhaben, der Übersetzung des ‹Prajna›. Im Frühling des folgenden Jahres war es dann so weit, dass Xuanzang mit der Übersetzung des Heiligen Buches Maha-prajna-paramita-Sutra beginnen konnte. Das indische Manuskript umfasste zweihunderttausend Doppelverse. Da der Text außergewöhnlich umfangreich war und aus über vierzig Einzeltexten bestand, unter anderem dem Herz-Sutra, dem eigentlichen Maha-Prajna-Sutra, und dem Diamant-Sutra, baten ihn alle seine Mitarbeiter, davon eine Kurzfassung herzustellen. Der Meister des Gesetzes wies dieses Ansinnen zurück, vielmehr hielt er sich an das Beispiel des Kumarajiva, seinen berühmten Vorgänger als Übersetzer vor über dreihundert Jahren, der es gewohnt war, in seinen Arbeiten langweilig Übersetztes und Wiederholungen zu vermeiden. Allerdings stand Xuanzang dessen überaus freiem Umgang mit den Vorlagen sehr kritisch gegenüber.

In einer der Nächte dieser Vorbereitungszeit hatte Xuanzang einen beängstigenden Traum, der ihn von seinem Vorhaben hätte abschrecken können. Am folgenden Morgen erzählte er ihn den Mönchen und ließ sie wissen, dass er trotzdem fest entschlossen sei, das Sutra in seinem ganzen Umfang zu übersetzen, entsprechend dem indischen Text, wie ihn Buddha an vier berühmten Orten verkündet hatte: zum ersten Mal in Rajgir auf dem Geierberg, das zweite Mal im Garten des Kaufmanns Anathapindika, ein drittes Mal vor den göttlichen Wesen, den Paranirmita vasavartita, und ein viertes Mal im Kloster des Bambushaines in Rajgir.

Buddha lehrte das Maha-prajna-paramita-Sutra an insgesamt sechzehn Versammlungen seiner Mönchsgemeinschaft, und was er dort erläuterte, wurde später zu einem einzigen Werk zusammengefasst.

Xuanzang hatte aus Indien gleich drei verschiedene Kopien dieses Sutras mitgebracht, das ihm bei Weitem das Liebste war und das er wegen seines Tiefsinns für das bedeutendste der ganzen Mahayana-Literatur hielt. Als er jetzt mit der Übersetzung begann, notierte er vorerst die zweifelhaften und verformten Passagen, dann verglich er die drei Kopien miteinander und unterzog sie einer strengen Überarbeitung. Schließlich erreichte er mit viel Sorgfalt und höchstem Arbeitseifer eine Rekonstruktion des Textes in seiner ursprünglichen Reinheit.

Wenn er in tiefsinnige Gedankengänge vorstieß, eine zweifelhafte Textstelle klärte oder eine korrumpierte Passage rekonstruierte, war es, als habe ein Gott ihm die Lösung übermittelt. Denn seine Seele blühte auf wie die eines Menschen in der Dunkelheit, wenn er die Sonne durch die Wolken dringen und sie schließlich in ihrem vollen Glanz erstrahlen sieht. Doch da er seiner Intelligenz immer misstraute, wies er diese Verdienste vielmehr der geheimnisvollen Eingebung der Buddhas und Bodhisattvas zu.

Als Xuanzang an der Übersetzung dieses so ungewöhnlichen und alle anderen überragenden Sutras arbeitete, dachte er ständig an seinen eigenen Tod.

«Ich bin jetzt», so sagte er eines Tages zu seinen Mönchen, «etwa fünfundsechzig Jahre alt, und ich wünsche meine Tage im Chia-lan-Kloster zu beenden. Doch das Sutra ist so umfangreich, dass ich befürchte, es nicht fertigstellen zu können. Ihr müsst euren Eifer und die Kräfte verdoppeln und euch nicht gestatten, bei Schwierigkeiten oder Müdigkeit zu erlahmen.»

Am dreiundzwanzigsten Tag des zehnten Monates im Jahre des Wasser-Schweins[1] beendete er die Übersetzung des Mahaprajna-paramita-Sutra. Die über vierzig Bücher umfassten einhundertzwanzig Bände.

Einen Monat später schickte er Kuiji, einen seiner Mitarbeiter, zum Kaiser mit der Bitte, zur Sammlung des ‹Prajna› ein Vorwort zu verfassen.

Zwei Wochen später veröffentlichte Fung-i, einer der Zeremonienmeister am Hof, eine Mitteilung, in welcher der Kaiser versprach, das gewünschte Vorwort zu verfassen.

---

1 663 n. Chr.

*

Nachdem das Prajna übersetzt war, hatte Xuanzang das Gefühl, dass sein Lebenswerk nun getan sei, und er spürte, wie seine Kräfte nachließen und das Ende nahe war.

Er sprach, an seine Mitarbeiter gewandt: «Als ich in den Yu-hua-Palast kam, war es, ihr wisst es wohl, um das ‹Prajna› zu übersetzen, und jetzt, da dieses Werk getan ist, fühle ich, dass mein Leben seinem Ende zugeht. Wenn ihr mich nach meinem Tod zur Ruhe bettet, muss es auf eine einfache und bescheidene Weise geschehen. Wickelt meinen Körper in eine Matte, und bestattet ihn an einem ruhigen und einsamen Platz in einem Talgrund. Vermeidet sorgfältig die Nachbarschaft zu einem Palast oder einem Kloster, denn ein unreiner Körper wie der meinige muss von solchen Orten weit entfernt sein.»

Als sie dies hörten, begannen die Mönche zu schreien und zu schluchzen, dann sagten sie, ihre Tränen abwischend: «Meister, Ihr seid noch immer stark und kräftig, und Euer Gesicht ist, wie es immer war, warum also gebt ihr plötzlich solche Worte von Euch?»

«Ich kenne mich selbst gut genug. Wie denn könnt ihr meine Vorahnungen verstehen!»

Doch im ersten Frühlingsmonat des folgenden Jahres kamen die Assistenten der Übersetzergruppe und alle Mönche des Klosters zu ihm und baten ihn mit der ernsthaftesten Manier, die Sammlung des Maha-ratnakuta-Sutra zu übersetzen.

Xuanzang beugte sich ihrem brennenden Wunsch und übersetzte unter großer Anstrengung einige Zeilen. Dann aber legte er den Text beiseite und sprach zu ihnen: «Diese Textsammlung ist ebenso umfangreich wie jene des Prajna, doch ich fühle, dass ich für ein solches Unternehmen die Kraft nicht mehr habe. Meine letzten Tage sind gekommen, und meinem Leben ist nur noch eine kleine Spanne gegeben. Heute möchte ich ins Lan-chih-Tal gehen und dort vor den Statuen meine Hingabe an die zahllosen Buddhas bekunden.»

Dann ging er mit seinen Assistenten. Als ihn die Mönche so weggehen sahen, weinten sie. Nach diesem frommen Ausflug kehrte er ins Kloster zurück. Doch von jetzt an unterließ er jegliche Übersetzungsarbeit und unterzog sich bloß noch seinen religiösen Pflichten.

*

Acht Tage später erzählte ihm einer seiner Schüler, Hsüan-chü-eh aus Kao-ch'ang, einen Traum, den er neulich gehabt habe: Er habe einen imposanten Stupa von ungeheuerlicher Höhe gesehen, der plötzlich in sich zusammengefallen sei.

«Das braucht dich persönlich nicht zu beunruhigen, denn es ist eine Vorwarnung für mein eigenes nahes Ende», beruhigte ihn Xuanzang.

Als er andertags über eine Brücke schritt, die über einen Kanal in der Nähe seiner Wohnung führte, war ihm, als würde er seine Beine verlieren. Von da an blieb er im Bett, und seine Kräfte ließen sichtlich nach. Acht Tage später rief er, als ob er aus einem Traum erwachte: «Vor meinen Augen sehe ich eine große Lotosblume von herrlicher Frische und Reinheit!»

Eine Woche später hatte er einen weiteren Traum, in dem er sah, wie Hunderte und Tausende groß gewachsene Männer in brokatenen Gewändern, bestickte Seidenstoffe und Blumen von wunderbarer Schönheit und höchst wertvolle Juwelen mit sich führend, seinen Schlafraum verließen, um den Raum anzubeten, welcher der Übersetzung der Manuskripte gedient hatte. Dann gingen sie zu einem bewaldeten Berg, der hinter diesem Raum lag, stellten überall reich bestickte und farbenreiche Banner hin und spielten eine Musik voll Harmonie. Er sah außerdem neben der Türe des Raumes zahllose, blendend schöne Wagen, angefüllt mit duftenden Speisen und Früchten von über tausend Sorten, alle gleich schön in ihrem Erscheinen und ihrer Farbe: Es waren nicht Früchte dieser Welt. Eine nach der anderen wurde gebracht und ihm im Überfluss dargeboten. Doch er wies sie zurück, indem er sagte: «Diese köstlichen Speisen sind für jene vorgesehen, welche die höchsten Einsichten erlangt haben. Xuanzang hat diesen erhabenen Stand noch nicht erreicht. Wie also könnte er es wagen, sie anzunehmen?» Trotz seines energischen Zurückweisens wurden ihm die Speisen ohne Unterlass gebracht.

Als die Mönche, die neben seinem Bette saßen, sich etwas räusperten, öffnete er plötzlich seine Augen und erzählte Karmma-dana, dem Vize-Vorsteher des Klosters, was er eben geträumt hatte: «Wenn es nach diesen Gaben geht, so scheint es, dass die Verdienste, die ich in meinem Leben zu sammeln vermochte, nicht in Vergessenheit geraten sind, und ich glaube unerschütterlich, dass man nicht vergebens der Lehre des Buddha folgt.»

Dann wies er Meister Chia-shang an, alle Titel der Heiligen Bücher und Abhandlungen, die er übersetzt hatte, aufzulisten: Er hatte insgesamt siebzehn Jahre und drei Monate an fünfundsiebzig Übersetzungen gearbeitet, die 1335 Bände umfassten.

Auf die Liste kamen ebenso die Bildnisse des Buddha und die Bildnisse des Bodhisattva Maitreya, alle auf Seide gemalt, welche er angefertigt hatte. Außerdem hatte er Statuetten geschaffen und Kopien von weiteren Heiligen Schriften erstellt.

Er hatte Speisen verteilt an mehr denn zwanzigtausend Personen, an Gläubige und Ungläubige, und hunderttausend Öllampen angezündet, um Zehntausende zu erlösen.

Nachdem Chia-shang diese Liste der guten Werke aufgeschrieben hatte, wies ihn Xuanzang an, sie ihm laut vorzulesen. Danach falteten die Mönche ihre Hände und überhäuften ihn mit Glückwünschen. Dann aber sagte er zu ihnen: «Der Augenblick meines Todes rückt näher, mein Geist wird schwächer, und er scheint mich zu verlassen. Ihr müsst sehr schnell als eine milde Gabe meine Kleider und Besitztümer verteilen und die Mönche anweisen, Gebete zu rezitieren.»

Wiederum eine Woche später, Xuanzang war jetzt bereits zwei Wochen an sein Bett gebunden, wurde den Armen Speisen gegeben und die Almosen verteilt. Noch am selben Tag wies er den Bildhauer Sung-fa-chih an, im Chia-shou-tien-Palast eine Statue des erleuchteten Buddha zu errichten. Dann lud er alle Mönche des Klosters, seine Assistenten der Übersetzergruppe und alle Helfer zu sich, um sich von ihnen zu verabschieden. Am bewegendsten war der Abschied von seinen beiden wichtigsten Schülern, dem koreanischen Prinzen Wonch'uk und dem Mönch Kuiji, dem er in diesen letzten Stunden den Dharma übertrug. Kuiji wurde damit der erste Patriarch der Faxiang-Schule, in der die Tradition des Yogacara in China durch Xuanzang überliefert worden war.

«Ich verabschiede mich auch freudig von diesem unreinen und verachtenswerten Körper des Xuanzang, der seine Aufgabe erfüllt hat und es nicht mehr verdient, länger zu leben. Ich wünsche, dass andere Menschen mit den Verdiensten überhäuft werden, welche ich durch meine guten Werke angesammelt habe, auch dass ich mit ihnen im Himmel *tushita* wiedergeboren werde. Mein Wunsch ist es auch, dort in die Familie des Maitreya aufgenommen zu werden und diesem Buddha voll von Zartheit und Mitgefühl zu dienen. Sollte ich dereinst in anderen Formen wieder auf die Erde zurückkehren, wünsche ich, mit grenzenlosem Eifer alle meine Pflichten gegenüber dem Buddha in Vollkommenheit zu erfüllen und so endlich *anuttara-samyak-sambodhi* zu erreichen, den Zustand des transzendentalen Geistes.»

Nach diesen Abschiedsworten schwieg er und fiel in Meditation, und mit ersterbender Stimme murmelte er: «Form ist Leere. Sinneswahrnehmungen, Denken, Handeln, Wissen, alles ist leer. Das Auge, das Ohr, der Geist, auch sie sind leer. Bewusstsein durch die fünf Sinne ist leer. All die zwölf Ursachen, vom Nichtwissen bis ins hohe Alter und bis zum Tod, sind leer. Erleuchtung ist Leere. Und Leere selbst ist leer.»

Nachdem Xuanzang den Vize-Vorsteher des Klosters, Karmma-dana, lange angestarrt hatte, führte er seine rechte Hand zum Kinn und legte die Linke auf seine Brust, dann streckte er seine Beine, kreuzte sie und legte sich auf seine rechte Seite. So lag er mehrere Tage bewegungslos. Seine Schüler hatten Träume und Visionen, dass der Meister in der gesegneten Welt des Buddha aufgenommen sei. Um Mitternacht, am fünften Tag des zweiten Monats, fragte Héng-Li, der als einziger bei ihm saß: «Meister, seid ihr am Ende nun inmitten der Gesellschaft von Maitreya geboren worden?»

«Ja», antwortete er mit versagender Stimme. Nach diesem letzten Wort wurde sein Atem zusehends schwächer, und nach wenigen Augenblicken verschied seine Seele, und ein großes Herz stand still.

Als seine Diener ihn sanft untersuchten, fanden sie seine Füße bereits erkaltet, doch sein Hinterkopf war noch immer warm. Sein Gesicht war rosafarben und strahlte höchste Freude und Glück aus. Selbst zwei Tage später zeigte sein Gesicht keine Veränderung, und sein Körper gab keinen Verwesungsgeruch von sich. In der Nacht seines Todes sah ein Mönch vom Ta Tz'u-en-Kloster vier weiße Regenbogen am Himmel, genauso wie damals zwölf solche Regenbogen erschienen waren, als Buddha ins Nirvana einging. Die Mönche des Klosters verbrachten mehrere Tage im Gebet, und keine drei Tage später erreichte die traurige Nachricht die Hauptstadt Chang'an.

*

Als der Kaiser von Xuanzangs ernsthafter Erkrankung unterrichtet worden war, hatte er sofort seine Leibärzte geschickt, doch sie kamen zu spät. Tou Shih-lun, der Gouverneur von Fang-chou, informierte den Hof mit einer Depesche.

Der Kaiser brach in Tränen aus und rief herzzerreißend: «Ich habe das Juwel des Reiches verloren!»

Dann sagte er für mehrere Tage alle feierlichen Audienzen ab. Auch die staatlichen und militärischen Beamten waren zu Tränen gerührt. Der Kaiser konnte noch immer sein Schluchzen nicht zurückhalten und vermochte nicht, seine Trauer über den Verlust zu zügeln.

Andertags sagte er zu seinen Generälen und Magistraten: «Welch ein Unglück für mein Reich, der Verlust von Xuanzang, dem Meister des Gesetzes. Man kann sagen, dass der großen Shakya-Familie, der Gemeinschaft der Buddhisten, ein einzigartiger Förderer verloren ging, und alle Menschen bleiben nun ohne Meister und Führer. Gleichen sie jetzt nicht dem Seemann, den das Meer zu verschlingen droht, wenn der Sturm seine Ruder zerstört hat, oder wenn der Reisende inmitten der Dunkelheit verloren geht, weil die Lampe am Eingang einer tiefen Grube erlöscht ist?»

Bei diesen Worten stöhnte der Kaiser erneut und gab tiefe Seufzer von sich.

Am sechsundzwanzigsten Tag des zweiten Monats erließ er das folgende Dekret: «Nachdem ich von Tou Shih-lun über den

Tod von Xuanzang, dem Meister des Gesetzes aus dem Yü-hua-ssu-Kloster, unterrichtet worden bin, ordne ich an, dass die Aufwendungen für das Begräbnis auf Kosten des Staates gehen.»

Am sechsten Tag des dritten Monats verfügte der Kaiser in einem nächsten Dekret: «Mit dem Tod von Xuanzang, dem Meister des Gesetzes, wurde die Übersetzung der Heiligen Bücher eingestellt. In Übereinstimmung mit den früheren Anweisungen werden die dafür Zuständigen die Übersetzungen sorgfältig kopieren. Was die Manuskripte aus Indien betrifft, die noch nicht übersetzt sind, werden sie dem Leiter des Klosters Große Wohltätigkeit übergeben, der für ihren Schutz zu sorgen hat. Die Schüler von Xuanzang und die Assistenten der Übersetzungsgruppe, die nicht dem Yü-hua-ssu-Kloster angehören, sollen in ihre entsprechenden Klöster zurückkehren.»

Am fünfzehnten Tag des dritten Monats erschien ein weiteres Dekret: «Am Tag der Begräbnisfeierlichkeiten für den Meister des Gesetzes, Xuanzang, gestatte ich allen Mönchen und Nonnen der Hauptstadt, am Leichenzug zu seiner Ruhestätte mit Bannern und Zeremonialschirmen teilzunehmen. Der Meister des Gesetzes überragte alle mit seiner noblen Lebensführung und seinen großen Tugenden, und er war das Idol seines Landes. Aus diesem Grund, und da er nun nicht mehr unter uns weilt, will ich alle Sorgfalt aufwenden und mit reichlichem Segen das Andenken eines Mannes würdigen, wie es in der Vergangenheit keinen gegeben hat.»

Xuanzangs Schüler folgten seinem letzten Wunsch, flochten eine einfache Matte und brachten seinen Leichnam in die Hauptstadt, wo sie ihn im Kloster ‹Große Wohltätigkeit› in der Mitte des einstigen Übersetzungsraumes aufbahrten. Völlig überwältigt von ihren Gefühlen, ergaben sie sich ihrem Wehklagen so stark, dass die Erde hätte erbeben können. Die Mönche und das Laienvolk der Stadt strömten hierher und vergossen Tränen unter Schreien und Schluchzen. Jeden Tag kamen erneut Hunderte und Tausende.

Am vierzehnten Tag des vierten Monats wurden Anstalten getroffen, Xuanzang in der Stadt Chang'an beizusetzen. Mönche und Nonnen und eine Anzahl Männer aus der Bevölkerung bereiteten mehr als fünfhundert Gegenstände vor, die für die Bestattung notwendig waren: Zeremonialschirme aus reiner Seide, Banner und Standarten, ein Zelt als Abglanz des Nirvana. Der innere Sarg war aus Gold, der äußere aus Silber. Sala-Bäume wurden entlang jener Straßen aufgestellt, die für den Leichenzug vorgesehen waren.

Die traurigen Klänge der Begräbnismusik und die düsteren Hymnen der Trauernden klangen zum Himmel. Die Einwohner der Hauptstadt und der umliegenden Distrikte formierten einen Trauerzug, an dem mehr als eine Million Menschen teilnahmen. Obwohl alle diese Trauerfeierlichkeiten mit großem Pomp zelebriert wurden, führte man den Sarg des Meisters des Gesetzes gemäß seinem letzten Willen auf einer Bahre aus Stroh.

Die Seidenhändler des westlichen Marktes brauchten dreitausend Stoffe in verschiedenen Farben zur Herstellung des Nirvana-Wagens, den sie mit Blumen und Girlanden und mit Edelsteinen dekorierten. Sie baten um die Bewilligung, über dem herrlichen und glänzenden Katafalk eine Figur des Xuanzang anbringen zu dürfen, doch die Schüler wiesen dies zurück aus Angst, seinen letzten Willen zu missachten. Dem Zug voran getragen wurden seine drei Roben und sein Zeremonial-Umhang, der hundert Silberstücke wert war, dann folgte die aus grobem Stroh geflochtene Bahre mit dem Sarg. Da war niemand, der sich nicht Tränen auswischte oder der nicht geschüttelt wurde von Schluchzen.

An diesem Tag verbrachten mehr als dreißigtausend Mönche und Laien die Nacht an seinem Grab.

Am Morgen des fünfzehnten Tages wurde das Grab geschlossen. Dann gab es beim Grabmal eine große Verteilung von Gegenständen. Anschließend ging die Menge schweigend auseinander.

*

Noch im gleichen Jahr reiste Héng-Li über die südliche Seiden-Straße zurück in seine Heimat, das Bamiyan-Tal. Seinen geliebten Meister verwahrte er so in seinem Herzen:

«Der Meister des Gesetzes war von außergewöhnlich großem Wuchs und sein Gesicht von heller Hautfarbe. Seine Augenbrauen waren zwei voneinander getrennte Bogen und seine Augen glänzend. Sein Verhalten war ernst und würdig und sein Ausdruck voll Grazie und Leichtigkeit. Der Klang seiner Stimme war rein und eindringlich und seine Sprache gewählt und gleichzeitig auch edel, elegant und harmonisch, sodass seine Hörer nie überdrüssig wurden, ihn zu hören. War er inmitten seiner Schüler oder zusammen mit einem illustren Gast, konnten sie ihm oft einen halben Tag bewegungslos zuhören.

Er trug mit Vorliebe eine auf seinen Körper zugeschnittene Gandhara-Robe aus feiner Baumwolle, nicht zu weit und nicht zu eng. Sein Gang war sanft und leicht. Sein Blick war gerade ausgerichtet, und er blinzelte nie seitwärts. Er war majestätisch wie die großen Flüsse, welche die Erde durchströmen, ruhig und glänzend. Seine Weisheit war wie der Lotos, der inmitten des Wassers wächst. Indem er strikt die Regeln der Lehre befolgte, war er immer derselbe. Nichts kam seiner berührenden

Freundlichkeit und seinem zarten Mitgefühl gleich, seinem inbrünstigen Eifer und seiner unerschütterlichen Zuneigung in der Befolgung des Buddha-Gesetzes. Die *vinaya*-Regeln waren ihm wichtiger als bloß eine Schwimmhilfe zum Überqueren eines Flusses. Er war zurückhaltend in seinen Freundschaften und zeigte nicht schnell Zuneigung. Er liebte die Einsamkeit und die Einfachheit und mied das gesellschaftliche Leben. Einmal in ein Kloster eingezogen, war es höchstens eine Aufforderung des Kaisers, die ihn zum Verlassen seiner frommen Zurückgezogenheit bewegen konnte.»

*

Am achten Tag des vierten Monats des Jahres der Erde-Schlange im sechsundfünfzigsten Zyklus[1], also fünf Jahre nach der Beisetzung in Chang'an, ordnete Kaiser Tang Gaozong per Dekret an, das Grabmal von Xuanzang in eine Ebene des Fan-Flusses nördlich der Stadt Chang'an ins Fan-ch'ung-Tal zu verlegen und dort eine Pagode zu seinen Ehren zu bauen. Später wurde hier zu seinem Gedenken der Xingjiao-Tempel errichtet.

Die Prozession bei der Überführung der Gebeine übertraf jene seiner Beerdigung an Glanz und Herrlichkeit.

---

1 669 n. Chr.

Nachwort

Xuanzang wurde um 602 in Chin-liu, in der Nähe von Koushih in der Provinz Henan, in China geboren. Sein Familienname war Chen. Er starb 664 im Alter von etwa 62 Jahren im Palast-Kloster in der Nähe der Hauptstadt Chang'an, dem heutigen Xi'an. Xuanzang lebte vierzehn Jahre seines Lebens, von 630 bis 644, in Indien als ein buddhistischer Mönch, Pilger und Gelehrter, nachdem er 629 ohne die Genehmigung des Kaisers Tang Taizong (599–649) China verlassen hatte. Die Länge seiner Aufenthalte an verschiedenen Orten Indiens hing davon ab, was er dort an Belehrung und Wissen über den Buddhismus bekommen konnte.

Zwei Jahre lebte er in Kashmir (631–633), vierzehn Monate im östlichen Punjab (633/34), fünf Jahre in Nalanda (637–642), zwei Jahre in Buddhas Kernland, in Magadha (636–638). Er bereiste den Dekhan im Süden und den Westen Indiens. Xuanzang verließ das Gastland 644 und hielt sich mehrere Monate in der an der Südroute der Seidenstrasse gelegenen Oasenstadt Khotan auf, von wo aus er einen Brief an den Kaiser von China schickte. Im April 645 traf er in der Hauptstadt Chang'an ein.

In den ihm noch verbleibenden neunzehn Jahren übersetzte er zusammen mit zahlreichen Assistenten einen Teil der 657 Sanskrit-Texte, die er aus Indien mitgebracht hatte, ins Chinesische. Er schrieb auf Wunsch des Kaisers Taizong nicht nur einen umfangreichen Bericht über seine Reise nach Indien, sondern auch eine Übersetzung des Dao Te King des Lao Dse ins Sanskrit. Hinzu kamen zahlreiche religiöse Pflichten und weltliche Aufgaben, die ihm der Kaiser übertrug. Er führte Novizen ins Klosterleben ein, unterrichtete Mönche in den Klöstern, kaiserliche Beamte und den Kaiser selbst. Dieser war derart beeindruckt von der einzigartigen Persönlichkeit Xuanzangs, dass er ihn mehrmals aufforderte, die Mönchsrobe abzulegen und als Minister sein Berater zu werden, was dieser aber energisch ablehnte.

Kaiser Tang Taizong war nicht nur der bedeutendste Kaiser der Tang-Dynastie, sondern einer der größten Herrscher Chinas überhaupt, der sich in seinen späten Jahren zunehmend dem Buddhismus zuwandte. Mit Kaiser Tang Taizong und Xuanzang begegneten sich zwei kongeniale Ausnahmeerscheinungen, die sich in gegenseitigem Respekt zutiefst zugetan waren.

Nach Plänen von Xuanzang wurde in Xi'an die Große Wildganspagode errichtet, ein Archivturm für die aus Indien mitgebrachten zahlreichen Handschriften, Statuen und Reliquien.

Als Xuanzang im Jahre 664 starb, sagte Kaiser Tang Gaozong: «Ich habe das Juwel des Reiches verloren.»

Die beiden wichtigsten Quellen zu Xuanzangs Leben sind sein Reisebericht «Si-yu-ki» («Records of the Western Lands of the Great T'ang Period», ins Englische übersetzt von Samuel Beal, 1884) und die Biografie der beiden Mönche Hwu-li und Yen-Ts'ung («Life of the Master of the Law, Tripitaka, of the Great Monastery of Motherly Love.») Die Kapitel 1 bis 5 von Hwui-Li, welche die Indienreise schildern, wurden ebenfalls von Samuel Beal übersetzt und 1911 vorgelegt. Die von Yen-Ts'ung stammenden Kapitel 6 bis 10 der Biografie, welche über die letzten Jahre berichten, wurden 1853 von Stanislas Julien, im Gegensatz zu den Kapiteln 1 bis 5 von Hwui-li, nicht wörtlich, sondern nur sehr unvollständig und als Zusammenfassung ins Französische übersetzt. Diese Zusammenfassung der letzten Jahre durch Julien wurde von D. Devahuti erstmals ins Englische übersetzt und zusammen mit einer erweiterten Fassung 2001 in «The unknown Hsüan-tsang» vorgelegt.

Die englischen Übersetzungen von Samuel Beal und D. Devahuti, sowie in deutscher Sprache die Arbeit von Alexander Mayer, «Xuanzangs Leben und Werk, Teil 1», sind die wichtigsten Grundlagen für die vorliegende Nacherzählung seines Lebens. Um ihm als Lehrer und spiritueller Meister eine gewisse Kontur zu geben, wurde auf Unterweisungen seines Zeitgenossen Hui-Neng und der beiden späteren Patriarchen des Ch'an-Buddhismus, Huang Po und dessen Schüler Linji und noch später Dogen zurückgegriffen. Sie alle sind im weitesten Sinne Vertreter der von Nagarjuna begründeten Schule des Mittleren Weges, der auch Xuanzang angehörte. Noch heute wird weltweit in allen Zen-Klöstern das Herz-Sutra (*maka hannya haramita shingyo*) in der Übersetzung von Xuanzang (jap. Genjō Sanzō) rezitiert. Auf eine ausführliche Darlegung der Sichtweisen der von Xuanzang bevorzugten Faxiang-Schule innerhalb des Yogacara-Buddhismus und des Ch'an der Südlichen Schule wurde verzichtet.

Einer der vier klassischen Romane Chinas aus der Zeit der Ming-Dynastie, «Die Reise nach Westen», schildert in phantastischer Weise die inzwischen zur Legende gewordene Reise Xuanzangs in den Westen. Dieses umfangreiche Werk von Wu Ch'êng-En (ca. 1504–ca. 1582) wurde 1947 unter dem Titel «Monkeys Pilgerfahrt. Eine chinesische Legende» im Artemis-Verlag in der deutscher Übersetzung von Georgette Boner und Maria Nils veröffentlicht.

Etwas oberflächlich und bloß auf den ersten Blick gesehen,

könnte man sagen: Was den Europäern der Venezianer Marco Polo, ist den Asiaten, nicht nur den Chinesen, sondern auch den Indern, Koreanern, Japanern und Vietnamesen, der Mönch Xuanzang. Doch Xuanzangs Persönlichkeit und intellektuelle Brillanz reichen tiefer, und seine Leistung als Übersetzer erwies sich im Rückblick auf die Geistesgeschichte und den Buddhismus im Besonderen als einzigartige und folgenreiche kulturelle Großtat.

Wie Professor Tan Chung in seinem Vorwort zu D. Devahutis Buch über den «unbekannten Xuanzang» schreibt, war dieser eine äußerst vielseitige und geniale Begabung: ein Heiliger, ein Denker, ein Idealist, ein Missionar, ein Diplomat, ein Patriot, ein Internationalist, kurz: alles in einem. Sein geistiges und intellektuelles Universum umfasste Religion, Philosophie, Geschichte, Geografie, Soziologie, Ökonomie, Gartenbau, Linguistik, Literatur, Sagen und Folklore.

Im gleichen Vorwort wird Ji Xianlin zitiert, Professor an der Universität Peking und Spezialist für «Sino-Indian Studies». Dieser attestiert China einen einzigartigen Platz in der Geschichte der Übersetzung von Literatur in der Welt überhaupt und Xuanzang einen ebenso einzigartigen Platz in der Geschichte der Übersetzungstradition innerhalb der chinesischen Literatur. Die-Wort-für-Wort-Übersetzungen, die sogenannten Interlinearversionen der ersten Übersetzerpioniere, waren in China, was sie in anderen Kulturen auch sind: unlesbar und oft schwer zu verstehen. Im vierten Jahrhundert lieferte Kumarajiva (344–413) eine neue Art von Übersetzung, die als Endprodukt zwar höchst lesbar, aber zu frei übersetzt war, um wahr zu sein. Erst Xuanzang sei mit der Kombination von beiden Techniken ein Übersetzungsstandard gelungen, den man als Transkreation bezeichnen könne.

Xuanzang übersetzte unter anderem praktisch die gesamte

heute bekannte Literatur des Mahayana-Buddhismus aus dem Sanskrit ins Chinesische, insgesamt 75 Bücher in 1335 Bänden. Was das für den Buddhismus bedeutet, wird erst deutlich vor dem Hintergrund der Tatsache, dass die islamischen Eroberer Indiens im Jahre 1193 die im fünften Jahrhundert gegründete und mit zeitweise über 10 000 studierenden Mönchen bedeutendste Klosteruniversität Asiens, Nalanda, in Schutt und Asche legten und bei dieser Gelegenheit die Bibliothek mit mehreren Millionen Manuskripten in Flammen aufging. Was heute von der Mahayana-Literatur noch existiert, ist in etwa und mit wenigen Ausnahmen das, was Xuanzang über fünfhundert Jahre früher an Abschriften von Indien nach China gebracht und dort übersetzt hatte.

Für Indien selbst und die archäologischen Forscher im Besonderen sind Xuanzangs Reiseberichte wie ein Handbuch der Geschichte und Gesellschaft Indiens zu jener Zeit und ein Logbuch zum Auffinden längst verfallener und zerstörter Bauwerke, derart genau sind seine Angaben über deren Lage und Aussehen.

Für Rabindranath Tagore (1861–1941), den indischen Nobelpreisträger für Literatur (1913), gehört Xuanzang beiden Ländern, Indien in gleichem Maße wie China. Er regte unter dem Namen «Sino-Indian Studies» die gemeinsame Erforschung der Leistung Xuanzangs an und bemühte sich um die Rückübersetzung der durch die Zerstörung der Bibliothek in Nalanda verloren gegangenen Texte aus dem Chinesischen ins Sanskrit.

Nicht zu unterschätzen sind die außenpolitischen und diplomatischen Dimensionen, die mit Xuanzangs Reise in den Westen verbunden waren. Seinem Einfluss und seiner Kunde von der Macht des Kaisers Tang Taizong und der kulturellen Überlegenheit des Reiches der «Großen Tang» war es zu verdanken, dass viele Fürsten und Königreiche sich unter den Schutz Chinas begaben, um sich dem Druck der Westtürken zu entziehen. Erstmals in der Geschichte Chinas wurden jetzt mit Indien unter dem letzten großen Gupta-Herrscher, König Harsha, Botschafter ausgetauscht.

Xuanzang Reise nach Indien hatte eine doppelte Funktion: Einerseits war er unterwegs, um den Dharma, die Lehre Buddhas, zu verstehen und von kompetenten Lehrern und Interpreten unterrichtet zu werden und so sein Wissen und seine Gelehrsamkeit zu erweitern und nach China zu bringen. Zum anderen aber war er auch der fromme Pilger, der die heiligen Orte aufsuchte und den Spuren des Buddha Gautama folgte. Er ist der Prototyp des neugierigen Reisenden, Gelehrten und Pilgers, dessen Reise auch ein spiritueller Weg nach innen war.

Heute steht etwas außerhalb der immensen Ruinen der einstigen Klosteruniversität von Nalanda, wo Xuanzang sich fünf Jahre als Lehrender und Lernender aufgehalten hatte, eine von der chinesischen Regierung errichtete und im Jahre 2007 eingeweihte Gedenkhalle, die Xuan Zang Memorial Hall, ein in chinesischem Tempelstil erbautes imposantes Gebäude, umgeben von einer prächtigen Gartenanlage. Auf der Eintrittskarte steht: «Xuan Zang belongs to a galaxy of world citizens whose great mission was to interpret, for the good of mankind, sublime values of human civilisation.»

Anhang

Personen neben Xuanzang

Xuanzang, Meister des Gesetzes (ca. 602–664), Familienname: Chen Wei Chen

Alexander der Große (356–323), als Herrscher über Persien führte er seine Truppen bis zum Indus. Er schuf einen Kulturraum, der von Athen bis nach Indien reichte

Ashoka (304–232), bedeutendster buddhistischer Herrscher Indiens, der den Buddhismus in Asien und im Vorderen Orient verbreitete

Bianji (?), Übersetzer und Mitarbeiter am Reisebericht von Xuanzang

Bimbisara (Regierungszeit von 546/43 bis 494/91 v. Chr.), König von Magadha und wichtiger Freund und Förderer Buddhas

Bodhidharma (ca. 440–ca. 528), 28. Patriarch des indischen und Erster Patriarch des Ch'an/Zen-Buddhismus in China

Buddha, der Erwachte, (ca. 563–483), Familienname: Siddhartha Gautama aus dem Geschlecht der Shakya

Ch'ü Wen-t'ai, König von Turfan (ab 624 an der Macht)

Dōshō (629–700), japanischer Mönch, studierte bei Xuanzang die Faxiang-Schule und anschließend die Südliche Schule des Ch'an in China. Er begründete die buddhistische Hosso-shu-Schule in Nara

Faxian (ca. 337– ca. 422), bedeutendster Indienreisender (399–412) vor Xuanzang

Fu I (?), daoistischer Gelehrter am Hofe Taizongs

Gaozong (628–683), Kaiser von China, vormals Prinz Li Zhi

Harsha (590–647), letzter großer Herrscher Indiens aus der Gupta-Dynasie

Héng-Li, Sekretär von Xuanzang, keine historisch belegte Person

Hui-ko (487–593), Zweiter Patriarch des Ch'an/Zen-Buddhismus in China

Hwui Li (?), Biograf und Schüler von Xuanzang

Kanishka (ca. 53- ca. 126), indischer Großkönig und Herrscher über das Kushana-Reich mit den Hauptstädten Peshawar und Mathura

König von Khotan. Der Name des im Jahre 644 regierenden Herrschers ist unbekannt

Kuiji (632–682), Hauptschüler von Xuanzang, Erster Patriarch der buddhistischen Faxiang-Schule

Kumarajiva (344–413), bedeutendster Übersetzer in China vor Xuanzang

Ma-Huan-Chi (?), Kaufmann aus Turfan

Mihirakula, König der Weißen Hunnen (6. Jahrhundert, kam 510 an die Macht und zerstörte die Gandhara-Kultur)

Milinda (auch: Menandros) (?– ca. 130 v. Chr.)

Nagarjuna (ca. 2. Jahrhundert n. Chr.), Abt der Klosteruniversität Nalanda, 14. Patriarch des indischen Buddhismus, Begründer des Mahayana, bedeutendster Philosoph Indiens

Nagasena (ca. 150 v. Chr.), zu seiner Zeit der bedeutendste buddhistische Mönch Indiens

Silabhadra = «Schatz des Guten Gesetzes» (528–651), Abt der Klosteruniversität Nalanda

Taizong (599–649), Kaiser von China, vormals Prinz Li Shimin, bedeutendster Herrscher der Tang-Dynastie

Wei Zheng (580–643), Ratgeber und Erster Minister unter Kaiser Taizong

Wonch'uk (613–696), koreanischer Schüler von Xuanzang in Chang'an, der Einfluss auf den tibetischen Buddhismus hatte. Er starb in Luoyang

Xieli, Turk-Khan (624 Angriffe auf China; 630 von Kaiser Taizong endgültig unterworfen)

Yen-Ts'ung (gest. ca. 670), Biograf und Schüler von Xuanzang

Zeittafel

544/43 v. Chr.	Todesjahr von Buddha nach der unkorrigierten, bzw. südlichen Chronologie der Theravada-Buddhisten und heute noch in Asien gültig
486–477 v. Chr.	Todesjahr nach der korrigierten, westlichen Chronologie (bis Ende 20. Jahrhundert)
420–368 v. Chr.	neueste, schwankende Datierungsansätze für den Tod des Buddha
483 (?) v. Chr.	1. buddhistisches Konzil in Rajgir unmittelbar nach dem Tod Buddhas
ca. 551–479 v. Chr.	Meister Kong (Konfuzius)
326 v. Chr.	Alexander der Große steht am Indus
ca. 297 v. Chr.	Tod von Chandragupta Maurya, Begründer des Maurya-Reiches, des ersten indischen Großreiches
304–232 v. Chr.	König Ashoka der Große, Enkel von Chandragupta Maurya
268–232 v. Chr.	3. buddhistisches Konzil in Pataliputra/Patna unter König Ashoka

259–210 v. Chr.	Qin Shi Huangdi, Erster erhabener Kaiser von China
ca. 165–130 v. Chr.	Menandros I., (auch Milinda) indogriechischer König im Nordwesten Indiens (Milinda Panha = Fragen des Königs Milinda)
ca.100–126 n. Chr.	Regierungszeit von König Kanishka aus der Kushana-Dynastie; 4. buddhistisches Konzil in Kashmir unter König Kanishka
ca. 2. Jhd. n. Chr.	Nagarjuna, Abt von Nalanda, bedeutendster indischer Philosoph, legt den Grundstein für den Mahayana-Buddhismus
ca. 337–422 n. Chr.	Faxian, chinesischer buddhistischer Mönch, bereist von 399 bis 413 Indien, Sri Lanka und Sumatra
344–413 n. Chr.	Kumarajiva, vor Xuanzang der bedeutendste Übersetzer buddhistischer Texte ins Chinesische
ca. 440–528 n. Chr.	Bodhidharma, indischer Mönch, 1. Patriarch des Ch'an/Zen-Buddhismus, lehrte im Shao-lin-Kloster in China
566–635 n. Chr.	Kaiser Tang Gaozu, stürzt 618 die Sui-Dynastie und ist Begründer der Tang-Dynastie
599–649 n. Chr.	Kaiser Tang Taizong, regierte von 626–649
649–683 n. Chr.	Regierungszeit von Kaiser Tang Gaozong, dem Sohn von Taizong
590 – 647 n. Chr.	Harsha, König des indischen Großreiches der Gupta-Dynastie
602/03–664 n. Chr.	Xuanzang, bereiste 629 bis 645 Indien
622	Xuanzang wird als Mönch ordiniert
629	Flucht Xuanzangs aus China, Ankunft in der Oase Turfan

630	Ankunft in Bamiyan, Kapisa/Kabul und Taxila
631–633	Aufenthalt in Srinagar, Kashmir
634	Aufenthalt in Mathura
636	Überfall der Piraten am Ganges, Kapilavastu, Lumbini
637	Kushinagara, Sarnath, Vaishali, Pataliputra/Patna, Ankunft im Kloster Nalanda, Besuch von Rajgir und Bodhgaya
638–642	Reise in den Süden und Westen Indiens (Kancipura, Ajanta)
642	zweiter Aufenthalt und Vorlesungen im Kloster Nalanda, Gast bei König Kumara von Assam; große Religionsdisputation in Kanauj bei König Harsha
643	Teilnahme an der religiösen Feier und Almosenspendung durch König Harsha am Zusammenfluss von Ganges und Yamuna
643	Beginn der Heimreise
644	Verlust der Manuskripte im Indus, Überquerung des Pamir, Ankunft in Khotan, Brief an den Kaiser von China
645	Ankunft in Chang'an/Xi'an, Audienz beim Kaiser in Luoyang
646	Xuanzang schreibt den «Bericht über die Westlichen Länder, verfasst in der Großen Tang-Dynastie»
648	Xuanzang übersetzt das «Dao Te King» von Lao Dse ins Sanskrit
649	Der Mönch Hwui Li verfasst die Biografie «Das Leben des Xuanzang»; Tod von Kaiser Taizong

652	Bau der Großen Wildganspagode in Chang'an/Xi'an als Archiv für die 657 aus Indien mitgebrachten Handschriften und Reliquien
653	Ankunft der Botschafter und Mönche aus Japan
655	ernsthafte Erkrankung, eine Spätfolge des Gletscherbrandes
657	Xuanzang überführt die Gebeine seiner Eltern in eine neue Grablege
660–663	Übersetzung des Maha-prajna-paramita-Sutra
664	Tod des Xuanzang
669 n. Chr.	Überführung der Gebeine des Xuanzang von Chang'an in das Fan-ch'ung-Tal, hier Bau einer Pagode und später Errichtung des Xingjiao-Tempels

Begriffserklärungen

Abhidharma-Pitaka: Teil des > Tripitaka. Kompendium der systematischen Darlegung der buddhistischen Lehren und Psychologie.

Avalokiteshvara: einer der bedeutendsten > Bodhisattvas im Mahayana-Buddhismus

Bodhisattva: wörtl. «Erleuchtungswesen»; im Mahayana-Buddhismus ein Wesen, das durch systematisches Üben die Buddhaschaft anstrebt.

Dharma: wörtl. «tragen, halten»; umfassender Begriff für «Rechtschaffenheit»; zentraler Begriff des Buddhismus im Sinn von: «kosmisches Gesetz»; «Lehre des Buddha», der dieses Gesetzt erkannt hat; auch «ethische Regeln» und Verhaltensnormen im Sinne des Buddha.

Harmika: das würfelförmige Gebilde auf der Frühform des buddhistischen > Stupa; später als Einfassung der Weltachse gedeutet.

Herz-Sutra: das kürzeste der 40 im > Maha-prajna-paramita-Sutra erfassten Sutren. Eines der bedeutendsten Sutren des Mahayana-Buddhismus. Dessen Kernsatz ist: «Form ist Leere, Leere ist Form».

Konzile: Buddhistische Konzile dienten der Beratung und Abklärung der authentischen Lehren des Buddha und der wortgetreuen Weitergabe (alte Konzilsorte sind Rajgir, Vaishali, Pataliputra/Patna und Kashmir, neue Orte sind Bangkok, Mandalay und Rangun).

li: Entfernungsmaß; zur Tang-Zeit entsprach 1 li 323 Metern.

Maha-prajna-paramita-Sutra: wörtl. «Großes Sutra der das andere Ufer erreichenden (= transzendenten oder erlösenden) Weisheit (= prajna). Unter diesem Namen sind etwa vierzig Sutren zusammengefasst. Die bekanntesten davon sind das Diamant-Sutra und das > Herz-Sutra.

Nirvana: wörtl. «Erlöschen»; im Konzept des Buddhismus meint es das Ende der Wiedergeburt.

Palankin: indischer Tragsessel, Sänfte für mehrere Personen, erfordert acht Träger.

Sangha: wörtl. «Menge», «Schar»; Gruppe, die sich um einen Meister schart; im Buddhismus Gemeinschaft der Mönche (ab fünf Personen).

Shastra: erklärender Kommentar zu einer Schrift, meist zu einem > Sutra.

Stupa: wörtl. «Haarknoten»; buddhistisches Bauwerk, ursprünglich Grabmal für Reliquien. Die Architektur des Stupa ist in den verschiedenen buddhistischen Ländern unterschiedlich.
Sutra: wörtl. «Leitfaden»; Lehrrede des Buddha.
Sutra-Pitaka: Teil des > Tripitaka; die Lehrreden des Buddha.
Tathagata: wörtl. «Der so Dahingelangte (so Gekommene, Vollendete)»; einer der zehn Titel des Buddha, den er verwendete, wenn er von sich oder anderen Buddhas sprach.
Tripitaka: wörtl. «Dreikorb»; Kanon der buddhistischen Schriften, bestehend aus drei Teilen (> Sutra-Pitaka, > Abhidharma-Pitaka, > Vinaya-Pitaka)
Vinaya-Pitaka: Teil des > Tripitaka. Enthält die Regeln und Verordnungen betreffend das Zusammenleben von Mönchen bzw. Nonnen in der > Sangha.

Bibliografie

Armstrong, Karen: Buddha. Claassen Verlag, Berlin 2004.
Armstrong, Karen: Der große Umbruch. Vom Ursprung der Weltreligionen. Goldmann TB 15537, München 2008.
Batchelor, Stephen: Nagarjuna – Verse aus der Mitte. Theseus Verlag, Himberg 2002.
Bauer, Wolfgang: Geschichte der chinesischen Philosophie. Beck'sche Reihe, München 2001.
Beuys, Barbara: Der Preis der Leidenschaft. Chinas grosse Zeit: Das dramatische Leben der Li Qingzhao. Carl Hanser Verlag, München Wien 2004.
Boisselier, Jean: Buddha. Legende eines Auserwählten. Ravensburger Buchverlag 1995.

Bodhidharmas Lehre des Zen. Frühe chinesische Zen Texte, Theseus Verlag, Zürich 1990.

Böttger, Walter: Kultur im alten China. Urania-Verlag, 3. Aufl., Leipzig, Jena, Berlin, 1982.

Bottini, Oliver: Das grosse O.W. Barth-Buch des Buddhismus, S. Fischer Verlag, Frankfurt a.M. 2004.

Devahuti, D.: The Unknown Hsüang-tsang: edited by D. Devahuti, Oxford University Press, New Delhi 2001.

Dhammapada. Buddhas zentrale Lehren, eingeleitet und übersetzt von Eknath Easwaran, Goldmann, München 2006.

Dhammika, S.: Navel of the Earth. The History and Significance of Bodh Gaya. Buddha Dhamma Mandala Society, Singapore 1996.

Dogen, Zenji: Shobogenzo, Theseus Verlag, Bd. I, 2. Aufl. Zürich 1986, Bd. II, 2. Aufl. Zürich 1989.

Drège, Jean-Pierre: Seidenstrasse. Köln 1986.

Gäng, Peter: Buddhismus. Campus Verlag, 2. Aufl., Frankfurt/Main 2002.

Gernet, Jacques: Die chinesische Welt. Insel Verlag, 6. Aufl., Frankfurt a.M. 1989.

Grousset, René: Die Reise nach Westen. Oder wie Hsüangtsang den Buddhismus nach China holte. Diederichs Gelbe Reihe, DG 110, München 1994.

Hsuang Tsang: Si-yu-ki: Buddhist Records of the Western World. Translated by Samuel Beal, First Edition, London 1884. Reprint: Munshiram Manoharlal Publishers Pvt. Ltd., Delhi 1994.

Huang-Po: Der Geist des Zen, Scherz Verlag, Bern, München, Wien 1983.

Hui-neng: Das Sutra des sechsten Patriarchen, Scherz Verlag, Bern, München, Wien 1989.

Hwui Li: The Life of Hiuen-Tsiang. Translated by Samuel

Beal, First published by Kegan Paul, London 1911. Reprint: Munshiram Manoharlal Publishers Pvt. Ltd., New Delhi 2003.

Kalu Rinpoche: Den Pfad des Buddha gehen. Barth Verlag, Bern 1991.

Kersten, Holger u. Gruber, Elmar R.: Der Ur-Jesus. Die buddhistischen Quellen des Christentums. Langen Müller Verlag, München 1994.

Linji Yixuan: Das Denken ist ein wilder Affe. Aufzeichnungen der Lehren und Unterweisungen des grossen Zen-Meisters, Scherz Verlag, Bern 1996.

Mayer, Alexander Leonhard: Xuanzangs Leben und Werk, Teil 1, Veröffentlichungen der Societas Uralo-Altaica 34.1. Harrassowitz, Wiesbaden 1992.

Milindapanha: Die Fragen des Königs Milinda. Ansata-Verlag, Interlaken 1985.

Richter, Claus; Baumann, Bruno; Liebener, Bernd: Die Seidenstrasse. Mythos und Gegenwart. Hoffmann und Campe, Hamburg 1999.

Saran, Mishi: Chasing the Monk's Shadow. A Journey in the Footsteps of Xuanzang, Penguin Books India 2005

Schumann, Hans Wolfgang: Auf den Spuren des Buddha, Walter-Verlag, Olten und Freiburg i.Br. 1992.

Schumann, Hans Wolfgang: Mahayana-Buddhismus. Die zweite Drehung des Dharma-Rades, Diederichs Verlag, München 1990.

Schumann, Hans Wolfgang: Der historische Buddha, Diederichs Verlag, 3. Aufl., München 1994.

Schwarz, Ernst: Das Leben des Bodhidharma, Benziger Verlag, Düsseldorf und Zürich 2000.

Sharma, L.P.: History of ancient India. Konark Publishers Pvt. Ltd., 3rd revised and enlarged Edition. Delhi 2001.

Smith, Vincent A.: The Edicts of Asoka. Munshiram Manoharlal Publishers Pvt. Ltd. New Delhi 1992.

Strong, John S.: The Legend of King Asoka. Motilal Banarsidass, Delhi 1989.

Suzuki, Daisetz T.: Das Innerste erfahren – Wesen und Sinn des Buddhismus. Herder Verlag, Freiburg i. Br. 2009

Thapar, Romila: A History of India. Volume 1. Penguin Books, Delhi 1990.

Vogelsang, Kai: Geschichte Chinas, Philipp Reclam jun., Stuttgart 2012.

Weber-Schäfer, Peter: ZEN. Sprüche und Leitsätze der Zen-Meister, Insel Verlag, Insel-Clip 9, Frankfurt a.M., Leipzig 1995.

Wriggins, Sally Hovey: Reisende auf der Seidenstrasse. Auf den Spuren des buddhistischen Pilgers Xuanzang. Rotbuch Verlag, Hamburg 1999.

Wu Ch'êng-En: Monkeys Pilgerfahrt. Eine chinesische Legende. Artemis Verlag, Zürich 1947.